AF173001

Die datafizierte Schule

Annekatrin Bock • Andreas Breiter •
Sigrid Hartong • Juliane Jarke •
Sieglinde Jornitz • Angelina Lange •
Felicitas Macgilchrist
Hrsg.

Die datafizierte Schule

 Springer VS

Hrsg.
Annekatrin Bock
Professorin für Medienforschung mit dem
Schwerpunkt Digitalisierung der Bildung
Universität Vechta; ehemalige wissenschaftliche
Mitarbeiterin am Leibniz-Institut für Bildungsmedien
| Georg-Eckert-Institut, Braunschweig, Deutschland

Sigrid Hartong
Heisenberg-Professorin für Soziologie (Transforma-
tion von Governance in Bildung und Gesellschaft)
Helmut-Schmidt-Universität Hamburg
Hamburg, Deutschland

Sieglinde Jornitz
Wissenschaftliche*r Mitarbeiter*in
DIPF | Leibniz-Institut für Bildungsforschung
und Bildungsinformation
Frankfurt am Main, Deutschland

Felicitas Macgilchrist
Leitung der Abteilung Mediale Transformationen
am Leibniz-Institut für Bildungsmedien |
Georg-Eckert-Institut, Braunschweig, Deutschland;
Professorin an der Georg-August-Universität
Göttingen, Deutschland

Andreas Breiter
Professor für Angewandte Informatik, Universi-
tät Bremen
Wissenschaftlicher Direktor des ifib – Institut für
Informationsmanagement Bremen GmbH
Bremen, Deutschland

Juliane Jarke
Professorin für Digitale Gesellschaft
Karl-Franzens-Universität Graz, Graz, Österreich;
ehemalige wissenschaftliche Mitarbeiterin am ifib –
Institut für Informationsmanagement Bremen GmbH
Graz, Österreich

Angelina Lange
Wissenschaftliche*r Mitarbeiter*in
ifib – Institut für Informationsmanagement
Bremen GmbH
Bremen, Deutschland

Die diesem Buch zugrundeliegenden Ergebnisse sind aus der Forschung des Projektes „DATAFIED –
Data For and In Education" hervorgegangen; in der Laufzeit 12/2018-05/2022 gefördert durch das Bundesministerium für Bildung und Forschung (Fördernummer 01JD1803 A-D; Förderhinweis: Die Verantwortung für den Inhalt liegt allein bei den Autor*innen.).

ISBN 978-3-658-38650-4   ISBN 978-3-658-38651-1 (eBook)
https://doi.org/10.1007/978-3-658-38651-1

Die Deutsche Nationalbibliothek verzeichnet diese Publikation in der Deutschen Nationalbibliografie;
detaillierte bibliografische Daten sind im Internet über http://dnb.d-nb.de abrufbar.

Vorwort und Dank

Mit dem Buch die *datafizierte Schule* blicken wir zurück auf dreieinhalb Jahre intensiver Arbeit innerhalb des vom Bundesministerium für Bildung und Forschung geförderten Forschungsverbundes DATAFIED: DATA For and In Education. Wir – das sind die Kolleg*innen der vier Teilprojekte, die sich an vier Schnittstellen des Schulsystems mit Datenpraktiken und Datafizierung befasst haben. Sigrid Hartong und Vito Dabisch von der Helmut-Schmidt-Universität Hamburg widmeten sich der *Schnittstelle der Schulaufsicht und Schule*. Andreas Breiter, Juliane Jarke, Angelina Lange, Tjark Raabe und Irina Zakharova vom Institut für Informationsmanagement in Bremen nahmen die *Schnittstelle des Schulmanagements und der Schulinformationssysteme* in den Blick. Felicitas Macgilchrist, Jasmin Troeger und Annekatrin Bock vom Leibniz-Institut für Bildungsmedien I Georg-Eckert-Institut in Braunschweig befassten sich mit der *Schnittstelle der digitalen Lernsoftware und des Unterrichts* und Sieglinde Jornitz und Ben Mayer vom DIPF I Leibniz-Institut für Bildungsforschung und Bildungsinformation in Frankfurt am Main forschten an der *Schnittstelle zwischen Lehrkräften und Schüler*innen im Unterricht mit digitalen Medien.*

Zum Abschluss des Forschungsverbundprojektes liegen rund 167 Stunden Interviewzeit aus 124 Interviews mit mehr als 150 Gesprächspartner*innen aus der Bildungspraxis, 26 Stunden Unterrichtsvideografie in Schulen aus vier Bundesländern sowie etwa 90 Walkthroughs durch Lernsoftware vor. Aus all dem Material haben wir ein Buch destilliert, das sich mit den Ambivalenzen datafizierter Schule wie auch den Herausforderungen von Datafizierungsforschung auseinandersetzt. Unser Material und die Erfahrungen aus dem Forschungsfeld hätten ebenso erlaubt, ein Buch zu schreiben über die Herausforderungen qualitativer Forschung in der Pandemie, über die Schwierigkeiten bei der Akquisition von

Schulen oder über die produktiven Reibungen interdisziplinärer Arbeit in einem
Forschungsverbund. Jedoch war und ist es unser Anliegen, mit Blick auf Ambivalenzen, Komplexität und Spannungen von Datafizierung im Schulsystem zum
Nachdenken über mögliche Zukünfte datafizierter Schule anzuregen. Für uns
steht fest: Datafizierung entfaltet Wirkmacht in Schulentwicklung und Schulsteuerung und Datafizierung wird als Thema für Schulen bleiben. Es bedarf somit konkreter Aushandlungsprozesse der beteiligten Akteur*innen dazu, wie zukünftig auf welche Weise und für welche Zwecke digitale Daten gesammelt,
produziert, distribuiert und verwendet werden. Wir hoffen mit den Beiträgen in
diesem Buch neue Facetten beisteuern zu können, die eine produktive Ergänzung
und Irritation zu *what works* Forschungen und bestehenden Forschungsansätzen
darstellen. Vor diesem Hintergrund sind die fünf Kapitel wie auch die rahmende
Einleitung und der Werkstattbericht am Ende des Buches Ausdruck unses Rin-
gens mit dem Gegenstand „Datafizierung" und ihrer theoretischen und methodischen Greifbarkeit. Datafizierung und die verknüpften Datenpraktiken – so unser
aus den kritischen Datenstudien *(critical data studies)* informierte Fokus – sind
ambivalent, komplex, brüchig und somit ist auch deren Beforschung ein heraus-
forderndes Unterfangen. Wir freuen uns, die Ergebnisse in Form eines frei zugänglichen *open access* Buches vorlegen zu dürfen.

Allein hätten wir im DATAFIED-Forschungsverbund unser Vorhaben nicht umsetzen können. Daher möchten wir uns ganz herzlich bedanken. Bei den Interviewpartner*innen aus Behörden, Ministerien, Schul(leitungs)büros, Sekretariaten und
Klassenzimmern, die uns Einblicke gewährt haben in ihre Einsichten zu Datenpraktiken und die uns trotz der nicht einfachen Zeit, voller Herausforderungen für
Schulen in der Pandemie, unterstützt haben. Unser ganz besonderer Dank gilt den
Schulen, die uns die Tür für Interviews und Unterrichtsbeobachtungen geöffnet
haben und die sich trotz Pandemie und vielen Aufgaben und Veränderungen immer
wieder die Zeit nahmen, um mit uns über datafizierte Schule nachzudenken. Wir
danken den Interviewpartner*innen der Ministerien und Schulbehörden für Ihre
Zeit und die zahlreichen Einblicke in die jeweiligen organisationalen Strukturen
und Prozesse. Ebenso bedanken wir uns bei den Produzierenden von Lernsoftware
für die Geduld und Ausführlichkeit, mit der Sie uns, in Teilen auch mehrfach, für
Interviews und Rückfragen zur Verfügung standen. Was wäre ein Forschungsverbund, ohne die Unterstützung der studentischen und wissenschaftlichen Hilfs-
kräfte, die bei der Recherche, Datensammlung und -aufbereitung aber auch bei der
Finalisierung von Publikationen und Vortragsmanuskripten tatkräftig unterstützen?
Unser Dank gilt Yan Brick, Sina Dewers, Lisa Hübner, Nelly Kewitz, Svenja Kö-
nig, Julie Lüpkes, Hendrik Meyer, Maximilian Spliethöver, Annabelle Schlink,
Viktoria Schneider und Chenyi Wang für ihre Mitwirkung wie auch Mirjana Ettel-

dorf für das finale Korrekturlesen. Und was ist ein Buch, so lange es ein unformatiertes Dokument auf dem Rechner von Forschenden bleibt? Ein großes Dankeschön an Julie Lüpkes, die uns bis zum letzten Satzstrich bei der Realisierung dieser Publikation zur Seite stand. Wir wünschen ein datafiziertes Leseerlebnis!

Vechta, Deutschland	Annekatrin Bock
Bremen, Deutschland	Andreas Breiter
Hamburg, Deutschland	Sigrid Hartong
Graz, Österreich	Juliane Jarke
Frankfurt am Main, Deutschland	Sieglinde Jornitz
Bremen, Deutschland	Angelina Lange
Braunschweig / Göttingen, Deutschland	Felicitas Macgilchrist

Copyright-Hinweise

Inhaltsverzeichnis

Kurzbiografien der Autor*innen

Prof. Dr. Annekatrin Bock ist Professorin für Medienforschung mit dem Schwerpunkt Digitalisierung der Bildung an der Universität Vechta und wissenschaftliche Leitung des Medienkompetenzzentrums Vechta. Zuvor leitete sie das in der Abteilung Mediale Transformationen verortete Forschungsteam „Medien in der Schule" am Leibniz-Institut für Bildungsmedien I Georg-Eckert-Institut (GEI) in Braunschweig. Ihre Projekte befassen sich mit medialen Transformationen wie Datafizierung und Lernkulturwandel im Bildungskontext.

Prof. Dr. Andreas Breiter ist Professor für Angewandte Informatik an der Universität Bremen und wissenschaftlicher Direktor des dort ansässigen Instituts für Informationsmanagement Bremen GmbH (ifib), ein gemeinnütziges Forschungs institut. In seiner Forschung befasst er sich mit Datafizierung, Mediatisierung, IT-Governance sowie Dateninfrastrukturen in Bildung und Wissenschaft.

Yan Brick war studentischer Mitarbeiter am ifib und unterstützte das dortige DATAFIED-Teilprojekt. Seine Studienschwerpunkte sind Informatik und Datafizierung.

Vito Dabisch, M.A. ist wissenschaftlicher Mitarbeiter an der Helmut-Schmidt-Universität Hamburg, wo er seit 2019 bei Prof. Dr. Sigrid Hartong im DATAFIED-Verbundforschungsprojekt promoviert. Unter anderem forscht er zu (datengestützter) Governance im Bildungsbereich, wie beispielsweise zur Bedeutung von Dateninfrastrukturen in Bildungssteuerung und Schulaufsicht, auch im internationalen Vergleich.

Prof. Dr. Sigrid Hartong ist Heisenberg-Professorin für Soziologie an der Helmut-Schmidt-Universität Hamburg mit dem Schwerpunkt Transformation von Governance. Ein Fokus ihrer stark international und interdisziplinär orientierten Professur liegt hierbei auf der wachsenden Datafizierung und Digitalisierung von Bildung und Gesellschaft. Neben der Forschung ist sie Leiterin der Initiative *Unblack the Box* sowie des Projektes *SMASCH* (Smarte Schulen), welche sich der praktischen Förderung digitaler Mündigkeit in Bildungsinstitutionen widmen.

Prof. Dr. Juliane Jarke ist Professorin für Digitale Gesellschaft an der Karl-Franzens-Universität Graz. Zuvor hat sie am ifib und ZeMKI der Universität Bremen und dem Centre for the Study of Technology and Organisation an der Universität Lancaster gearbeitet. Ihre Forschungsschwerpunkte betreffen die Digitalisierung und Datafizierung von Bildung, öffentlicher Verwaltung und alternder Gesellschaft. Methodisch und konzeptionell ist ihre Forschung in den *critical data studies*, feminist *social and technology studies* und partizipativer (Design) forschung verankert.

Dr. Sieglinde Jornitz arbeitet als Erziehungswissenschaftlerin am DIPF I Leibniz-Institut für Bildungsforschung und Bildungsinformation in Frankfurt am Main. Ihre Forschungsschwerpunkte liegen im Bereich der Unterrichtsforschung sowie der internationalen und europäischen Bildungspolitik. Sie ist Mitglied in Forschungsgruppen zur rekonstruktiven Hermeneutik in der Bildung, der Schriftleitung der Zeitschrift „Pädagogische Korrespondenz" und der Initiative „Unblack the Box".

Angelina Lange Dipl.-Inf. ist Senior-Beraterin am ifib und Diplom-Informatikerin. Sie koordinierte das Forschungsprojekt DATAFIED. Ihre Schwerpunkte sind, neben Schulverwaltungssystemen, Anforderungsanalysen in komplexen Anwendungslandschaften sowie die Konzeption von integrierten Informationssystemen. Als Beraterin der institutseigenen wissenschaftlichen Beratungsfirma ifib consult GmbH begleitet sie an der Schnittstelle von Wissenschaft und Praxis verschiedene Projekte zur digitalen Transformation in Schule, Bildung und Verwaltung.

Prof. Dr. Felicitas Macgilchrist leitet die Abteilung Mediale Transformationen des Leibniz-Instituts für Bildungsmedien I Georg-Eckert-Institut (GEI) und ist Professorin für Medienforschung mit dem Schwerpunkt Bildungsmedien an der Georg-August-Universität Göttingen. Sie forscht an der Schnittstelle von Medien und schulischer Bildung mit einem besonderen Fokus auf dem sozialen und politischen Kontext von Bildung in der digitalen Welt.

Ben Mayer, M.A. promoviert und arbeitet als wissenschaftlicher Mitarbeiter am DIPF | Leibniz-Institut für Bildungsforschung und Bildungsinformation in Frankfurt am Main. In seiner Dissertation befasst er sich mit dem Phänomen Unterricht und dem Verhältnis von Unterrichten und Aneignen bei Verwendung digitaler Medien. Ziel ist es, die Sinnstrukturen des Unterrichtens und des Aneignens zu rekonstruieren, um Änderungen in den akteursspezifischen Handlungen beim Einsatz digitaler Medien aufzeigen und beschreiben zu können. Vor der Promotion studierte er Volkswirtschaftslehre und Lehramt mit der Fächerkombination Mathematik und Politik/Wirtschaft.

Tjark Raabe, M.A. war wissenschaftlicher Mitarbeiter am Institut für Informationsmanagement Bremen (ifib) und ist Mitglied der Arbeitsgruppe Informationsmanagement (AGIM) der Universität Bremen. Sein Forschungsinteresse gilt den Auswirkungen von Datafizierung und Digitalisierung auf die Gesellschaft. Er studierte zuvor den Master „Komplexes Entscheiden im öffentlichen Raum" sowie Philosophie und vergleichende Religionswissenschaft.

Jasmin Troeger, M.A. ist wissenschaftliche Mitarbeiterin im Fachbereich Mediensoziologie der Universität Paderborn und Doktorandin an der Universität Leipzig. Sie studierte Medien- und Kommunikationswissenschaften am Institut für Journalistik und Kommunikationsforschung der Hochschule für Musik, Theater und Medien in Hannover. In ihrer Doktorarbeit betrachtet sie, in Anlehnung an Perspektiven der *critical data studies* und der *science and technology studies*, digitale Lernsysteme und Lernplattformen und fragt in der Analyse von Lernsoftwarediskursen und ausgewählter Lernsoftware unter anderem nach der (Re-) Konfiguration von Nutzer*innenrollen, Bildungsverständnissen, aber auch nach den Politiken von Lernsoftware, welche in die Systeme und Diskurse eingeschrieben werden.

Dr. Irina Zakharova ist Postdoktorandin am Institut für Informationsmanagement Bremen (ifib) sowie in der Arbeitsgruppe Informationsmanagement (AGIM) und am Zentrum für Medien, Kommunikations- und Informationsforschung (ZeMKI) der Universität Bremen. In ihrer Doktorarbeit kartierte sie konzeptuell und methodologisch das Forschungsfeld der Critical Data Studies. In ihren aktuellen Forschungsprojekten untersucht sie Datafizierungsprozesse in der Bildung und im Wohlfahrtsstaat.

Datafizierte Gesellschaft | Bildung | Schule

Andreas Breiter und Annekatrin Bock

„Die Datafizierung von Bildung transformiert nicht nur Bildung, sondern auch unser Verständnis von Bildung, von dem, was als ‚gute Bildung' verstanden wird, von damit verbundenen Zielen und guten Praktiken."
(Jarke und Breiter 2019, S. 5)

Zusammenfassung

Mit dem Buch „Die datafizierte Schule" beschreiben wir Datafizierung als einen gesellschaftlichen Metatrend im Kontext von Digitalisierung und als Prozess, in dessen Verlauf Entscheidungen in verschiedenen Akteurskonstellationen im Schulsystem (im Unterricht, von Lehrkräften, von der Schulleitung, der Schulaufsicht, von Dienstleistern und Providern) basierend auf digitalen Daten geprägt, getroffen und verändert werden. Die Wahl des Schulsystems ist dadurch begründet, dass die Schule einerseits bereits durch Daten gestützt gesteuert (datafiziert) wird und andererseits der gesellschaftliche Wandel durch die digitale Transformation erhebliche

A. Breiter (✉)
Professor für Angewandte Informatik, Universität Bremen, Wissenschaftlicher Direktor des ifib – Institut für Informationsmanagement Bremen GmbH, Bremen, Deutschland
E-Mail: abreiter@ifib.de

A. Bock
Professorin für Medienforschung mit dem Schwerpunkt Digitalisierung der Bildung, Universität Vechta; ehemalige wissenschaftliche Mitarbeiterin am Leibniz-Institut für Bildungsmedien | Georg-Eckert-Institut, Braunschweig, Deutschland
E-Mail: annekatrin.bock@uni-vechta.de

© Der/die Autor(en) 2023
A. Bock et al. (Hrsg.), *Die datafizierte Schule*,
https://doi.org/10.1007/978-3-658-38651-1_1

1

Wechselwirkungen auf das Handeln in Schule und ihrem Umfeld hat. Ziel der Beiträge ist es, aus verschiedenen Perspektiven, die Ambivalenzen, Spannungen und Brüche, die bei der Produktion, Sammlung, Distribution und Verwendung von schulischen digitalen Daten zu Tage treten, anhand von empirischem Material zu rekonstruieren. Zu dem diskutieren einzelne Kapitel die methodisch-methodologischen Herausforderungen, derer sich Datafizierungsforschung im Schulsystem stellen muss. An den Schnittstellen von Unterrichtspraktiken, Schulmanagement, Schulsteuerung bis zur Softwareproduktion schließen unsere Betrachtungen an Forschungen an, die sich aus einer Perspektive der kritischen Datenstudien (*critical data studies*) mit datafizierter Gesellschaft und Bildung auseinandersetzen. Mit unserem qualitativen, schnittstellenübergreifenden, interdisziplinären methodischen Ansatz reagieren wir auf Methodenappelle der kritischen Datenstudien. Dabei liegt unser Fokus auf Ambivalenzen quer zu den Themenfeldern bisheriger kritischer Forschung, erweitert deren Perspektive und zielt darauf ab, durch das Aufzeigen von Ambivalenzen, Komplexität und Spannungen Gesprächs- und Denkanstöße zu gesellschaftspolitischen Implikationen der Datafizierung von Schule zu geben. Indem wir auf die Ambivalenzen blicken, die durch Datafizierung hervorgebracht werden und wiederum selbst Datafizierung hervorbringen, diskutieren wir kritisch-abwägend den Umgang mit Daten und den Blick auf Datenpraktiken und laden jene, an Daten und Datafizierung interessierte Forscher*innen wie Bildungspraktiker*innen, dazu ein, über unterschiedliche Umgänge mit Daten in einer datafizierten Schule nachzudenken und dabei diverse Zukünfte von datafizierter Schule zu reflektieren.

Schlüsselwörter

Kritische Datenstudien · Bildungskontext · Datafizierung · Schulsystem · *critical data studies* · Datafizierungsforschung · Data assamblages · Datenpraktiken · Educational Governance

1   Hinführung

Datafizierung verändert gesellschaftliches Zusammenleben. Die Rolle von „*smarten*", personalisierbaren Technologien und den damit verwobenen Praktiken der Erfassung, Herstellung, Distribution und Verwendung von digitalen Daten wird in Büchern über die „Ära der Datafizierung" (Krüger 2021), „Datengesellschaft" (Houben und Prietl 2018), „datafied society" (Schäfer und van Es 2017) „Gesellschaft der Daten" (Süssenguth 2015) oder „big data" (Mayer-Schönberger und

Cukier 2013) seit einem knappen Jahrzehnt diskutiert. Daten umgeben uns, werden durch uns und mit Hilfe digitaler Werkzeuge erzeugt. Daten werden gesammelt, ausgewertet, monetarisiert und in Teilen öffentlich zur Verfügung gestellt. Daten helfen bei der Überwachung und ermöglichen Teilhabe. Sie schaffen neue Geschäftsmodelle und steuern Geschäfts- und Verwaltungsprozesse. Sie unterliegen rechtlichen Rahmenbedingungen, wie beispielsweise der Datenschutz-Grundverordnung (DSGVO), dem *Digital Service Act* (DSA) oder dem *DataAct* der Europäischen Kommission (EU DataAct) und werden metaphorisch als Rohstoff („das neue Öl") überhöht. Wissenschaftlicher Konsens jener Arbeiten, die Daten aus Perspektive der *critical data studies* beforschen, ist hierbei, dass Daten nicht neutral, nicht roh, nicht wertfrei, sondern stets „gekocht" und unter Verwendung von Algorithmen mit bestimmten Interessen und Konnotationen aggregiert entstehen (Beer 2018; Bowker 2008; boyd und Crawford 2012; Gitelman 2013; Hartong und Förschler 2019; Jarke und Macgilchrist 2021; Loukissas 2019). Gleichzeitig sind die Kompetenzen und Ressourcen zur Nutzbarmachung von Daten nicht gleich in der Gesellschaft verteilt (Hepp et al. 2022; Kennedy 2018), es entsteht ein *„digital data divide"* (z.B. Warschauer 2003). Nichtsdestotrotz bilden diese nicht-neutralen, unvollständigen, zu bearbeitenden digitalen Daten in modernen Gesellschaften eine wichtige Grundlage für Entscheidungsprozesse (Couldry 2017; Hagendorff 2017; Mau 2017). Die weitere Ausdehnung solcher datenbasierten Entscheidungen in Richtung automatisierter Verfahren wird daher aus unterschiedlichen Perspektiven kritisch reflektiert. So warnt beispielsweise Shoshana Zuboff in ihrem Buch zum Überwachungskapitalismus davor, wie Daten erzeugende, sammelnde und aggregierende globale (insbesondere US-amerikanische) Wirtschaftsunternehmen uns unseres freien Willens, unserer Entscheidungsgewalt, entmächtigen (Zuboff 2019). Neue Formen kapitalistischer Ausbeutung würden entstehen („*data capitalism*" West 2019), die so stark mit unseren Alltagspraktiken verwoben sind, dass wir die „hinter" der Nutzung liegenden und mit ihr verwobenen Datenflüsse sowie deren Lenkkraft kaum noch wahrnehmen (Couldry und Mejias 2019; Hepp et al. 2022; Schäfer und van Es 2017). Kritische Stimmen werfen dabei unter anderem die Frage auf, welche Akteur*innen, in welchen soziotechnischen Systemen, in kapitalistischen Datengesellschaften überwachen, lenken und über Gestaltungsmacht verfügen (Andrejevic und Gates 2014; Eubanks 2017). Weitere kritische Ansätze problematisieren die durch Algorithmen für datengestützte Auswahl- und Empfehlungsverfahren reproduzierte und manifestierte soziale Ungleichheit, die beispielsweise in Form von *„algorithmic inequality"* (Kennedy et al. 2021), *„data discrimination"* (Noble 2018) oder *„algorithmic discrimination"* (Couldry 2017; Hoffmann 2019; Peña Gangadharan und Niklas

2019) diskutiert wird. Diese Arbeiten gehen davon aus, dass die positiven wie negativen Konsequenzen ungleich in unserer Gesellschaft verteilt sind (Kennedy et al. 2021) und das aktuell zu wenig dafür getan werde, um auf die Missverhältnisse hinzuweisen und ihnen aktiv entgegenzutreten.

Was bisherige Auseinandersetzungen zu datafizierter Gesellschaft auszeichnet, ist ihr Fokus auf die für gewöhnlich negativen Konsequenzen in einem direktionalen oder monokausalen, meist auch in Teilen normativen Verständnis davon, was „schlechte Datafizierung" sei und „wogegen" sich die Kritik zu richten hätte. Weniger in den Blick kommen dabei die „Unordnung" (*„messiness"*), „Uneindeutigkeit" und „Undurchsichtigkeit" (*„intransparency"*) im „Datenalltag" (Allert und Richter 2017; Macgilchrist 2021a). Diese Ambivalenz wohnt digitalen Daten inne, wenn sie erst durch die Erhebung, die Verarbeitung und den Gebrauch entstehen, also „gekocht" werden. Dabei betrifft gesellschaftliche Datafizierung nahezu alle Lebensbereiche und erstreckt sich somit auch auf Entscheidungsprozesse im Bildungssystem. Jedoch sind, zumindest für den deutschen Kontext, die Verflechtungen von Datafizierung und schulischer Bildung erst in Ansätzen beforscht. Wir adressieren diese Lücke theoretisch und methodisch, indem wir mit den Beiträgen im Buch „Die datafizierte Schule" den Blick auf Ambivalenzen aber auch auf Datenpraktiken richten und zudem die methodisch-methodologischen Herausforderungen von Datafizierungsforschung im schulischen Kontext problematisieren.

Unser Buch geht aus der gemeinsamen Arbeit von vier Teilprojekten innerhalb des vom Bundesministerium für Bildung und Forschung geförderten DATAFIED-Forschungsverbundes hervor.[1] Die Beiträge im Buch zielen darauf ab, das immer wieder betonte, kritische Moment der *critical data studies* zu erweitern, indem wir die Ambivalenzen, Brüche und Spannungen, die bei der Produktion, Sammlung, Distribution und Verwendung von schulischen Daten sichtbar werden, anhand von empirischem Material rekonstruieren und in den Mittelpunkt unserer Betrachtungen rücken. Zudem diskutieren wir methodische Ansätze von Datafizierungsforschung und ihre Grenzen. Zu diesem Zweck entwickeln wir im Folgenden zunächst unser Verständnis von Datafizierung und datafizierter Schule. Mit Blick auf Forschungen aus einer Perspektive kritischer Datenstudien verweben wir hierbei die Stränge der Forschung über datengestützter Bildungssteuerung auf der einen und pädagogisch-didaktischen Perspektiven auf Datafizierung auf der anderen

---

[1] Die diesem Buch zugrunde liegenden Ergebnisse sind aus der Forschung des Projektes „DATAFIED – Data For and In Education" hervorgegangen; in der Laufzeit 12/2018-05/2022 gefördert durch das Bundesministerium für Bildung und Forschung (Fördernummer 01JD1803 A-D; Förderhinweis: Die Verantwortung für den Inhalt liegt allein bei den Autor*innen.).

Seite. Im Anschluss erläutern wir die dem Verbundforschungsprojekt DATAFIED zugrunde liegenden theoretischen Annahmen und Vorgehensweisen. Unsere Überlegungen schließen mit einer verdichteten Vorstellung ausgewählter Ambivalenzen datafizierter Schule, den Buchkapitelsynopsen sowie einer Einladung zum Weiterlesen und Weiterdenken.

1.1 Datafizierung

Datafizierung verstehen wir grundsätzlich als einen gesellschaftlichen Metatrend im Kontext der Digitalisierung (z. B. Buschauer und Wadephul 2020; Couldry und Hepp 2017; Decuypere 2021; Mayer-Schönberger und Cukier 2013, S. 24; Schäfer und van Es 2017, S. 13). Dass gesellschaftspolitische Entscheidungen auf der Grundlage von erhobenen Daten getroffen werden und gleichzeitig die Erhebung der Daten selbst hoch politisch und kritisch zu reflektieren sind, diskutieren unter anderem Kultur-, Geistes- und Sozialwissenschaftler*innen seit langem. Datafizierung ist somit kein neues Phänomen, sondern ein Prozess, dessen Wurzeln weit zurückreichen. Die Besonderheit der aktuell zu beobachtenden Datafizierung liegt insbesondere darin, dass Daten nicht nur digital in großem Umfang und Vielfalt vorliegen, sondern in Echtzeit zum Teil als Nebenprodukt erzeugt, verarbeitet und dazu aus unterschiedlichen, heterogenen Datenbeständen zusammengestellt und feinkörnig analysiert, flexibel erweitert und skaliert werden können (Kitchin und Lauriault 2014). Damit ist Datafizierung ein komplexer gesellschaftlicher Prozess, in dem unter anderem unterschiedliche Akteurskonstellationen, Praktiken und Machtgefüge in ihren Medienensembles interagieren (z. B. Dander 2018; Hepp et al. 2018). Datafizierung lässt sich entsprechend als „sinnstiftender Prozess in und um Daten" (Dourish und Gómez Cruz 2018) begreifen, wodurch das Verständnis von Datafizierung als „Transformation von sozialem Verhalten" (van Dijck 2014) erweitert wird.

> „[Datafication] is not simply a change to what is done and how, but also a change to who people are, or who they are expected to be." (Bradbury und Roberts-Holmes 2017, S. 6)

Im Bildungsbereich erstreckt sich Datafizierung in unterschiedlicher Breite und Intensität von der frühkindlichen Bildung über die Schule und Hochschule bis zur beruflichen Bildung und der Erwachsenenbildung. Dies kann als ein weltweiter Trend beobachtet werden, mit unterschiedlichen Entwicklungsdynamiken. Dabei geht es sowohl um datengestützte Lern- und Lehrprozesse als auch um die Unterstützungsleistungen der Verwaltung und der Bildungssteuerung. In der frühkindlichen Bildung haben beispielsweise auf digitalen Daten basierende Verfahren zur Berechnung von Kita-Plätzen oder Elternzuschüssen im Rahmen kommunaler Bildungssteuerung Einzug gehalten (Döbert und Weishaupt 2015). Die Hochschulen sind teils bereits über den gesamten *student lifecycle* über Daten gesteuert und versuchen dies immer systematischer mit dem Aufbau von „*data warehouses*" abzubilden (Webber und Zheng 2020). Darüber hinaus sollen zukünftig Systeme Künstlicher Intelligenz (KI) insbesondere mithilfe von Verfahren maschinellen Lernens die Verbesserung von Lehr- und Lernprozessen sowie die Unterstützung der Studierenden gewährleisten (Tsai et al. 2020). Das informelle Lernen – beispielsweise über Lern- und Erklärvideos (Wolf 2015) – wird durch algorithmische Empfehlungssysteme auf vorhandenen Plattformen gesteuert. Automatisierte Entscheidungen über Studienerfolg sollen durch prediktive Analysen von Arbeitsfortschritten in Lernmanagementsystemen getroffen werden (Herodotou et al. 2021; Mahroeian und Daniel 2021), was Rückschlüsse auf die Studienmotivation ermöglicht. Und schließlich versprechen globale Bildungsanbieter im Weiterbildungsbereich Lernerfolge auf der Basis von datafizierten individualisierten Lehr-/Lernszenarien (Niegemann und Weinberger 2020).

Im vorliegenden Buch gilt unser Augenmerk dem deutschen Schulsystem: auch dort sind Entscheidungsprozesse schon immer datengestützt – also in gewisser Form datafiziert – gewesen. So sind in der Schule Noten ein Teil lang etablierter, datengestützter Bewertungspraktiken, die bis hin zur Zertifizierung von „Bildungserfolgen" reichen. Unterricht wird mit Hilfe von Daten durch Stundenpläne organisiert. Anwesenheiten durch Klassenbücher datengestützt überwacht. Daten fließen in die Bildungsstatistik seit ihrer Gründung ein. Schüler*innen werden „vermessen", Schulen, ihre Gebäude, ihr Personaleinsatz unterliegen staatlicher Planung, Schulträger entwickeln kommunale Schulentwicklungspläne – auf Basis von Daten. Gravierend verändert hat sich durch die Digitalisierung jedoch in den letzten Jahr(zehnt)en die Quantität und Qualität der Daten, ihre nebenläufige Sammlung (im Sinne digitaler Spuren) und die Möglichkeit zur Echtzeitverarbeitung. Dies wirkt sich darauf aus, in welchen Bereichen bzw. auf welche Weise Daten in Schulen genutzt werden. Prognosen der Zahlen künftiger Schüler*innen haben Einfluss darauf, ob und wo Schulen gebaut werden und insbesondere in Ländern mit Ranking-Systemen wie Großbritannien oder den USA (z. B. Anagnostopoulos et al. 2013a) entscheiden Metriken auf Basis von Daten darüber, was eine „gute Schule" ist (Jarke und Breiter 2021), woran sich wiederum Eltern bei der Schulauswahl orientieren. Externe und interne Evaluationen von Schulen (beispielsweise durch Schulinspektionen) haben sich seit Jahrzehnten etabliert und stützen sich auf Selbstberichte, Beobachtungen oder Befragungen – also auf Daten (Demski 2017; Warmt et al. 2020). Digitale Lernmanagementsysteme offerieren Elemente selbstgesteuerten

Lernens auf Basis vorheriger Lernpraktiken. Sie liefern Daten über Lernwege und hinterfragen somit etablierte Formen von Unterricht sowie die Rollen von Lehrenden und Lernenden. Datafizierung lässt sich auch im Kontext der „Educational Governance" (Maag Merki et al. 2014) verorten. Dabei werden verschiedene Handlungsstrukturen im Bildungssystem betrachtet, in denen unterschiedliche Akteur*innen prozesshafte Maßnahmen umsetzen. Insbesondere die „Handlungskoordination im Mehrebenensystem" (Kussau und Brüsemeister 2007) ist eng mit dem Wandel durch Datafizierung verbunden. Das betrifft auf der Mikroebene die datengestützte Koordination in der Schule, die Prozesse zwischen Schule, Schulleitung und Schulaufsicht (Mesoebene), sowie die Anforderungen an und die Verwendung von Daten für die Steuerung auf der politischen Makroebene. Wir ergänzen somit das Modell um die Frage der Rolle der Datafizierung und fokussieren insbesondere auf die Schnittstellen und Wechselwirkungen zwischen Unterrichtspraktiken und der Softwareproduktion sowie zum Schulmanagement bis zur politischen Steuerung. Die verbindenden Prozesse und Schnittstellen sind im Zuge der Datafizierung von besonderem Interesse, sodass unsere empirischen Untersuchungen insbesondere diese Knotenpunkte in den Blick nehmen (Hartong et al. 2021).

1.2   Kritische Datenstudien - *Critical Data Studies*

Als Reaktion, Reflexion und Rekonstruktion der beschriebenen datengetriebenen Transformation formieren sich seit gut zehn Jahren kritische Datenstudien, die im englischsprachigen Kontext als *critical data studies* (boyd und Crawford 2012; Crawford et al. 2014) bekannt wurden. Ursprünglich verstanden als „interdisziplinäres Unterfangen" (Dalton et al. 2016), in dem sich verschiedene Forschungsrichtungen mit ähnlichen Anliegen und Fragen unter anderem aus kritischer sozial-, gesellschafts- oder kulturtheoretischer Perspektive der Beforschung von Daten zuwenden, kristallisieren sich mittlerweile verschiedene Studienzweige zu gemeinsamen Forschungsthemen heraus. Gemeinsam ist den vorliegenden Arbeiten ein Verständnis von Daten als niemals nur rohe, neutrale, objektive, dekontextualisierte Abbilder der Welt, sondern immer als kontingent, kontextbezogen, situiert und aktiv in der Welt wirkend (Dalton et al. 2016, S. 1). Auch teilen die Studien überwiegend eine Forschungshaltung, welche die Komplexität, Vielfältigkeit und Spannungen bei der Produktion, Distribution und Verwendung von Daten zu dekonstruieren, kritisch zu hinterfragen und zu problematisieren sucht. Jedoch unterscheiden sich die Beiträge in Bezug darauf, mit welchen theoretischen Linsen und methodischen Ansätzen sie unterschiedliche datengetriebene gesellschaftliche Transformationsprozesse kritisch reflektieren.

Bisherige Ansätze, die bestehende Forschungslandschaft zu vermessen (z. B. Iliadis und Russo 2016; Selwyn 2022), konzentrieren sich vornehmlich darauf, kursorisch ausgewählte Beiträge in thematisch und methodisch nahen Arbeiten der kritischen Datenstudien zu bündeln. Als Weiterentwicklung dazu legt Felicitas Macgilchrist eine verdichtete Kartierung vor, indem sie kritische Forschungen in drei Bereiche (*Transformation – Beharrung – Zukunft*) unterteilt: Kritische Studien, die sich mit gesellschaftspolitisch relevanten Transformationen und neuen Technologien, Prozessen und Praktiken im Bildungssystem befassen; Forschungen, die die Beharrungstendenzen und damit verwobenen Manifestierung von Bildungsungerechtigkeit bzw. -ungleichheit untersuchen und jene Arbeiten, die nach (alternativen) Zukünften fragen (Macgilchrist 2021b). In Anlehnung an Felicitas Macgilchrist et al. (2022) erweitern wir diese Sortierung in zweierlei Hinsicht. Zum einen verweben wir einen quer zu der Dreiteilung liegenden Forschungsstrang, der sich in *critical data studies* Perspektive mit „Educational Governance" und „data-driven decision-making" auseinandersetzt. Zum anderen verdichten und ergänzen wir die kritischen Forschungen die auf jene Ambivalenzen, Spannungen und Brüche blicken, welche durch Datafizierung hervorgebracht werden und die wiederum dazu führen, dass Datafizierung sich unterschiedlich entfaltet. Unser Fokus auf Ambivalenzen liegt ebenfalls quer zu den drei Themenfeldern bisheriger kritischer Forschung und erweitert somit noch einmal die Perspektive der *critical data studies*. In diesem Sinne kommen wir mit den Beiträgen in unserem Buch dem Wunsch nach, über das Aufzeigen von Ambivalenzen und Spannungen und die Formulierung kritischer Fragen über gesellschaftspolitische Implikationen schulischer Datafizierung in „ins Gespräch zu kommen" (Macgilchrist 2021b) mit jenen, die sich für Daten im Bildungssystem interessieren. Zunächst skizzieren wir jedoch orientiert an den Einteilungen von Macgilchrist (2021b) und Macgilchrist et al. (2022) den bisherigen Forschungsstand.

Transformation – Beharrung – Zukunft: Innerhalb der Publikationen zu kritischen Datenstudien, welche die Rolle neuer Technologien für den Wandel (nicht nur) von Bildung und deren gesellschaftspolitische Implikationen hinterfragen, diskutieren Studien beispielsweise die ethischen und sozialen Implikationen von Datentechnologien am Beispiel von Verfahren künstlicher Intelligenz im Bildungsbereich (Perrotta und Selwyn 2019) sowie deren Verwendung für die Quantifizierung von sozioemotionalem Lernen (McStay 2020). Bisherige Arbeiten zeigen, wie Apps datengetrieben mit gamifizierenden Elementen unter anderem zur Kontrolle des Verhaltens von Schüler*innen nutzbar sind (Manolev et al. 2019) oder zur Unterstützung des sozial-emotionalen Lernens eingesetzt werden und somit persuasiven Charakter entfalten (Williamson 2017b). Mit Blick auf die soziotechnische Verfasstheit von Apps wird der (unwissende) Umgang von Lehrkräften mit datengetriebenen Technologien für den Unterricht problematisiert (Lupton 2021). Für den angelsächsischen Raum zeigen sich bereits erste Veränderungen des professionellen Selbstverständnisses von Lehrer*innen in Bezug auf eine „Daten-Profession" (Lewis und Holloway 2019). Ein Schwerpunkt dieser an Datafizierung als *Transformation* interessierten Forschungen liegt darauf, wie Wissen durch die Verwendung datengetriebener Bildungstechnologien produziert wird und welche Akteur*innen an der Wissensproduktion mitwirken. Unter dem Begriff „*dataveillance*" im Bildungssystem werden unter anderem automatisierte Überwachung im Unterricht und die lenkende Wirkmacht von Bildungstechnologien, sowohl für die Nutzenden als auch deren Lernumgebungen problematisiert (z. B. Knox 2020; Lupton und Williamson 2017; van Dijck 2014). Neben Forschungen, die sich für den durch datengetriebene Verfahren angestoßenen Wandel interessieren, existiert inzwischen eine wachsende Zahl an empirischen Studien, die kritisch nach *Beharrungstendenzen*, beispielsweise der Reproduktion von bildungsbezogener Ungleichheit, fragen. Diese Arbeiten untersuchen, wie datengetriebene Bildungstechnologien zur Reproduktion oder Verstärkung von Bildungsungleichheiten beitragen (z. B. Rafalow 2020; Williamson 2017a). Arbeiten zeigen, wie die Voraussagen durch prädiktive Analysen *(predictive analytics)* über möglichen (Miss)erfolg von Lernenden dazu beitragen, wie Schüler*innen aus sozioökonomisch benachteiligenden Gegenden Bildungschancen verwehrt bleiben (Jarke und Macgilchrist 2021). Aktuell finden sich zudem Arbeiten, die in Retrospektive die zukünftige datafizierte Schule imaginieren, dabei die Versprechen von datengetriebenen Bildungstechnologien problematisieren und potenzielle *Zukünfte* schulischer Bildung diskutieren (Costello et al. 2020; Hillman et al. 2020; Knox et al. 2020; Selwyn et al. 2020).

Educational Governance: Ein weiteres Augenmerk der kritischen Datenstudien gilt der Schulsteuerung durch Daten. Unter dem Begriff datengestützte Entscheidungsprozesse *(data-driven decision-making)* firmieren seit zwei Dekaden zahlreiche Ansätze, die sowohl die Qualitätssicherung und -entwicklung als auch die Rechenschaftspflicht im Blick haben (für einen Überblick siehe Mandinach und Schildkamp 2021). Dies bezieht sich einerseits auf den Paradigmenwechsel der empirischen Bildungsforschung hin zur sogenannten „Evidenzbasierung" (Altenrath et al. 2021; Jornitz 2008, 2009) als auch zur Orientierung an internationalen Standards der Messung von Schulqualität zumeist anhand von Leistungen der Schüler*innen (Grek et al. 2021; Martens et al. 2010; Martens und Niemann 2013; Ozga 2016). Im Zuge dieses Paradigmenwechsels bekommen Daten in Form von Metriken, Tests oder Kennzahlen für die Vermessung und Steuerung im Schulsystem auf und zwischen allen Ebenen eine immer größere Rolle. Dies betrifft sowohl die Verwaltung als auch die Kernprozesse der Unterrichtsentwicklung. Studien im Bereich der *Educational Governance* untersuchen, wie sich die Priorisierungen von Bildungspolitik und die öffentlich-privaten Beziehungen ver-

ändern, wenn immer mehr digitale Daten über spezifische Softwaresysteme nutzbar gemacht werden. Daher werden diese Fragen zunehmend auch im Kontext
der kritischen Datenstudien in Bezug auf das Schulsystem thematisiert (Bellmann
2016; Bradbury und Roberts-Holmes 2017; Hartong 2019; Landri 2020; Ratner
und Gad 2019; Williamson 2015).

Daten brauchen Infrastrukturen, in denen sie auf Basis von Regeln, Strukturen
und Prozessen gesammelt, gespeichert, aufbereitet, verbreitet und archiviert werden. Infrastrukturen selbst wiederum bestimmen mit, wie Daten definiert, erzeugt,
verarbeitet und genutzt werden und konstituieren damit eine Form der Daten-
Governance (Hillman 2022). Dabei lassen sich Infrastrukturen nach Susan Star
(1999) nur relational zu spezifischen Akteur*innen verstehen und sind damit eth-
nografischer Forschung zugänglich. Aufgrund der technologischen Entwicklung
und der Dominanz neo-liberaler Steuerungslogik im Schulsystem wurden Dateninfrastrukturen zuerst in den USA aufgebaut und ihre Bedeutung untersucht. Doro-
thea Anagnostopoulos und Kolleg*innen (2013a, b) beschreiben sie als „infrastructure of accountability" und zeigen in ihren Studien, welche zentrale Rolle sie auf
allen Ebenen des Schulsystems, insbesondere aber auf der ministeriellen Ebene
und bei den Schuldistrikten für die Steuerung der Schulen spielen (z. B. Hartong
und Förschler 2019). Die Zielsetzung sei dabei weniger die Verbesserung von
Schulqualität („*school improvement*") als die Kontrolle (bis zur Bestrafung) von
Schulen entlang fest definierter Erwartungen an ihre Leistungsfähigkeit („*accountability*"). Diese prägende Rolle von Dateninfrastrukturen für die Bildungssteuerung wird kritisch begleitet (Gulson und Sellar 2019; Hartong und Nikolai 2021),
da sich die Dominanz der Dateninfrastrukturen im Zuge der zunehmenden Verfügbarkeit von Daten bei immer leistungsstärkeren Algorithmen zu einer
„*computational education policy*" (Gulson und Webb 2017) zu entwickeln scheint.
Hierbei kommt der Nutzung von Verfahren des maschinellen Lernens und damit
einer explorativen Datenanalyse als Erweiterung bisher vor allem deduktiv orientierten Analysen eine besondere Bedeutung zu (z. B. Breiter 2022; Heuer et al.
2021). Die neu zugeschriebene Rolle von KI-Verfahren im Schulsystem unter me-
dienpädagogischem Blickwinkel lässt sich durch die umfangreiche Verfügbarkeit
von Daten (beschrieben als „*big data*") und ihre Einbindung in Dateninfrastrukturen erklären (Gapski 2015; Swertz 2020). Hinsichtlich der Bedeutung von Daten
und Dateninfrastrukturen problematisieren Kerssens und van Dijck (2021), wie
sich schulische, plattformgestützte Bildung in privatwirtschaftlichen globalen Infrastrukturen entfaltet. Schulen und Unterricht werden also selbst zu ‚*data platforms*' (Williamson 2016) im Ökosystem international agierender Unternehmen.
Hieraus ergibt sich die Frage danach, wie Bildungstechnologien zur Nutzbarmachung für das Gemeinwohl zu steuern wären. Hierzu arbeiten Kerssens und van
Dijk (2021) den Bedarf eines *Governance*-Konzeptes heraus, das auf sektoraler,

nationaler und europäischer Ebene ansetzt. In diesen Kontext sind die verschiedenen Ansätze im Rahmen des DATAFIED Projektes einzuordnen und sind damit
auch ein Plädoyer für eine neue Governance von Bildungsdaten.

Mit unserem Buch möchten wir den Blick auf die innerhalb des letzten Jahr-
zehnts wachsende Forschungslandschaft und mittlerweile durchaus als Feld zu be-
zeichnenden kritischen Datenstudien in Bezug auf das Schulsystem schärfen. Wir
unternehmen den Versuch, gerade das immer wieder herausgestellte kritische Moment der *critical data studies* weiter zuzuspitzen, indem wir den Fokus der Kritik
verschieben und auf Ambivalenzen, Komplexität und Spannungen, die bei der Produktion, Sammlung, Distribution und Verwendung von schulischen Daten sichtbar
werden, blicken. Wir schließen dafür an die bereits vorliegenden thematischen
Kartierungen (z. B. Iliadis und Russo 2016; Macgilchrist 2021b; Macgilchrist et al.
2022) an und greifen in den Buchkapiteln ambivalente Momente der Datafizierung
von Schule auf. Wir arbeiten insbesondere die Ambivalenzen heraus, die mit der
voranschreitenden Datafizierung im Schulsystem verwoben sind. Wir zeigen auf
Basis unserer empirischen Forschung Spannungsverhältnisse, die sich aus dem Zusammenspiel von Schule, Schulaufsichts- und Schulverwaltungspersonen sowie
Lernsoftwareproduzierenden, Lehrkräften und Schüler*innen entfalten. Vor dem
Hintergrund der aktuellen gesellschaftlichen wie wissenschaftlichen Diskussion
über digitale Daten blicken wir im Buch mit dem im Folgenden beschriebenen
Forschungsansatz auf die Herausforderungen der Datafizierungsforschung, auf
Datenpraktiken und deren Wirkmacht.

2   Der DATAFIED-Forschungsansatz – qualitativ, schnittstellenorientiert, interdisziplinär

Die Beiträge im vorliegenden Buch sind von einem theoretischen Zugang gerahmt,
der zwei zentrale Konzepte verknüpft: *data assemblages* und *Datenpraktiken*.
Data assemblages als „komplexe soziotechnische Systeme" (Kitchin 2014, S. 24)
bestehen aus miteinander verschränkten technischen, politischen, sozialen, ökonomischen, ethischen, rechtlichen, kulturellen und pädagogischen Logiken sowie
Gesetzen, materiellen Artefakten und administrativen und didaktischen Entscheidungen, die jeweils einzelne Dateninfrastrukturen rahmen und konstituieren
(z. B. Jasanoff 2017). Einen solchen Ansatz anwendend, zeigen Sigrid Hartong und
Andreas Breiter (2021) etwa am Beispiel der Konstruktion von Sozialindizes für
Schulen, wie *data assemblages* sich kontinuierlich wandeln und gleichzeitig durch
diesen Wandel ein bestimmtes Verständnis von Bildungsungleichheit konstruieren.
So werden diese Indizes einerseits auf Basis von produzierten Daten – aus Statisti-

ken, eigenen Erhebungen oder Schätzungen sozioökonomischer Unterschiede – erzeugt und in Dateninfrastrukturen (wie beispielsweise Schulinformationssysteme) integriert. Andererseits sind sie stets Ergebnis eines soziotechnischen Aushandlungsprozesses, in denen organisatorische und regulative Prozesse ebenso eine Rolle spielen wie die Steuerungskultur und die Machtarchitektur des Schulsystems im jeweiligen Bundesland. In diesem Zusammenspiel werden Sozialindizes kontinuierlich rekonfiguriert mit dem Ziel eine „optimale" Lösung für einen „fairen" Indikator zu schaffen. Vor diesem Hintergrund produzieren *data assemblages* einerseits Daten und werden andererseits durch die Produktion, Sammlung, Distribution und Verwendung von Daten reproduziert bzw. rekonfiguriert (z. B. Jasanoff 2017; Kitchin und Lauriault 2014; Williamson 2016).

Datenpraktiken verstehen wir innerhalb des Forschungsverbundes in Anlehnung an das praxistheoretische Verständnis von Theodore Schatzki (1996, S. 89) und Andreas Reckwitz (2002, S. 249) als einen Nexus von Aktivitäten, die digitale Daten konstituieren, visualisieren und nutzbar machen, Daten als Impuls für Handlungen aufgreifen sowie Daten befragen, problematisieren oder erklären. Datenpraktiken als komplexe Bündel werden, ebenso wie *data assemblages*, immer wieder neu hervorgebracht (vgl. Sellar 2015, S. 769) und spielen im Bildungssystem eine wachsende Rolle (Decuypere 2021). Darauf abzielend, Datenpraktiken zu erfassen und ihre ambivalenten Auswirkungen auf die Konstruktion von Schule, Rollen und Beziehungen im Schulsystem zu verstehen, greifen wir explorative und rekonstruierende Methoden auf, um die Verschränkung der Datenpraktiken mit weiteren Elementen der *data assemblages* zu untersuchen.

Der DATAFIED-Forschungsverbund greift auf einen qualitativen, interdisziplinären, schnittstellenorientierten Forschungsansatz zurück, der sich, orientiert an den theoretisch-methodischen Herangehensweisen unterschiedlicher Fachdisziplinen, einer Vielfalt an qualitativen Methoden bedient. In vier Teilprojekten beleuchtet DATAFIED verschiedene Schnittstellen und Prozesse zwischen den Ebenen der *Educational Governance* (siehe Abb. 1): Die *Schnittstelle der Schulaufsicht und Schule* (Teilprojekt 1) fragt danach, wie sich durch die Einbindung von digitalen Daten und Technologien die Beziehung zwischen Schulaufsicht und Schule verändert. Dabei werden im Kern die Datenpraktiken der Schulaufsicht sowie, gekoppelt hieran, der Schul(entwicklungs)beratung untersucht. Die *Schnittstelle des Schulmanagements und der Schulinformationssysteme* (Teilprojekt 2) nimmt die von der Schulleitung verwendeten Informationssysteme in den Blick und fragt danach, wie sich die Organisation von Schule durch Daten und Algorithmen verändert und welche Rolle die Software-Entwickler*innen dabei spielen. An der *Schnittstelle der digitalen Lernsoftware und des Unterrichts* (Teilprojekt 3) werden die in der Schule verwendete Lernsoftware und Lern-Apps selbst analysiert. Mit Blick auf die verwendeten Systeme erarbeiten wir, welche Datenpraktiken von Lehrkräften und

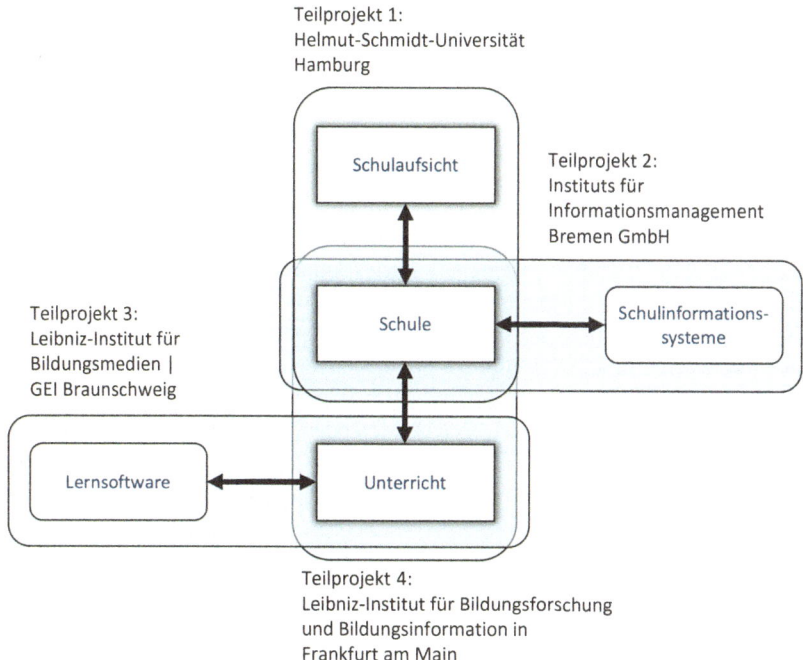

Abb. 1 Schnittstellenübersicht der einzelnen DATAFIED-Teilprojekte (TP1-4)

Schüler*innen über die Software bereits präfiguriert werden und welche Auswirkungen auf Zielsetzungen, Rollen und Aufgaben möglich sind. An der *Schnittstelle zwischen Lehrkräften und Schüler*innen im Unterricht* (Teilprojekt 4) befassen wir uns mit dem konkreten Einsatz digitaler Medien und der damit verbundenen potenziellen Sammlung und Interpretation von Daten sowie mit den veränderten Beziehungen und Rollenverständnissen im didaktischen Setting des Unterrichts.

Der analytische Blick auf vier Schnittstellen des Schulsystems erlaubt es uns, Datafizierung als Prozess und die mit ihm verwobenen Datenpraktiken zu untersuchen und somit danach zu fragen, wo und wie Datafizierung sichtbar wird. Dabei gilt unser Interesse Datenpraktiken und somit dem Umgang mit digitalen Daten im Schulsystem, die in den Arbeitsroutinen der von uns Beobachteten und Befragten Berücksichtigung finden. Wir blicken auf unterschiedliche Forschungsgegenstände (u. a. Dateninfrastrukturen, Lernsoftware als soziotechnisches System) und interessieren uns für Akteur*innengruppen (Personen der Schulaufsicht, Schulsekretariate, Schulleitungen, Lehrende, Schüler*innen, Softwareproduzierende) wie „Datenvermittler*innen" (Hartong 2016), Softwareentwickler*innen bzw. die Produzent*innen von Informationssystemen (z. B. Breiter 2006; Breiter et al. 2008; Breiter und Ruhe 2018) und Lernsoftware (Macgilchrist 2017). Mit Blick auf die Verflechtungen soziotechnischer Systeme analysieren wir die Softwaresysteme selbst (z. B. Edwards 2015) und ihre Bedeutung für die Erzeugung von Daten und zur Unterstützung von Entscheidungsprozessen. Die Verknüpfungen lassen sich in unserem Verständnis nur im Zusammenspiel von unterschiedlichen Methoden greifen. Die vier Teilprojekte verfolgen in diesem Sinne einen empirischen Ansatz, der Forschungsperspektiven und -methoden aus der Soziologie, Informatik, Erziehungswissenschaft, Kulturwissenschaft sowie Kommunikations- und Medienwissenschaft verbindet. Um Datafizierung als Prozess und insbesondere Datenpraktiken zu beforschen, nutzen wir eine Forschungsperspektive, die auf beobachtende, interviewbasierte und rekonstruktive Methoden setzt (Bradbury und Roberts-Holmes 2017; Dourish und Gómez Cruz 2018; Selwyn 2014). Die Datenerhebungsmatrix (siehe Tab. 1) visualisiert, welche Methoden von welchem Teilprojekt des

Tab. 1 Datenerhebungsmatrix des DATAFIED-Forschungsverbundes

	Teilprojekt 1	Teilprojekt 2	Teilprojekt 3	Teilprojekt 4	Wo?
Dokumenten- und Textanalysen	Policy-Material zur institutionellen Beschreibung von Schulaufsicht, Organigramme etc.	Verordnungen, Gesetzestexte, Dienstvereinbarungen, Stellenbeschreibungen, Schulportraits, -websites, statistiken, Medienberichte, Tweets zu Schulinformationssystemen	Verträge, Webauftritte, Infomaterialien für Lehrkräfte, Eltern, Schüler*innen, Schulleitungen, Schulrankings	zur Ausstattung der Schule	
Interviews mit:					
1. Schulaufsicht		Interviews mit Personen der Schulaufsicht und Einrichtungen zur internen oder externen Evaluation oder Schulberatung			in allen Bundesländern
2. Schulmanagement		Interviews mit Personen der Schulleitung, Schulverwaltung, IT-Koordination, Jahrgangskoordination, Stundenplanung			in allen Schulen
3. Softwareproduzierenden (Verwaltungs-/ Lernsoftware)		Interviews mit Produzierenden von Schulinformationssystemen (z.B. Projektleitung, Anforderungsmanagement, Steuerungsgremien, Nutzer*innensupport)	Interviews mit Produzierenden von Lernsoftware (z.B. Projektleitung, Geschäftsführung, Vertrieb, Entwickler*innen)		in allen Bundesländern
4. Lehrkräften		Interviews mit Lehrkräften zu Unterrichtsentwicklung, Schulinformationssystemen und Unterrichtsmedien			in allen Schulen
			Interviews mit Lehrkräften zu Softwareverwendung im (Distanz-)Unterricht		in einer Fallschule
5. Schüler*innen			Gruppeninterviews zu Unterrichtsmedien		in drei Fallschulen
Softwareanalysen		Analyse der Schulverwaltungssoftware (walkthroughs, Prozessmodellierung; Analyse Softwarespezifikationen, Daten(fluss)-modellen, Dokumentation und Handbücher)			in vier Bundesländern
			Analyse von Lernsoftware (walkthroughs, think aloud Protokolle)		deutschlandweit
Unterrichtsbeobachtung				Unterrichtshospitationen und Videografie	in vier Fallschulen

DATAFIED-Forschungsverbundes zur Datenerfassung genutzt wurden. Wir haben in den vier Bundesländern Hamburg, Bremen, Brandenburg und Hessen vertieft mit je zwei Schulen zusammengearbeitet, von denen jeweils eine für Unterrichtsbeobachtungen und jeweils beide für Interviews mit Schulleitungen, Schulsekretariatsmitarbeitenden, Lehrenden und in Teilen auch Schüler*innen zur Verfügung standen. Zudem haben wir in allen vier Bundesländern mit Personen der Schulaufsicht, Ministerien, Schulbehörden oder Schulämtern und darüber hinaus deutschlandweit mit Produzierenden von Software für das Schulmanagement und Lernsoftware gesprochen. Das Methodenportfolio zur Erhebung und Auswertung bestand aus Dokumentenanalysen, (teilstrukturierten) Interviews – unter anderem mit *card-sorting* (Hasebrink und Hepp 2017) – Unterrichtsbeobachtungen und -aufzeichnungen sowie Softwareanalysen – unter anderem der Walkthrough Approach (Troeger und Bock 2022) – Diskurs- und Netzwerkanalysen, objektive Hermeneutik und Daten(fluss)visualisierungstechniken – unter anderem Geschäftsprozessmodellierung („*business process model*" z. B. Freund und Rücker 2012) sowie das „*mapping*" von Softwareproduzierenden (z. B. Eleftheriou et al. 2018).

Mit unserem Forschungsansatz reagieren wir unter anderem auf verschiedene, innerhalb der kritischen Datenstudien formulierte Methodenappelle: Erstens adressieren wir die Forderung nach empirischen Fallstudien, die vertiefend, unterschiedliche Facetten datafizierter Bildung, Verwaltung und Wirtschaft sowie deren Verflechtungen beleuchten (Kitchin und Lauriault 2014, S. 14). Zweitens schließen wir an Arbeiten an, die ihren Forschungsfokus verschieben und dabei weniger (daten)mächtige Akteur*innen betrachten als vielmehr „*ordinary people*" (z. B. Pink et al. 2017) um Datafizierung so zu betrachten, wie sie im Alltag gelebt, empfunden und erfahren wird (z. B. Kennedy 2018). Drittens schließt unser empirisches Vorgehen an Untersuchungen an, die (widerständige) Datenpraktiken in den Blick nehmen (z. B. Crooks und Currie 2021; Jarke und Breiter 2019) und dabei insbesondere kritisch die Datenpraktiken im Bildungsbereich untersuchen (z. B. Decuypere 2021).

In einem Verständnis dafür, dass Datenpraktiken eine genaue, konzeptionell reichhaltige Untersuchung der Prozesse erfordern, die in der Konstruktion und der Funktionsweise dieser Praktiken verschränkt sind (z. B. Decuypere 2021 in Anlehnung an Goriunova 2019; Grommé und Ruppert 2020; Ratner und Ruppert 2019), folgen wir, wie Matthias Decuypere, einem kritischen methodischen Ansatz, der nicht ausschließlich messen will, „was Datenpraktiken *sind*", sondern vielmehr „die performativen Effekte von Datenpraktiken" in den Blick nimmt und somit danach fragt, „was diese Praktiken *tun*" (Decuypere 2021, S. 69).

3 Ambivalenzen schulischer Datafizierung

Die Beiträge in unserem Buch schließen an die Perspektiven kritischer Datenstudien an und spitzen deren Fokus weiter zu. Indem wir auf die Ambivalenzen blicken, die durch Datafizierung hervorgebracht werden und gleichzeitig Datafizierung hervorbringen, irritieren wir kritisch-abwägend den Umgang mit Daten und den Blick auf Datenpraktiken. Die Fokussierung auf Ambivalenzen und das Herausarbeiten von Komplexität, Brüchen und Spannungen ist unser kritischer Zugang zu Datenpraktiken, der weder ausschließlich aus der Vogelperspektive externer Beobachter*innen Datenhandeln beschreibt oder bewertet, noch lediglich in Nahaufnahme betrachtet, wie sich welche Datenpraktiken durch wen, wo und wann entfalten. Im Sinne des kritischen Ansatzes möchten wir durch den Fokus auf Ambivalenzen ein Verständnis von schulischer Datafizierung verkomplizieren und dadurch unter anderem Dualismen von „richtiger und falscher" sowie „guter und schlechter" Datafizierung aufbrechen. Unser Blick soll dabei helfen, unterschiedliche Wege und Umgänge mit Daten in einer datafizierten Schule zu erwägen, die Möglichkeiten wertzuschätzen und gleichzeitig offen über diverse Zukünfte von datafizierter Schule nachzudenken.

3.1 Kontrolle | Beratung – Administration | Pädagogik – Hierarchie | Autonomie

Daten sind weder per se „korrekt" noch „vollständig". Da Daten immer auch in soziopolitischen Kontexten produziert, gesammelt, distribuiert und verwendet werden, evozieren sie immer auch Reibungen, erscheinen je nach Kontext schlüssig oder fehlerhaft und sind letzten Endes niemals ein ‚evidentes Abbild' sozialer Wirklichkeiten. Gleichzeitig beobachten wir in den letzten Jahr(zehnt)en eine zunehmende Automatisierung und Formalisierung der Nutzung von Daten als Grundlage für schulische Entscheidungsprozesse. Daten bilden beispielsweise die Basis für die Berechnung und Verteilung von Personal- und Sachmitteln, aber auch schulische Evaluation und Schulentwicklungsmaßnahmen werden unter anderem mit Bezug auf Anwahl- oder Leistungsdaten geplant und umgesetzt. Aus den Prämissen, dass Daten im Bildungssystem immer auch „politisch" sind (z. B. Hartong und Förschler 2019; Levy und Johns 2016) und „sozial/situativ" hervorgebracht werden, jedoch auf dieser Basis schulische Akteur*innen Anleitung für ihr konkretes Handeln ableiten sollen, entstehen Spannungsverhältnisse, die von den beteiligten Akteur*innen sehr unterschiedlich (nicht) aufgelöst werden. Beispielsweise, indem „Daten als Narrativ" (Dourish und Gómez Cruz 2018) in inhaltlich kohärente Geschichten eingebettet und dadurch „passend" gemacht werden, auch wenn ein die Spannung auslösendes Irritationsmoment zum Beispiel bei der Datenerhebung oder -weitergabe weiterhin besteht.

Vor diesem Hintergrund sehen wir verschiedene Spannungsverhältnisse an der *Schnittstelle von Schulaufsicht und Schule*: Im Kontext zunehmender Datafizierung sind Schule und Schulaufsicht auf der einen Seite angehalten, schulrelevante Entscheidungen möglichst „objektivierbar" und „transparent" (z. B. Bradbury 2019) zu treffen und müssen auf der anderen Seite Routinen für den Ablauf datengestützter Steuerungsprozesse immer wieder aushandeln oder zunächst etablieren. Einerseits greifen Schulleitung und Schulaufsicht vermehrt auf digitale Daten zurück, andererseits wissen die Datennutzer*innen um diverse, intersubjektiv und kontextabhängig, unterschiedlich wahrgenommene Herausforderungen, die mit der Sammlung, Produktion, Distribution und Nutzung von Daten einhergehen. Daten sind Ausgangspunkt für Kontroll- aber auch Beratungsmaßnahmen der Schulsteuerung, die sich gleichzeitig zwischen hierarchisch-regulierter und autonom-professionalisierter Steuerung bewegt und dabei sowohl pädagogische Fragen als auch Verwaltungsaufgaben im Blick haben muss. Die zum Teil divergierenden oder konfligierenden Ziele und Aufgaben sind dabei von den handelnden Personen in der Praxis zu vereinen, beispielsweise indem eigene Wege und Interpretationen bei der Ausgestaltung und Aushandlung von Datenpraktiken gefunden werden. Welche Datenpraktiken bilden sich in einer (Bildungs-)Institution heraus, wenn die Prämisse Daten zu erheben und zu nutzen Konsens ist, aber der faktische Umgang von den beteiligten Akteur*innen immer wieder ausgehandelt werden muss?

Diese und weitere Ambivalenzen arbeiten Sigrid Hartong und Vito Dabisch in ihrem Beitrag Kap. „Datafizierte Schulaufsicht?! Zur Erfassung des komplexen Zusammenspiels von wirkmächtigen Dateninfrastrukturen und vielfältigen Datenpraktiken" heraus. Die Autor*innen zeichnen hierbei ein differenziertes Bild datafizierter Schulaufsicht, welches vertiefte Einblicke in das Zusammenspiel aus ambivalentem *enactment* (z. B. Förschler et al. 2021; Selwyn 2014) von Datafizierung und übergreifenden Transformationsprozessen der Schulaufsicht enthält und sich dabei von Unterscheidungen zwischen *high- und low-stakes* Systemen (z. B. Lingard et al. 2013) lösen will. Stattdessen dekonstruiert das Kapitel, wie sich Regulierungspotenziale von Dateninfrastrukturen situativ manifestieren und welche Einflussfaktoren dabei identifiziert werden können. Konkret werden in diesem Kontext die Ausweitung von Dateninfrastrukturen, in Verbindung mit einer zunehmenden Plattformisierung, Zentralisierung und Automatisierung der Datenproduktion und -verwendung diskutiert. Damit einher gehen stärkere Formalisierungen von Datenpraktiken in Schulaufsichtsprozessen. Mit ihrem Beitrag zeigen Sigrid Hartong und Vito Dabisch, wie Personen der Schulaufsicht ihre ambivalente

Rolle zwischen Kontrolle und Beratung, Pädagogik und Verwaltung sowie Hierarchie und Autonomie der Steuerung mit einer zum Teil individuell widersprüchlichen Wahrnehmung und Verwendung von Daten reflektieren.

3.2   Un- | Sichtbarmachung – Zooming-out | Zooming-in – Datenfluss | Datenfestschreibung

Daten reisen. Sie werden bewegt, abgerufen, verschoben, neu zusammengestellt und weitergeleitet. Ihre Reise wird aber auch umgeleitet, unterbrochen oder abgebrochen. Dabei werden die jeweiligen nicht immer direktionalen, zirkulären oder linearen Bewegungen, die wir in Anlehnung an Bates und Kolleg*innen (Bates et al. 2015, 2016) als Datenflüsse verstehen, „hergestellt", wobei die Datenbewegungen für die Beteiligten nicht immer unmittelbar einsichtig sind. Die schulische Bildungsverwaltungspraxis nutzt Visualisierungen von Daten(flüssen) für unterschiedliche Nutzungsanliegen, insbesondere zur Entscheidungsfindung und für die Optimierung bestehender Datenflüsse und Datenpraktiken. Wichtiges Ziel bei der Analyse datenbasierter Bildungssteuerung ist es zu verstehen, wie Daten in und zwischen Bildungsorganisationen effizient fließen und dabei einfach, schnell und möglichst ohne große Reibungsverluste verknüpft und transferiert werden können (z. B. Fickermann 2021). Ein solcher Effizienz- und Optimierungsanspruch, der eine möglichst gute Passung zwischen Datenproduzierenden (in der Regel Schulleitungen, Lehrende und Schüler*innen) und Datenempfangenden (unter anderem Akteur*innen im Schulmonitoring) anstrebt (z. B. Kemethofer et al. 2021; Thiel et al. 2019), lässt jedoch verschiedene, von uns aus dem empirischen Material herausgearbeitete Ambivalenzen *an der Schnittstelle von Schulaufsicht, Schulmanagement und Schulinformationssystemen* außer Acht: Während Datenvisualisierungen Transparenz, Verständlichkeit, Les- und Sichtbarkeit versprechen, zeigt die schulische Praxis jedoch gleichzeitig, dass Daten nicht immer „reibungslos" fließen. Es kommt zu Brüchen, Ambivalenzen und Spannungen, wobei die Dynamiken und Reibungen während der Datenreise schwer visualisierbar sind, wodurch unter Umständen auch Festschreibungen datafizierter Sichtbarkeiten erfolgen. Zudem legen Forschungserkenntnisse seit geraumer Zeit nahe, dass nicht „einsehbare" soziotechnische Systeme (Iliadis und Russo 2016, S. 4) – wie damit auch die Modellierung von Datenflüssen – Analysen vor besondere Herausforderungen stellen, die sich für kontingente, kontextabhängige, situierte, aktiv in der Welt wirkende Daten interessieren. Wie lassen sich (unsichtbare) Prozesse beforschen? Wie können Datenflüsse sichtbar gemacht werden, die den Beteiligten selbst oft – so können die DATAFIED Ergebnisse zeigen – nicht immer einsichtig sind und für sie in Teilen unsichtbar bleiben. Auf welche Weise werden Daten innerhalb schulischer Datenstrukturen mobilisiert?

Die hohe Dynamik fließender Daten und die bedingte Unsichtbarkeit von Datenflüssen erfordern sowohl einen Metablick auf die Gesamtheit der am Datenfluss Beteiligten, als auch Optionen des „Zooming-In", um Details, Brüche und Ambivalenzen zu Tage zu fördern. Diese und weitere Einsichten erarbeiten Juliane Jarke, Sigrid Hartong, Tjark Raabe, Vito Dabisch, Angelina Lange, Irina Zakharova und Andreas Breiter in Ihrem Beitrag Kap. „Zur Erfassung und Modellierung der „Hinterbühne" von Datenflüssen: Das Beispiel Unterrichtsausfall". Als produktive Ergänzung zu bisherigen Forschungen diskutieren die Autor*innen, inwieweit die Visualisierung von Datenflüssen auch alternative Sichtweisen auf datafizierte Schule ermöglichen können. Zudem zielt der Beitrag darauf ab, die Möglichkeiten und Grenzen der Erfassbarkeit und Visualisierung von Datenflüssen auszuloten. Argumentiert wird, wie sich einerseits mit Hilfe von Dokumentenanalysen, Interviews oder teilnehmenden Beobachtungen Einblicke in den Entstehungs-, Distributions- und Nutzungskontext von Daten(flüssen) gewinnen lassen und andererseits wie die Schwierigkeiten der Visualisierung von Datenflüssen durch die Erstellung eigener Modellierungen und deren Adaptionsprozess zu problematisieren sind. Mit ihren Ansätzen Datenflüsse zu modellieren können die Autor*innen zweierlei zeigen: zum einen, dass durch ein Heranzoomen nur ein Ausschnitt der hochgradig mobilen und komplex verschachtelten Datenflüsse zeigbar wird und zum anderen, dass ein Herauszoomen und Blick auf Datenflüsse aus der Vogelperspektive zwangsläufig Unschärfen und Ungenauigkeiten produziert. Die Aushandlungsprozesse zur Ausgestaltung der Datenmodellierungen sind jedoch die für den Forschungsprozess besonders fruchtbaren Momente. Mit ihrem Beitrag leisten die Autor*innen einen Beitrag zu Arbeiten, die sich für Modellierungen von Datenflüssen als Forschungsgegenstand interessieren und innerhalb des Forschungsprozesses eigene Visualisierungen zu erstellen suchen.

3.3   Belastung | Entlastung – Unterstützung | Eigenständigkeit – Individualisierung | Kollektivierung

Daten sammelnde, generierende und nutzende Software entfaltet zusehends Wirkmacht in schulischen Settings, indem ihre Verwendung die administrativen und pädagogischen Praktiken sowie Vorstellungen von „guter Schule" prägt (z. B. Breiter und Jarke 2016; Eder et al. 2017; Eynon 2013; Gapski 2015; Ozga 2011; Williamson 2016). Mit der Verwendung von Software werden in der öffentlichen Debatte zudem Versprechen verknüpft, die beispielsweise auf die Entlastung sowie Unterstützung der schulischen Akteur*innen abzielen und dabei ein spezifisches Bild von den im Schulsystem zu unterstützenden Personen entwirft. Zugleich signalisieren diese Nutzungsversprechen klare, meist einfach umsetzbare Lösungen für Probleme, die zuvor Softwareentwicklerteams antizipiert haben, ohne sie ausführlich mit den Einsichten von Bildungspraktiker*innen abgeglichen zu haben. Jedoch belegen Forschungsarbeiten gleichzeitig, dass schulisches Handeln nicht eindeutig, direktional abläuft, sondern immer schon durch Spannungen, Widersprüche und Unbestimmtheit konstituiert ist (z. B. Edwards 2009) und damit eine permanente Wechselwirkung zwischen Softwarelösung und Nutzung entsteht.

Auch mit unserem empirischen Material können wir an der *Schnittstelle von Lernsoftwareproduktion, Unterricht und Schule* Ambivalenzen zeigen. Wir rekonstruieren Spannungen, die sich ergeben, wenn „außenstehende" Entwicklerteams Lösungen für die von ihnen formulierten Probleme von Schule anbieten und dabei auf ein schulisches Setting stoßen, dass außerhalb ihres Erfahrungshorizontes liegt und zudem durch die Unübersichtlichkeit und Komplexität des schulischen Alltags geprägt wird. In ihrem Beitrag Kap. „Digital ist besser!? – Wie Software das Verständnis von guter Schule neu definiert" gehen Jasmin Troeger, Irina Zakharova, Felicitas Macgilchrist, und Juliane Jarke der Frage nach, wie Softwareproduzierende implizit oder explizit „gute Schule" imaginieren, schulische Herausforderungen problematisieren und welche Lösungsvorschläge sie anbieten. Auf der Grundlage von Interviews mit Entwickler*innen, Geschäftsführer*innen und Projektmanager*innen von Schulinformationssystemen und adaptiver Lernsoftware diskutieren die Autorinnen „performative Effekte auf die Praktiken in Schulen" bzw. wie Vorstellungen guter Schule durch die Softwaregestalter*innenteams in deren Produkte eingeschrieben werden und dadurch pädagogisches und institutionelles Handeln rahmen bzw. nahelegen. Die Autorinnen können zweierlei Problematisierungen und damit verknüpfte Lösungsangebote der Softwareproduzierenden zeigen: einerseits werden die handelnden schulischen Akteur*innen als überbelastet, stark herausgefordert bzw. überfordert imaginiert und daher Lösungsangebote zu ihrer Entlastung durch Software angeboten. Andererseits werden Schulen in einem Spannungsverhältnis zwischen (Daten)rechenschaftspflicht gegenüber anderen Behörden und dem Bedürfnis nach Eigenverantwortlichkeit wahrgenommen und daher Softwarelösungen als sinnvoll erachtet, die Schulen beim eigenverantwortlichen Organisieren unterstützen. Die Autorinnen schlagen vor, bestehende Spannungen in der schulischen Praxis nicht als Hemmnisse zu betrachten, die durch den Einsatz von Technologien behoben werden sollten, sondern diese Spannungen produktiv zu nutzen und als ambivalente Bestandteile schulischer Praxis anzuerkennen. Sie führen an, dass dies partizipative Ansätze der Softwaregestaltung mit Bildungspraktiker*innen ermöglichen und integrative und nachhaltige Softwarelösungen fördern kann.

3.4   Adaptiv | adaptierend – „gute" Schule | Schulalltag

In einem Nexus aus Technikeuphorie und -skepsis werden sowohl die Potenziale des Einsatzes von vermeintlich „adaptiver" Lernsoftware für individualisierten Unterricht (Knaus 2017), als auch die mit ihnen verknüpfte Kritik an datengetriebener Optimierung, Kommerzialisierung oder Gamifizierung von schulischer Bildung (z. B. Knox et al. 2020; Watters 2021; Weich et al. 2021) weiterhin überdimensioniert. Vor diesem Hintergrund nimmt der DATAFIED-Forschungsverbund einen größeren Korpus an Forschungsliteratur wahr, die sich entweder vermehrt mit der Frage auseinandersetzt, welche Lernsoftware auf welche Weise besonders effizient (gemessen am *output* und *outcome*) für das schulische Lehren und Lernen verwendet werden kann. *What works?* bildet hier den Fokus. Oder es finden sich Studien, die Kommerzialisierungstendenzen im Bildungssektor kritisieren. Weniger beleuchtet sind bisher die Spannungen und Ambivalenzen zwischen der Produktion von Lernsoftware und ihrer Verwendung in unterrichtlichen Settings. Auf Basis welcher Annahmen entscheiden Softwareentwicklungsteams darüber, wie ihre Produkte gestaltet werden und auf welche (vermeintlichen) Probleme im Unterricht antworten sie? Auf welche Weise entscheiden wiederum Lehrende darüber, welche Lernsoftware sie auf die eine oder andere Weise im Unterricht (nicht) nutzen? In welchem Verhältnis stehen diese Annahmen?

Oft als Dichotomie von guter/schlechter oder pädagogisch-didaktisch nicht/ sinnvoller Software gedacht, erweist sich das Zusammenspiel von intendierter und unterrichtlicher Nutzung jedoch in der Praxis von Softwareproduktion und -anwendung wesentlich komplexer und durchaus ambivalent, wie Felicitas Macgilchrist, Sieglinde Jornitz, Ben Mayer und Jasmin Troeger in ihrem Beitrag Kap. „Adaptive Lernsoftware oder adaptierende Lehrkräfte? Das Ringen um Handlungsspielräume" diskutieren. Sie schließen dabei an Forschungen an, die die Versprechen und Verfasstheit von Lernsoftware kritisch beleuchten und ergänzen diese durch Perspektiven schulischer Akteur*innen und Softwareentwickler. Indem sie die aus Leitfadeninterviews mit Praktiker*innen der Softwareproduktion und schulischen Anwendung gewonnenen Einschätzungen adaptiver Lernsoftware miteinander verschränken, arbeiten die Autor*innen Ambivalenzen heraus und hinterfragen Annahmen von „guter" und „schlechter" Software. Anhand der Aspekte Leistungsdifferenzierung, Fehlertoleranz und Belohnung zeigen die Autor*innen ein Ringen um Handlungsspielräume.

Ziel des Beitrags ist es, die kritische Forschungsliteratur – die die Lernsoftware als „Produkt" und die Versprechen der Werbematerialien intensiv analysiert – durch Perspektiven aus der Praxis der Lehrkräfte und der Softwareentwickler zu ergänzen. Durch ihre verschränkende Perspektive zielen sie zudem darauf, zum einen die postulierte Wirkkraft einzelner Lernsoftwareprodukte zu hinterfragen und in einen anwendungs- und entwicklungsbezogenen Kontext zu stellen. Sie verweisen auf die Unübersichtlichkeit, die für die Verwendung von Technologie in Lernkontexten konstitutiv ist (Allert und Richter 2020; Law 2004). Zum anderen arbeiten Felicitas Macgilchrist, Sieglinde Jornitz, Ben Mayer und Jasmin Troeger Spannungen heraus, die sich aus der von Produzierenden intendierten oder antizipierten Anwendung zur Förderung einzelner Schüler*innen und der Praxis des sozialen Miteinanders, beispielsweise in Gruppenarbeiten im Unterricht, entfalten. In ihren Analysen wird deutlich, dass die Einschätzung des Möglichkeitsraums von Softwareproduktion und ihrer Anwendung stark durch die Position und Einstellung des Bewertenden gerahmt ist. Lehrende, so können die Autor*innen mit ihrem Beitrag zeigen, sind weder einseitig überfordert mit der Nutzung datengetriebener Technologien, noch sind sie ausnahmslos kritisch oder euphorisch in Bezug auf deren Anwendungspotenzial für schulisches Lehren und Lernen. Vielmehr wird im Beitrag ein Bild von „adaptierenden Lehrenden" sichtbar, die reflektiert und versiert eine adaptive Lernsoftware an die Bedarfe ihrer Schüler*innen anpassen. Gleichzeitig verkompliziert der Beitrag ein Bild von „schädlicher" oder „völlig autonom funktionierender" adaptiver Software, die sich – anders als bestimmte Lehrwerke – der Aufgabe stellt, schulform-, jahrgangs- und klassenübergreifendes selbstständiges Lernen zu ermöglichen.

3.5   Distanz- | Unterricht - öffentliche Diskussion | schulischer Alltag

Wo und wie datengetriebene Lernsoftware bzw. Lernplattformen Lehrende in der Pandemie bei der Herstellung von (Distanz-)Unterricht unterstützen konnten, erfuhr großer medialer und wissenschaftlicher Aufmerksamkeit. Einerseits wurde die Situation als Chance gedeutet, eine lang angekündigte „digitale Revolution" und Transformation schulischer Bildung zu beschleunigen. Andererseits wurden viele Unsicherheiten in Bezug darauf deutlich, wie und mit welchen Systemen oder Praktiken beispielsweise Distanzunterricht oder Benotung „hergestellt" wurden und konkret im Unterrichtsalltag in Distanz auszubuchstabieren waren. Auf dem Nachrichtendienst *Twitter* entfaltete sich eine Debatte zum Einsatz digitaler Medien während der Pandemie. Dort wurden schulübergreifend Themen diskutiert oder politische

Akteur*innen adressiert. Während mit gewisser Strahlkraft über Twitter eine breit zugängliche Diskussion mit direktem und indirektem Bezug auf Datafizierung im Bildungssystem sichtbar wurde, mussten einzelne Schulen und Lehrende für sich den alltäglichen Umgang mit datenverwendenden Lern(management)plattformen während der Pandemie finden, der nicht immer zwingend in Einklang mit der öffentlichen Debatte stand und zudem deutlich weniger „sichtbar" war.

In dem Beitrag Kap. „Pandemiebedingte Schulschließungen und die Nutzung digitaler Technologien. Welchen Einblick Twitter- und Interviewanalysen geben können" von Ben Mayer, Sieglinde Jornitz, Irina Zakharova, Juliane Jarke und Yan Brick zeichnen sich Spannungen in Bezug auf die *Twitter*-Debatten und die im Alltag, einzelner Schulen entfaltete Diskussion zur Verwendung digitaler Medien für schulische Zwecke in der Pandemie ab. Die Autor*innen gehen der Frage nach, mit welchen digitalen Medien und Softwarelösungen Schulen während der Pandemie versucht haben, Unterricht auf Distanz herzustellen. Die Datenbasis bilden zwei Datenkorpora –*Twitter-Tweets* mit dem Hashtag *#twitterlehrerzimmer* und *#twlz* und Leitfadeninterviews mit Lehrenden unserer DATAFIED-Projektschulen. Einerseits blicken die Autor*innen in Nahaufnahme auf Lehrendenerfahrungen in der Pandemie und andererseits aus der Vogelperspektive auf die im deutschsprachigen Raum geführte allgemeine Diskussion zu Anwendungsszenarien digitaler Medien, um Gemeinsamkeiten und Unterschiede zwischen einer Bildungspraxis-Community und den spezifischen Interessen der Lehrkräfte an den Projektschulen herauszulesen. Der Beitrag zeichnet die Entwicklung thematischer Schwerpunkte in Bezug auf digitale Medien im Verlauf der Schulschließungen während der Pandemie nach. So werden sowohl Entwicklungstendenzen in drei der DATA-FIED-Projektschulen nachgezeichnet, als auch die sich in *Twitter-Tweets* spiegelnden Schwerpunktsetzungen von auf *Twitter* aktiven Lehrkräften rekonstruiert. In den Twitter-Tweets identifizieren Ben Mayer, Sieglinde Jornitz, Irina Zakharova, Juliane Jarke und Yan Brick für die erste Phase der Schulschließungen zunächst einen vermehrten Austausch über Tools für kollaboratives Arbeiten sowie Interesse am Ausprobieren „digitaler Möglichkeiten". In der zweiten Phase liegt der Schwerpunkt auf dem Austausch zur Etablierung von Softwarelösungen. Die dritte Phase ist schließlich von einer gewissen Verwendungsroutine gekennzeichnet. Während Schulen und Lehrende in der ersten Phase verstärkt nach digitalen Lösungen suchten, beispielsweise um durch die Reaktivierung oder Etablierung von Plattformangeboten mit Schüler*innen über die Distanz hinweg in Kontakt zu bleiben, war die zweite Phase gekennzeichnet durch eine Engführung auf die Softwareprodukte, die bisher von der Schulleitung zur Verfügung gestellt und den Lehrenden bekannt waren. Die dritte Phase wiederum war stark geprägt von Fragen danach, wie trotz des Distanzunterrichts zu benoten sei. Indem beide Analysen der Datenkorpora in Bezug zueinander gesetzt werden, können die Autor*innen zeigen, dass *Twitter* als ein „Diskursraum" fungiert, in dem tendenziell die großen Visionen von Potenzialen digitaler Medien für das Unterrichten über das Bestehende hinaus ausgelotet werden, während die interviewten Lehrkräfte eingebunden sind in die je konkreten pädagogisch, technisch und rechtlich regulierenden Gegebenheiten in ihren Schulen. Der Beitrag gibt unter anderem Einblicke in das Spannungsverhältnis zwischen größtmöglicher Freisetzung des Machbaren mit digitalen Technologien und teils restriktiver Umsetzung im alltäglichen Unterricht und in der Schule.

3.6 Nicht | alltägliche Arbeit der Datafizierungsforschung

Die Komplexität, Ambivalenzen und Herausforderungen, mit denen die Forschenden bei der Datenerhebung in und um Schule konfrontiert werden, bilden den Fokus des Werkstattberichtes. Forschung ist „*messy*" und „*uncertain*" (z. B. Addey und Piattoeva 2021). So haben unsere Teilprojekte sehr unterschiedliche Irritationsmomente zu Tage befördert, in die wir mit diesem Buch gern Einblicke geben wollen. Im Schlusskapitel Kap. „Werkstattbericht - Ein Blick auf die Hinterbühne der DATAFIED-Forschung" (Macgilchrist et al. 2023, in diesem Buch) möchten wir Gesprächs- und Denkanstöße geben für jene, die die alltägliche Arbeit der Datafizierungsforschung verstehen wollen und sich gleichzeitig für eine *critical data studies* Perspektive auf Datafizierung interessieren. Welche Herausforderungen sich während der Feldforschung und bei der Analyse unserer Daten ergaben, zeigen wir im Werkstattberichtkapitel am Ende unseres Buches. Ganz im Sinne eines *out-take* oder *director's cut* sprechen die Autor*innen der Buchbeiträge dort offen über Stolperfallen und Schwierigkeiten, die uns bei der Generierung von Forschungsdaten begegnet sind. Neben den Herausforderungen möchten wir zudem einige Beobachtungen teilen, die uns irritiert und dadurch ins Nachdenken über Datafizierung gebracht haben. An dieser Stelle werden wir anhand von Geschichten und Irritationsmomenten aus der Feldforschung auf überraschende, aber auch aufschlussreiche Momente verweisen, die in ihrer Vielgestalt und Unterschiedlichkeit Datafizierung und Datafizierungsforschung aus verschiedenen Blickwinkeln beleuchten.

4 Einladung zum Weiterlesen und Weiterdenken

Mit den Buchbeiträgen betrachten wir Datafizierung als gesellschaftlichen Metatrend im Kontext von Digitalisierung und als Prozess, in dessen Verlauf Entscheidungen basierend auf digitalen Daten getroffen werden. Datafizierung ist im

Schulsystem angekommen und geht nicht mehr weg. Auch wenn die Entwicklungsprozesse zeitversetzt in Deutschland begonnen haben und sich auch in unterschiedlicher Geschwindigkeit je nach Schule, Region oder Bundesland ausbreiten, zeigen unsere Untersuchungen, welchen prägenden Charakter digitale Daten und ihre Infrastrukturen haben und zukünftig haben werden. Zugleich wird deutlich, dass Daten immer relational sind und damit kontextualisiert werden müssen. Datengesteuerte Schulentwicklung wird so zu einem Widerspruch in sich, da zunächst verschiedene Logiken zur Schulsteuerung dazu dienen, Daten zu definieren, die wiederum genutzt werden, um Schulsteuerung zu organisieren.

Ziel der Beiträge ist es für das Schulsystem einerseits, die Ambivalenzen, Komplexität und Spannungen, die bei der Produktion, Sammlung, Distribution und Verwendung von schulischen digitalen Daten zu Tage treten, anhand von empirischem Material zu rekonstruieren. Andererseits diskutieren einzelne Kapitel die methodischen Herausforderungen, derer sich Datafizierungsforschung im Schulsystem stellen muss. An den Schnittstellen von Unterrichtspraktiken, Softwareproduktion, Schulmanagement und Schulsteuerung schließen unsere Betrachtungen an Forschungen an, die sich aus der Perspektive kritischer Datenstudien mit datafizierter Gesellschaft, Bildung auseinandersetzen und die sich für die „Unordnung" (*messiness*), „Uneindeutigkeit" (*ambiguity*) und „Undurchsichtigkeit" (*intransparency*) schulischen Alltags interessieren. In einem Verständnis von Datenpraktiken als komplexe Bündel sowie als Nexus von Aktivitäten, die digitale Daten konstituieren, visualisieren, nutzbar machen, befragen oder problematisieren, verfolgen die Beiträge einen qualitativen, schnittstellenübergreifenden, interdisziplinären methodischen Ansatz. Damit reagieren wir auf die Methodenappelle der kritischen Datenstudien und liefern empirischen Fallstudien, die vertiefend, verschiedene Facetten datafizierter Schule beleuchten und auf die alltäglichen Datenpraktiken rekurrieren. Dabei liegt unser Fokus auf Ambivalenzen quer zu den Themenfeldern bisheriger kritischer Forschungen, erweitert somit die Perspektive der *critical data studies* und zielt darauf ab, durch das Aufzeigen von Spannungen sowie Formulierung kritischer Fragen Gesprächs- und Denkanstöße für gesellschaftspolitische Implikationen schulischer Datafizierung zu geben. Es braucht Qualifizierung und Sensibilisierung von Akteur*innen auf allen Ebenen von Steuerung bis Unterrichtsgestaltung und auch bei den Entwickler*innen der Dateninfrastrukturen. Dies kann nur in Form einer neuen *Governance* für Bildungsdaten erfolgen, ganz analog zur Regulierung von Plattformen für Dienstleistungen und Handel. Indem wir auf die mit Datafizierung verwobenen Ambivalenzen, Komplexität und Spannungen fokussieren, irritieren wir kritisch-abwägend den Umgang mit Daten sowie den Blick auf Datenpraktiken und laden jene, an Daten und Datafizierung interessierte Forscher*innen wie auch Bildungspraktiker*innen, dazu ein, über unterschiedliche

Umgänge mit digitalen Daten in einer datafizierten Schule nachzudenken und dabei diverse Zukünfte von datafizierter Schule zu imaginieren.

Literatur

Addey, C., & Piattoeva, N. (2021). What a mess: Intimacies, metaphysics, multiple senses and matters of concern in education policy research (an introduction). In C. Addey, N. Piattoeva, & J. Law, *Intimate Accounts of Education Policy Research* (1. Aufl., S. 1–15). Routledge. https://doi.org/10.4324/9781003123613-1

Allert, H., & Richter, C. (2017). Das Politische der Algorithmen in der Bildung. Subjektivierungsprozesse und Digitalität. In S. Eder, C. Mikat, & A. Tillmann (Hrsg.), *Software takes command: Herausforderungen der „Datafizierung" für die Medienpädagogik in Theorie und Praxis* (S. 69–84). kopaed. https://www.researchgate.net/publication/312222111_Das_Politische_der_Algorithmen_in_der_Bildung_Subjektivierungsprozesse_und_Digitalitat

Allert, H., & Richter, C. (2020). Learning Analytics: Subversive, regulierende und transaktionale Praktiken. In S. Iske, J. Fromme, D. Verständig, & K. Wilde (Hrsg.), *Big Data, Datafizierung und digitale Artefakte* (Bd. 42, S. 15–35). Springer Fachmedien. https://doi.org/10.1007/978-3-658-28398-8_2

Altenrath, M., Hofhues, S., & Lange, J. (2021). Optimierung, Evidenzbasierung, Datafizierung: Systematisches Review zum Verhältnis von Daten und Schulentwicklung im internationalen Diskurs. *MedienPädagogik*, *44*, 92–116. https://doi.org/10.21240/mpaed/44/2021.10.30.X

Anagnostopoulos, D., Rutledge, S., & Bali, V. (2013a). State Education Agencies, Information Systems, and the Expansion of State Power in the Era of Test-Based Accountability. *Educational Policy*, *27*, 217–247.

Anagnostopoulos, D., Rutledge, S., & Jacobsen, R. (2013b). *The infrastructure of accountability: Data use and the transformation of American education*. Harvard Education Press.

Andrejevic, M., & Gates, K. (2014). Big Data Surveillance: Introduction. *Surveillance & Society*, *12*(2), 185–196. https://doi.org/10.24908/ss.v12i2.5242

Bates, J., Goodale, P., & Lin, Y. (2015). Data Journeys as an approach for exploring the socio-cultural shaping of (big) data: The case of climate science in the United Kingdom. *IConference 2015 Proceedings*, Article 106. https://www.ideals.illinois.edu/handle/2142/73429

Bates, J., Lin, Y.-W., & Goodale, P. (2016). Data journeys: Capturing the socio-material constitution of data objects and flows. *Big Data & Society*, *3*(2), Advance online publicaton. https://doi.org/10.1177/2053951716654502

Beer, D. (2018). *The data gaze: Capitalism, power and perception* (1st edition). SAGE Publications.

Bellmann, J. (2016). Output und Wettbewerbssteuerung im Schulsystem – Konzeptionelle Grundlagen und empirische Befunde. In M. Heinrich & B. Kohlstock (Hrsg.), *Ambivalenzen des Ökonomischen. Analysen zur „Neuen Steuerung" im Bildungssystem* (S. 13–34). Springer VS.

Bowker, G. C. (2008). *Memory practices in the sciences* (1. paperback ed.). MIT.

boyd, D., & Crawford, K. (2012). Critical Questions for Big Data: Provocations for a cultural, technological, and scholarly phenomenon. *Information, Communication & Society*, *15*(5), 662–679. https://doi.org/10.1080/1369118X.2012.678878

Bradbury, A. (2019). Datafied at four: The role of data in the 'schoolification' of early childhood education in England. *Learning, Media and Technology*, *44*(1), 7–21. https://doi.or g/10.1080/17439884.2018.1511577

Bradbury, A., & Roberts-Holmes, G. (2017). *The datafication of primary and early years education: Playing with numbers*. Routledge, Taylor & Francis Group.

Breiter, A. (Hrsg.). (2006). *Educational management information systems: Case studies from eight countries*. Shaker.

Breiter, A. (2022). CMD. Ein Kommando zur Berechnung auf der Hinterbühne. In S. Hofhues & K. Schütze (Hrsg.), *Doing Research* (S. 172–177). Transcript.

Breiter, A., & Jarke, J. (2016). Datafying education: How digital assessment practices reconfigure the organisation of learning. *Communicative figurations working paper | No. 11*, *11*, 1–15. https://doi.org/10.13140/rg.2.1.2565.9280

Breiter, A., Lange, A., & Stauke, E. (Hrsg.). (2008). *School information systems and database decision-making*. P. Lang.

Breiter, A., & Ruhe, A. H. (2018). Paper Versus School Information Management Systems: Governing the Figurations of Mediatized Schools in England and Germany. In A. Hepp, A. Breiter, & U. Hasebrink (Hrsg.), *Communicative Figurations* (S. 313–339). Springer International Publishing. https://doi.org/10.1007/978-3-319-65584-0_13

Buschauer, R., & Wadephul, C. (2020). Digitalisierung und Datafizierung: Big Data als Herausforderung für die Schulbildung. In S. Iske, J. Fromme, D. Verständig, & K. Wilde (Hrsg.), *Big Data, Datafizierung und digitale Artefakte* (Bd. 42, S. 59–73). Springer VS. https://doi.org/10.1007/978-3-658-28398-8_4

Costello, E., Brown, M., Donlon, E., & Girme, P. (2020). 'The Pandemic Will Not be on Zoom': A Retrospective from the Year 2050. *Postdigital Science and Education*, *2*, 619–627. https://doi.org/10.1007/s42438-020-00150-3

Couldry, N. (2017). The Myth of Big Data. In M. T. Schäfer & K. Es, van (Hrsg.), *The Datafied Society. Studying Culture through Data* (S. 235–240). Amsterdam University Press. http://en.aup.nl/books/9789462981362-the-datafied-society.html

Couldry, N., & Hepp, A. (2017). *The Mediated Construction of Reality*. Polity.

Couldry, N., & Mejias, U. A. (2019). *The costs of connection: How data is colonizing human life and appropriating it for capitalism*. Stanford University Press.

Crawford, K., Miltner, K., & Gray, M. L. (2014). Critiquing Big Data: Politics, Ethics, Epistemology. *International Journal of Communication*, *8*, 1663–1672.

Crooks, R., & Currie, M. (2021). Numbers will not save us: Agonistic data practices. *The Information Society*, *37*(4), 201–213. https://doi.org/10.1080/01972243.2021.1920081

Dalton, C. M., Taylor, L., & Thatcher (alphabetical), J. (2016). Critical Data Studies: A dialog on data and space. *Big Data & Society*, *3*(1), Advance online publication. https://doi. org/10.1177/2053951716648346

Dander, V. (2018). Medienpädagogik im Lichte | im Schatten digitaler Daten. Manteltext. *MedienPädagogik: Zeitschrift für Theorie und Praxis der Medienbildung, März*, 1–134. https://doi.org/10.21240/mpaed/diss.vd.01.X

Decuypere, M. (2021). The Topologies of Data Practices: A Methodological Introduction. *Journal of New Approaches in Educational Research*, *9*(2), 67–84. https://doi. org/10.7821/naer.2021.1.650

Demski, D. (2017). *Evidenzbasierte Schulentwicklung: Empirische Analyse eines Steuerungsparadigmas.* Springer VS.

Döbert, H., & Weishaupt, H. (Hrsg.). (2015). *Bildungsmonitoring, Bildungsmanagement und Bildungssteuerung in Kommunen: Ein Handbuch.* Waxmann.

Dourish, P., & Gómez Cruz, E. (2018). Datafication and data fiction: Narrating data and narrating with data. *Big Data & Society, 5*(2), Advance online publication. https://doi.org/10.1177/2053951718784083

Eder, S., Mikat, C., & Tillmann, A. (Hrsg.). (2017). *Software takes command: Herausforderungen der „Datafizierung" für die Medienpädagogik in Theorie und Praxis.* kopaed. https://www.gmk-net.de/wp-content/uploads/2018/12/gmk53_eder_mikat_tillmann.pdf

Edwards, R. (2009). Translating the Prescribed into the Enacted Curriculum in College and School. *Educational Philosophy and Theory, 43,* 38–54. https://doi.org/10.1111/j.1469-5812.2009.00602.x

Edwards, R. (2015). Software and the hidden curriculum in digital education. *Pedagogy, Culture & Society, 23*(2), 265–279. https://doi.org/10.1080/14681366.2014.977809

Eleftheriou, I., Embury, S. M., Moden, R., Dobinson, P., & Brass, A. (2018). Data journeys: Identifying social and technical barriers to data movement in large, complex organisations. *Journal of Biomedical Informatics, 78,* 102–122. https://doi.org/10.1016/j.jbi.2017.12.001

Eubanks, V. (2017). *Automating inequality: How high-tech tools profile, police, and punish the poor* (First Edition). St. Martin's Press.

Eynon, R. (2013). The rise of Big Data: What does it mean for education, technology, and media research? *Learning, Media and Technology, 38*(3), 237–240. https://doi.org/10.1080/17439884.2013.771783

Fickermann, D. (2021). Daten für Taten. Verbesserung der Datengrundlagen für zielgerichteteres politisches Handeln zur Eindämmung und Bewältigung der Folgen der Corona-Pandemie. *Die Deutsche Schule, 113*(2), 227–242. https://doi.org/10.25656/01:22241

Förschler, A., Hartong, S., Kramer, A., Meister-Scheytt, C., & Junne, J. (2021). Zur (ambivalenten) Wirkmächtigkeit datengetriebener Lernplattformen: Eine Analyse des «Antolin»-Leseförderungsprogramms. *MedienPädagogik: Zeitschrift für Theorie und Praxis der Medienbildung, 44,* 52–72. https://doi.org/10.21240/mpaed/44/2021.10.28.X

Freund, J., & Rücker, B. (2012). *Praxishandbuch BPMN 2.0.* Hanser.

Gapski, H. (Hrsg.). (2015). *Big Data und Medienbildung: Zwischen Kontrollverlust, Selbstverteidigung und Souveränität in der digitalen Welt.* kopaed.

Gitelman, L. (Hrsg.). (2013). *„Raw Data" Is an Oxymoron.* The MIT Press.

Goriunova, O. (2019). The Digital Subject: People as Data as Persons. *Theory, Culture & Society, 36*(6), 125–145. https://doi.org/10.1177/0263276419840409

Grek, S., Maroy, C., & Verger, A. (Hrsg.). (2021). *Accountability and datafication in the governance of education.* Routledge, Taylor & Francis Group.

Grommé, F., & Ruppert, E. (2020). Population Geometries of Europe: The Topologies of Data Cubes and Grids. *Science, Technology, & Human Values, 45*(2), 235–261. https://doi.org/10.1177/0162243919835302

Gulson, K. N., & Sellar, S. (2019). Emerging data infrastructures and the new topologies of education policy. *Environment and Planning D: Society and Space, 37*(2), 350–366. https://doi.org/10.1177/0263775818813144

Gulson, K. N., & Webb, P. T. (2017). Mapping an emergent field of 'computational education policy': Policy rationalities, prediction and data in the age of Artificial Intelligence. *Research in Education*, 98(1), 14–26. https://doi.org/10.1177/0034523717723385

Hagendorff, T. (2017). *Das Ende der Informationskontrolle: Digitale Mediennutzung jenseits von Privatheit und Datenschutz*. Transcript.

Hartong, S. (2016). Between assessments, digital technologies and big data: The growing influence of 'hidden' data mediators in education. *European Educational Research Journal*, 15(5), 523–536. https://doi.org/10.1177/1474904116648966

Hartong, S. (2019). Politikmobilität und datenbasierte Educational Governance: (Weiter-) Entwicklung einer topologischen Perspektivierung. *Bildung und Erziehung*, 72(1), 6–23.

Hartong, S., & Breiter, A. (2021). Between fairness optimization and 'inequalities of dataveillance': The emergence and transformation of social indices in German school monitoring and management. In S. Grek, C. Maroy, & A. Verger (Hrsg.), *World Yearbook of Education 2021* (S. 76–93). Routledge. https://www.taylorfrancis.com/chapters/fairness-optimization-inequalities-dataveillance-emergence-transformation-social-indices-german-school-monitoring-management-sigrid-hartong-andreas-breiter/10.4324/97810 03014164-6

Hartong, S., & Förschler, A. (2019). Opening the black box of data-based school monitoring: Data infrastructures, flows and practices in state education agencies. *Big Data & Society*, 6(1), Advance online publication. https://doi.org/10.1177/2053951719853311

Hartong, S., Förschler, A., & Dabisch, V. (2021). Data infrastructures and the (ambivalent) effects of rising data interoperability: Insights from Germany. In B. Lingard, C. Wyatt-Smith, & E. Heck (Hrsg.), *Digital Disruption in Teaching and Testing: Assessments, Big Data, and the Transformation of Schooling* (S. 136–151). Routledge. https://www.routledge.com/Digital-Disruption-in-Teaching-and-Testing-Assessments Big-Data-and-the/Wyatt Smith-Lingard-Heck/p/book/9780367493325

Hartong, S., & Nikolai, R. (2021). Warum es unabdingbar ist, Dateninfrastrukturen in der Bildungssteuerung stärker kritisch in den Blick zu nehmen. *Zeitschrift für Pädagogik*, 67(3), 317–322.

Hasebrink, U., & Hepp, A. (2017). How to research cross-media practices? Investigating media repertoires and media ensembles. *Convergence: The International Journal of Research into New Media Technologies*, 23(4), 362–377. https://doi.org/10.1177/1354 856517700384

Hepp, A., Breiter, A., & Hasebrink, U. (Hrsg.). (2018). *Communicative Figurations: Transforming Communications in Times of Deep Mediatization*. Palgrave. https://doi. org/10.1007/978-3-319-65584-0

Hepp, A., Jarke, J., & Kramp, L. (Hrsg.). (2022). *New perspectives in Critical Data Studies: The ambivalences of data power*. Palgrave Macmillan.

Herodotou, C., Maguire, C., McDowell, N., Hlosta, M., & Boroowa, A. (2021). The engagement of university teachers with predictive learning analytics. *Computers & Education*, 173(C), Artikel 104285. https://doi.org/10.1016/j.compedu.2021.104285

Heuer, H., Jarke, J., & Breiter, A. (2021). Machine learning in tutorials – Universal applicability, underinformed application, and other misconceptions. *Big Data & Society*, 8(1), Advance online publication. https://doi.org/10.1177/20539517211017593

Hillman, T., Rensfeldt, A. B., & Ivarsson, J. (2020). Brave new platforms: A possible platform future for highly decentralised schooling. *Learning, Media and Technology, 45*(1),
7–16. https://doi.org/10.1080/17439884.2020.1683748
Hillman, V. (2022). Bringing in the technological, ethical, educational and social-structural
for a new education data governance. *Learning, Media and Technology*, Advance online
publication. https://doi.org/10.1080/17439884.2022.2052313
Hoffmann, A. L. (2019). Where fairness fails: Data, algorithms, and the limits of antidiscri-
mination discourse. *Information, Communication & Society, 22*(7), 900–915. https://doi.
org/10.1080/1369118X.2019.1573912
Houben, D., & Prietl, B. (Hrsg.). (2018). *Datengesellschaft: Einsichten in die Datafizierung
des Sozialen.* Transcript.
Iliadis, A., & Russo, F. (2016). Critical data studies: An introduction. *Big Data & Society,
3*(2), Advance online publication. https://doi.org/10.1177/2053951716674238
Jarke, J., & Breiter, A. (2019). Editorial: The datafication of education. *Learning, Media and
Technology, 44*(1), 1–6. https://doi.org/10.1080/17439884.2019.1573833
Jarke, J., & Breiter, A. (2021). Die Schule als digitale Bewertungsfiguration?: Zur Sozioma-
terialität von Algorithmen und Daten. *MedienPädagogik: Zeitschrift für Theorie und Pra-
xis der Medienbildung, 44*, 140–159. https://doi.org/10.21240/mpaed/44/2021.11.01.X
Jarke, J., & Macgilchrist, F. (2021). Dashboard stories: How narratives told by predictive
analytics reconfigure roles, risk and sociality in education. *Big Data & Society, 8*(1),
Advance online publication. https://doi.org/10.1177/20539517211025561
Jasanoff, S. (2017). Virtual, visible, and actionable: Data assemblages and the sightlines of
justice. *Big Data & Society, 4*(2), Advance online publication. https://doi.org/10.1177/
2053951717724477
Jornitz, S. (2008). Was bedeutet ‚evidenzbasierte Bildungsforschung'? Über den Versuch,
Wissenschaft für Praxis verfügbar zu machen. *Die Deutsche Schule. Zeitschrift für Erzie-
hungswissenschaft, Bildungspolitik und pädagogische Praxis, 100*(2), 206–221.
Jornitz, S. (2009). Evidenzbasierte Bildungsforschung. *Pädagogische Korrespondenz, 40*,
68–75. https://doi.org/10.25656/01:5725
Kemethofer, D., Reitinger, J., & Soukup-Altrichter, K. (Hrsg.). (2021). *Vermessen? Zum
Verhältnis von Bildungsforschung, Bildungspolitik und Bildungspraxis.* Waxmann.
Kennedy, H. (2018). Living with Data: Aligning Data Studies and Data Activism Through a
Focus on Everyday Experiences of Datafication. *Krisis: Journal for Contemporary Phi-
losophy, 2018*(1), 17–30.
Kennedy, H., Steedman, R., & Jones, R. (2021). Approaching public perceptions of datafication
through the lens of inequality: A case study in public service media. *Information, Communi-
cation & Society, 24*(12), 1745–1761. https://doi.org/10.1080/1369118X.2020.1736122
Kerssens, N., & van Dijck, J. (2021). The platformization of primary education in The
Netherlands. *Learning, Media and Technology, 46*(3), 250–263. https://doi.org/10.108
0/17439884.2021.1876725
Kitchin, R. (2014). *The Data Revolution: Big Data, Open Data, Data Infrastructures and
Their Consequences.* SAGE.
Kitchin, R., & Lauriault, T. P. (2014). *Towards critical data studies: Charting and unpacking
data assemblages and their work.* https://www.researchgate.net/publication/267867447_
Towards_critical_data_studies_Charting_and_unpacking_data_assemblages_and_
their_work

Knaus, T. (2017). Pädagogik des Digitalen: Phänomene – Potenziale – Perspektiven. In S. Eder, C. Mikat, & A. Tillmann (Hrsg.), *Software takes command. Herausforderungen der „Datafizierung" für die Medienpädagogik in Theorie und Praxis.* (Bd. 53, S. 49–68). kopaed. URN: urn:nbn:de:0111-pedocs-147977

Knox, J. (2020). Artificial intelligence and education in China. *Learning, Media and Technology, 45*(3), 298–311. https://doi.org/10.1080/17439884.2020.1754236

Knox, J., Williamson, B., & Bayne, S. (2020). Machine behaviourism: Future visions of 'learnification' and 'datafication' across humans and digital technologies. *Learning, Media and Technology, 45*(1), 31–45. https://doi.org/10.1080/17439884.2019.1623251

Krüger, K. (2021). *Die Ära der Datafizierung: Medieninnovation als Wandel der Medientypologien.* Springer Gabler.

Kussau, J., & Brüsemeister, T. (2007). Educational Governance: Zur Analyse der Handlungskoordination im Mehrebenensystem der Schule. In H. Altrichter, T. Brüsemeister, & J. Wissinger (Hrsg.), *Educational Governance* (S. 15–54). VS Verlag für Sozialwissenschaften. https://doi.org/10.1007/978-3-531-90498-6_2

Landri, P. (2020). *Digital governance of education: Technology, standards and europeanization of education* (Paperback edition). Bloomsbury Academic.

Law, J. (2004). *After method: Mess in social science research.* Routledge.

Levy, K. E., & Johns, D. M. (2016). When open data is a Trojan Horse: The weaponization of transparency in science and governance. *Big Data & Society, 3*(1), Advance online publication. https://doi.org/10.1177/2053951715621568

Lewis, S., & Holloway, J. (2019). Datafying the teaching 'profession': Remaking the professional teacher in the image of data. *Cambridge Journal of Education, 49*(1), 35–51. https://doi.org/10.1080/0305764X.2018.1441373

Lingard, B., Martino, W., & Rezai-Rashti, G. (2013). Testing regimes, accountabilities and education policy: Commensurate global and national developments. *Journal of Education Policy, 28*(5), 539–556. https://doi.org/10.1080/02680939.2013.820042

Loukissas, Y. A. (2019). *All data are local: Thinking critically in a data-driven society.* The MIT Press.

Lupton, D. (2021). 'Honestly no, I've never looked at it': Teachers' understandings and practices related to students' personal data in digitised health and physical education. *Learning, Media and Technology, 46*(3), 281–293. https://doi.org/10.1080/1743988 4.2021.1896541

Lupton, D., & Williamson, B. (2017). The datafied child: The dataveillance of children and implications for their rights. *New Media & Society, 19*(5), 780–794. https://doi.org/10.1177/1461444816686328

Maag Merki, K., Langer, R., & Altrichter, H. (Hrsg.). (2014). *Educational Governance als Forschungsperspektive. Strategien. Methoden. Ansätze.* Springer VS.

Macgilchrist, F. (2017). Backstaging the teacher: On learner-driven, school-driven and data-driven change in educational technology discourse. *KULTURA–SPOŁECZEŃSTWO–EDUKACJA, 2*(12), 83–104.

Macgilchrist, F. (2021a). Theories of Postdigital Heterogeneity: Implications for Research on Education and Datafication. *Postdigital Science and Education, 3*, 660–667. https://doi.org/10.1007/s42438-021-00232-w

Macgilchrist, F. (2021b). What is 'critical' in critical studies of edtech? Three responses. *Learning, Media and Technology, 46*(3), 243–249. https://doi.org/10.1080/1743988 4.2021.1958843

Macgilchrist, F., Hartong, S., & Jornitz, S. (2022). Algorithmische Datafizierung und Schule: Kritische Ansätze in einem wachsenden Forschungsfeld. In K. Scheiter & I. Gogolin (Hrsg.), *Edition ZfE (Zeitschrift für Erziehungswissenschaft)*. Springer VS.

Mahroeian, H., & Daniel, B. (2021). Is New Zealand's Higher Education Sector Ready to Employ Analytics Initiatives to Enhance its Decision-making Process? *International Journal of Artificial Intelligence in Education, 31*(4), 940–979. https://doi.org/10.1007/s40593-020-00234-y

Mandinach, E. B., & Schildkamp, K. (2021). Misconceptions about data-based decision making in education: An exploration of the literature. *Studies in Educational Evaluation, 69*, 100842. https://doi.org/10.1016/j.stueduc.2020.100842

Manolev, J., Sullivan, A., & Slee, R. (2019). The datafication of discipline: ClassDojo, surveillance and a performative classroom culture. *Learning, Media and Technology, 44*(1), 36–51. https://doi.org/10.1080/17439884.2018.1558237

Martens, K., Nagel, A.-K., Windzio, M., & Weymann, A. (2010). *Transformation of Education Policy*. Palgrave.

Martens, K., & Niemann, D. (2013). When Do Numbers Count? The Differential Impact of the PISA Rating and Ranking on Education Policy in Germany and the US. *German Politics, 22*(3), 314–332. https://doi.org/10.1080/09644008.2013.794455

Mau, S. (2017). *Das metrische Wir: Über die Quantifizierung des Sozialen* (Erste Auflage, Originalausgabe). Suhrkamp.

Mayer-Schönberger, V., & Cukier, K. (2013). *Big Data: Die Revolution, die unser Leben verändern wird* (3. Auflage). Redline Verlag.

McStay, A. (2020). Emotional AI and EdTech: Serving the public good? *Learning, Media and Technology, 45*(3), 270–283. https://doi.org/10.1080/17439884.2020.1686016

Niegemann, H. M., & Weinberger, A. (Hrsg.). (2020). *Handbuch Bildungstechnologie: Konzeption und Einsatz digitaler Lernumgebungen: mit 141 Abbildungen und 17 Tabellen*. Springer. https://doi.org/10.1007/978-3-662-54368-9

Noble, S. U. (2018). *Algorithms of oppression: How search engines reinforce racism*. New York University Press.

Ozga, J. (2011). *Fabricating Quality in Education: Data and Governance in Europe* (1. Aufl.). Routledge. https://www.taylorfrancis.com/books/9780203830741

Ozga, J. (2016). Trust in numbers? Digital Education Governance and the inspection process. *European Educational Research Journal, 15*(1), 69–81. https://doi.org/10.1177/1474904115616629

Peña Gangadharan, S., & Niklas, J. (2019). Decentering technology in discourse on discrimination. *Information, Communication & Society, 22*(7), 882–899. https://doi.org/10.1080/1369118X.2019.1593484

Perrotta, C., & Selwyn, N. (2019). Deep learning goes to school: Toward a relational understanding of AI in education. *Learning, Media and Technology, 45*(3), 251–269. https://doi.org/10.1080/17439884.2020.1686017

Pink, S., Sumartojo, S., Lupton, D., & Heyes La Bond, C. (2017). Mundane data: The routines, contingencies and accomplishments of digital living. *Big Data & Society, 4*(1), Advance online publication. https://doi.org/10.1177/2053951717700924

Rafalow, M. H. (2020). *Digital divisions: How schools create inequality in the tech era*. University of Chicago Press.

Ratner, H., & Gad, C. (2019). Data warehousing organization: Infrastructural experimentation with educational governance. *Organization, 26*(4), 537–552. https://doi.org/10.1177/1350508418808233

Ratner, H., & Ruppert, E. (2019). Producing and projecting data: Aesthetic practices of government data portals. *Big Data & Society, 6*(2), Advance online publication. https://doi.org/10.1177/2053951719853316

Reckwitz, A. (2002). Toward a Theory of Social Practices: A Development in Culturalist Theorizing. *European Journal of Social Theory, 5*(2), 243–263. https://doi.org/10.1177/13684310222225432

Schäfer, M. T., & van Es, K. (Hrsg.). (2017). *The Datafied Society. Studying Culture through Data.* Amsterdam University Press. https://doi.org/10.5117/9789462981362

Schatzki, T. R. (1996). *Social Practices: A Wittgensteinian Approach to Human Activity and the Social* (1. Aufl.). Cambridge University Press. https://doi.org/10.1017/CBO9780511527470

Sellar, S. (2015). Data infrastructure: A review of expanding accountability systems and large-scale assessments in education. *Discourse: Studies in the Cultural Politics of Education, 36*(5), 765–777. https://doi.org/10.1080/01596306.2014.931117

Selwyn, N. (2014). Data entry: Towards the critical study of digital data and education. *Learning, Media and Technology, 40*(1), 64–82.

Selwyn, N. (2022). Critical data futures. In W. Housley, A. Edwards, R. Montagut, & R. Fitzgerald (Hrsg.), *The Sage Handbook of Digital Society.* SAGE. https://bridges.monash.edu/articles/chapter/Critical_data_futures/15122448/1

Selwyn, N., Pangrazio, L., Nemorin, S., & Perrotta, C. (2020). What might the school of 2030 be like? An exercise in social science fiction. *Learning, Media and Technology, 45*(1), 90–106. https://doi.org/10.1080/17439884.2020.1694944

Star, S. I. (1999). The Ethnography of Infrastructure. *American Behavioral Scientist, 43*(3), 377–391.

Süssenguth, F. (Hrsg.). (2015). *Die Gesellschaft der Daten: Über die digitale Transformation der sozialen Ordnung.* Transcript.

Swertz, C. (2020). Big Data als datenbasierte Programmierung: Eine medienpädagogische Analyse künstlicher neuronaler Netzwerke. *MedienPädagogik, 17*, 93–119. https://doi.org/10.21240/mpaed/jb17/2020.04.27.X

Thiel, Tarkian, Lankes, Maritzen, Riecke-Baulecke, & Kroupa. (2019). *Datenbasierte Qualitätssicherung und -entwicklung in Schulen: Eine Bestandsaufnahme in den Ländern der Bundesrepublik Deutschland.* Springer Fachmedien Wiesbaden. https://doi.org/10.1007/978-3-658-23240-5

Troeger, J., & Bock, A. (2022). The sociotechnical walkthrough – a methodological approach for platform studies. *SComS – DACH21 Special Issue.* https://doi.org/10.24434/j.scoms.2022.01.3064

Tsai, Y.-S., Rates, D., Moreno-Marcos, P. M., Muñoz-Merino, P. J., Jivet, I., Scheffel, M., Drachsler, H., Delgado Kloos, C., & Gašević, D. (2020). Learning analytics in European higher education – Trends and barriers. *Computers & Education, 155*, Article 103933. https://doi.org/10.1016/j.compedu.2020.103933

van Dijck, J. (2014). Datafication, dataism and dataveillance: Big Data between scientific paradigm and ideology. *Surveillance & Society, 12*(2), 197–208. https://doi.org/10.24908/ss.v12i2.4776

Warmt, M., Pietsch, M., Graw-Krausholz, S., & Tosana, S. (Hrsg.). (2020). *Schulinspektion in Hamburg: Der zweite Zyklus 2012-2020: Perspektiven aus Theorie, Empirie und Praxis*. Wissenschaftlicher Verlag Berlin.

Warschauer, M. (2003). Technology and social inclusion: Rethinking the digital divide. MIT Press.

Watters, A. (2021). *Teaching machines*. The MIT Press.

Webber, K. L., & Zheng, H. Y. (Hrsg.). (2020). *Big data on campus: Data analytics and decision making in higher education*. Johns Hopkins University Press.

Weich, A., Deny, P., Priedigkeit, M., & Troeger, J. (2021). Adaptive Lernsysteme zwischen Optimierung und Kritik: Eine Analyse der Medienkonstellationen bettermarks aus informatischer und medienwissenschaftlicher Perspektive. *MedienPädagogik: Zeitschrift für Theorie und Praxis der Medienbildung*, *44*, 22–51. https://doi.org/10.21240/mpaed/44/2021.10.27.X

West, S. M. (2019). Data Capitalism: Redefining the Logics of Surveillance and Privacy. *Business & Society*, *58*(1), 20–41. https://doi.org/10.1177/0007650317718185

Williamson, B. (2015). Governing software: Networks, databases and algorithmic power in the digital governance of public education. *Learning, Media and Technology*, *40*(1), 83–105. https://doi.org/10.1080/17439884.2014.924527

Williamson, B. (2016). Digital education governance: Data visualization, predictive analytics, and 'real-time' policy instruments. *Journal of Education Policy*, *31*(2), 123–141. https://doi.org/10.1080/02680939.2015.1035758

Williamson, B. (2017a). *Big data in education: The digital future of learning, policy and practice* (1st edition). SAGE Publications.

Williamson, B. (2017b). Decoding ClassDojo: Psycho-policy, social-emotional learning and persuasive educational technologies. *Learning, Media and Technology*, *42*(4), 440–453. https://doi.org/10.1080/17439884.2017.1278020

Wolf, K. D. (2015). Bildungspotenziale von Erklärvideos und Tutorials auf YouTube. Audiovisuelle Enzyklopädie, adressatengerechtes Bildungsfernsehen, Lehr-Lern-Strategie oder partizipative Peer Education? *medien + erziehung*, *59*(1), 30–36.

Zuboff, S. (2019). *The age of surveillance capitalism: The fight for a human future at the new frontier of power*. Profile Books.

Datafizierte Schulaufsicht?! Zur Erfassung des komplexen Zusammenspiels von wirkmächtigen Dateninfrastrukturen und vielfältigen Datenpraktiken

Sigrid Hartong und Vito Dabisch

Zusammenfassung

Ziel dieses Kapitels ist es, die wachsende Datafizierung von Schulaufsicht aus einer *critical data studies* Perspektive heraus zu betrachten und ein entsprechend differenziertes Verständnis für die Wirkmächtigkeit von Dateninfrastrukturen zu entwickeln. Mit dem Blick auf Schulaufsichtspersonen wird eine Personengruppe in den Fokus gerückt, die im Rahmen datenbasierter *Educational Governance* eine zentrale, abei auch ambivalente Rolle spielt – nämlich „zwischen" Kontrolle und Beratung, Pädagogik und Verwaltung sowie hierarchisch regulierter und autonom professionalisierter Steuerung. Dennoch ist die Schulaufsicht gerade in der Datafizierungsforschung bislang tendenziell unterbelichtet geblieben. Diese Lücke adressierend, führten wir im Kontext von DATAFIED sowohl eine umfangreiche Dokumentenanalyse als auch eine Interviewstudie durch, um die Dateninfrastrukturen, in denen sich Schulauf-

S. Hartong (✉)
Heisenberg-Professorin für Soziologie (Transformation von Governance in Bildung und Gesellschaft), Helmut-Schmidt-Universität Hamburg, Hamburg, Deutschland
E-Mail: hartongs@hsu-hh.de

V. Dabisch
Wissenschaftlicher Mitarbeiter, Helmut-Schmidt-Universität Hamburg, Hamburg, Deutschland
E-Mail: vito.dabisch@hsu-hh.de

© Der/die Autor(en) 2023
A. Bock et al. (Hrsg.), *Die datafizierte Schule*,
https://doi.org/10.1007/978-3-658-38651-1_2

sichtspersonen bewegen, ebenso wie damit zusammenhängenden vielfältigen und spannungsreichen Datenpraktiken systematischer zu erfassen und zu reflektieren.

Schlüsselwörter

Educational Governance · Datenbasierte Schulsteuerung · Schulaufsicht · Digitalisierung · Schulentwicklung

1 Über die Herausforderung, die Wirkmächtigkeit von Daten in der Schulsteuerung zu erfassen und kritisch einzuordnen

Im Rahmen international-vergleichender Betrachtungen datenbasierter Schulsteuerung wird Deutschland oftmals als ein sogenanntes *low-stakes accountability*-System dargestellt und hierbei gegen Länder wie die USA oder England abgegrenzt (z. B. Grünkorn et al. 2019; Van Ackeren et al. 2012). In der Regel ist hiermit gemeint, dass in Deutschland zwar – ebenso wie in anderen Ländern – zunehmend Daten über Schulen in Steuerung einfließen (sollen), hieraus aber in den wenigsten Fällen negative, „harte" Konsequenzen für Schulen oder Lehrkräfte erfolgen, etwa Schulschließungen oder Gehaltsanpassungen bei Lehrkräften. Im Gegenteil werden solche Konsequenzen im deutschsprachigen Diskurs wiederkehrend als massiv kontraproduktiv beschrieben, weil sie, statt die Pädagogik zu verbessern, eine Reihe nicht-gewollter Nebenfolgen produzierten, zum Beispiel gezielte Schüler*innenauswahl (Lariceno-Paquet et al. 2002) oder *teaching to the test* (z. B. Thiel et al. 2014).

Gleichzeitig wurde in den vergangenen Jahren zunehmend diskutiert, dass ein solches, auf „harte" Konsequenzen fokussiertes Verständnis von *high-stakes accountability* und eine entsprechende Klassifikation von Deutschland als *low-stakes accountability*-System ihre Tücken haben bzw. irreführend sind, vor allem, wenn Bildungssteuerung über datenbasierte Rückmeldesysteme ernst gemeint und wenn gleichzeitig die wachsende Eigendynamik von Datafizierung berücksichtigt werden. So plädierten etwa Johannes Bellmann et al. (2016) in ihrer umfassenden Studie zu Nebenfolgen neuer Steuerung für ein deutlich breiteres und kritischeres Verständnis derartiger Nebenfolgen:

(1) Nebenfolgen indikatorengestützter Rückmeldesysteme entstehen nicht erst durch eine fehlende oder falsche Nutzung dieser Systeme durch die Akteure; solche Systeme sind vielmehr systematisch mit einem Risiko verbunden, neben dem gewünschten Verhalten auch die Produktion von Nebenfolgen anzureizen. (2) Nebenfolgen kommen nicht erst dann ins Spiel, wenn Akteure dem Druck der Leistungsmessung auszuweichen versuchen (etwa durch Formen des Betrugs, Window Dressing oder Klientenselektion), sondern auch, wenn sie lernen, sich dem System der Leistungsindikatoren anzupassen, indem sie ihr Handeln verstärkt an den gemessenen Größen orientieren, während nicht gemessene Größen an Bedeutung verlieren (siehe Formen der Reallokation, Coaching, Kurzsichtigkeit) [...] (3) Es muss davon ausgegangen werden, dass die Einführung von Leistungsindikatoren in Organisationen mit sog. „ill-defined problems" ein besonderes hohes Risiko birgt. Dies gilt insbesondere für professionelle Handlungskontexte, die durch eine Orientierung an vage definierten gesellschaftlichen Zentralwerten und einen hohen Grad von Unsicherheit gekennzeichnet sind. (Bellmann et al. 2016, S. 212 f.)

In diesem Sinne erscheint die starke Fokussierung auf die Rolle standardisierter Tests für eine Klassifikation als *high- oder low-stakes accountability* als zunehmend unzureichend (Dabisch et al. 2021). So spielen zum Beispiel auch Unterrichtsausfalldaten verstärkt eine zentrale Rolle für die Wahrnehmung einer Schule als „interventionsbedürftig" (siehe Beitrag Jarke et al. in diesem Buch, Kap. „Zur Erfassung und Modellierung der „Hinterbühne" von Datenflüssen: Das Beispiel Unterrichtsausfall"). Ebenso ist anzunehmen, dass nicht nur die politische Gestaltung unterschiedlicher Dateninstrumente wie zum Beispiel Tests oder Inspektionen (z. B. Thiel et al. 2019), sondern ebenso die sozio-technische Beschaffenheit von Dateninfrastrukturen – zum Beispiel, wie automatisiert und in welcher Form welche Daten an die Schulaufsicht geliefert werden – einen nicht zu unterschätzenden Einfluss darauf haben, wie Daten für Steuerungsentscheidungen (überhaupt) genutzt werden (können) (Dabisch i.E.).

Derartige Überlegungen aufgreifend verfolgten wir im Rahmen von DATA-FIED im Teilprojekt eins an der Schnittstelle von Schulaufsicht und Schule (siehe Breiter und Bock 2023, in diesem Buch, Kap. „Datafizierte Gesellschaft | Bildung | Schule") das Ziel, ein entsprechend differenzierteres Verständnis für die Wirkmächtigkeit von Dateninfrastrukturen in der Schulaufsicht – jenseits von *low-* oder *high-stakes* – zu entwickeln bzw. zu systematisieren. Mit dem Blick auf die Schulaufsicht richtete das Projekt den Fokus auf eine Personengruppe, die im Rahmen der Forschungslandschaft zu datenbasierter *Educational Governance* tatsächlich nach wie vor unterbelichtet geblieben ist, insbesondere was ihre konkreten Datenpraktiken angeht (für allgemeinere Forschung zur Schulaufsicht siehe z. B. Klein und Bremm 2020; Schnell 2006; Wieth 2020), während Schulleiter*innen, Lehrkräften oder auch der Schulinspektion in den letzten Jahren deutlich mehr Aufmerksamkeit geschenkt worden ist (z. B. Bach et al. 2014; Bellmann et al. 2016; Heinrich 2015; Muslic 2017; Wacker et al. 2012). Gerade Schulaufsichtspersonen, so möchten wir hier argumentieren, erscheinen jedoch besonders interessant vor dem Hintergrund, dass sie nicht erst seit den umfassenden Bildungssteuerungsreformen Anfang der 2000er-Jahre (z. B. Hartong 2012) im kontinuierlichen Spannungsfeld von Aufsicht bzw. Kontrolle einerseits und Beratung bzw. Unterstützung andererseits sowie zwischen administrativen und pädagogischen Steuerungslogiken oszillieren (z. B. Dedering 2021; Hopf et al. 1980; Porschardt 1978). So ist die „untere" Schulaufsicht – und auf diese richteten wir im Rahmen von DATAFIED den Fokus – in den deutschen Bundesländern zunächst hierarchisch „über" der Schulleitung angesiedelt, welche sie gleichzeitig kontrollieren und umfassend beraten soll. In der Regel werden Schulen hierbei regional gruppiert und jeweils einer Schulaufsichtsperson (Beamt*in bzw. Schulrät*in) zugeteilt. Für die Kontroll- und Beratungspraktiken legt die untere Schulaufsicht wiederum den jeweiligen Bildungsministerien Rechenschaft ab bzw. ist diesen hierarchisch untergeordnet, das heißt sie erhält vom Ministerium eine Reihe von Anweisungen und Regularien – auch bezüglich der Nutzung von Daten. Gleichzeitig sind Schulaufsichtspersonen pädagogische Fachkräfte, die Anweisungen und Regularien nicht nur ausführen, sondern im Rahmen eines entsprechenden Spielraums mit einer pädagogischen Einschätzung verbinden sollen, um Schulleitungen und Lehrkräften bestmöglich mit ihrer besonderen pädagogischen Expertise zur Seite zu stehen. Wie wir im Folgenden zeigen werden, wird diese Ambivalenz der Rolle von Schulaufsicht in einer entsprechend (sogar individuell) widersprüchlichen Wahrnehmung bzw. Einbindung von Daten reflektiert.

Die komplexe Verortung der Schulaufsicht wird schließlich auch durch ihre Einbindung in weitere institutionelle Kontexte geprägt, welche mit der Hinwendung zur datenbasierten Bildungssteuerung mehr oder weniger starke Veränderungen erfahren haben, sich hierbei jedoch nochmals stark zwischen den Bundesländern unterscheiden. Hierunter fallen etwa Schulberatungsinstitute – welche zum Beispiel ein Unterstützungsmandat von der Schulaufsicht für bestimmte Schulen erhalten, an welche sich Schulen aber auch direkt wenden können – oder die insbesondere nach der Jahrtausendwende verstärkt implementierten Qualitätsinstitute – welche zum Beispiel landesweite Vergleichstests an Schulen durchführen und diese Daten für die Schulaufsicht aufbereiten. Ebenso erhält die Schulaufsicht (oftmals über Umwege) aufbereitete Daten aus anderen behördlichen Abteilungen, die beispielsweise mit der statistischen Schuljahreserhebung betraut sind und hierfür Daten aus den Schulinformationssystemen erhalten. Mit anderen Worten liegen verschiedene institutionelle Kontexte quer zu eben solchen Informationssystemen, Datenplattformen oder Portalen, in die Schulaufsichtsakteur*innen und deren Dateninstrumente jeweils unterschiedlich eingebunden werden.

Insgesamt zeigt sich also eine enorme Komplexität, Vielfältigkeit und auch Spannung, was die Position der Schulaufsicht und damit auch die Erfassung ihrer Datafizierung angeht. Das Anlegen einer Perspektive der *critical data studies* (siehe Breiter und Bock 2023 in diesem Buch, Kap. „Datafizierte Gesellschaft | Bildung | Schule" sowie Macgilchrist et al. 2022) erschien in diesem Sinne vielversprechend, da ein wichtiges Ziel der Perspektive darin liegt, ebendiese Komplexität, Vielfältigkeit und Spannung zu dekonstruieren, aber auch zu systematisieren (siehe hierzu auch Hartong und Förschler 2019). Einerseits steht hierbei das Regulierungspotenzial von Dateninfrastrukturen im Fokus, andererseits aber genauso die tatsächliche Vielfalt von Datenpraktiken, die im Zusammenhang mit derartigen Infrastrukturen (ent)stehen bzw. diese immer wieder selbst hervorbringen (siehe auch Förschler et al. 2021; Selwyn 2014).

Für unsere Studie zur Schulaufsicht konzeptualisierten wir Dateninfrastrukturen dabei relativ breit, nämlich als Konglomerat diverser Strukturen, Instrumente – zum Beispiel Tests, Inspektionsberichte, statistische Berichte – bzw. Prozesse – zum Beispiel Qualitätsgespräche, Schulinspektionen, Schulberatung –, durch welche nicht nur jeweils bestimmte Sichtbarkeiten von (guter) Schule an Schulaufsichtspersonen herangetragen, sondern ebenso bereits bestimmte (Daten-)Praktiken nahegelegt werden. Gleichzeitig sind weder die geschaffenen Sichtbarkeiten noch die nahegelegten Praktiken determinierend zu verstehen. Vielmehr treffen sie auf unterschiedlichste kontextualisierende Faktoren, die letztendlich die konkrete Datafizierung prägen. Entsprechend war unser Ziel, dieses Wechselspiel sowohl heuristisch als auch empirisch zu erfassen und damit auch, inwieweit organisational definierte Schulaufsichtsprozesse in Dateninfrastrukturen „aufgehen" oder nicht. Wenngleich sicherlich Überschneidungen sichtbar werden, so betonen wir mit einer solchen Perspektive entsprechend etwas anderes als beispielsweise ein Vergleich zwischen Formal- und Aktivitätsstruktur, also wenn etwa Datenerhebungen in der Schulsteuerung – zum Beispiel das Produzieren eines Inspektionsberichts – mit der „tatsächlichen Nutzung" dieser Daten verglichen wird. Mit anderen Worten ging es uns weniger darum die Frage zu beantworten, ob Daten bzw. bestimmte Dateninstrumente nun „tatsächlich" in der Schulaufsicht genutzt werden, als darum zu verstehen, „wie" sich das hochkomplexe Regulierungspotenzial von Dateninfrastrukturen situativ manifestiert und welche Einflussfaktoren sich hierbei ausmachen lassen.

2   Methodische Herangehensweise

Vor dem Hintergrund dieser Ziele werteten wir im Kontext von DATAFIED zu jedem der vier betrachteten Bundesländer zunächst öffentlich verfügbare Materialien und Dokumente sowie bereits existierende Forschungsliteratur aus, die Aufschluss über die formalen Verfahren und Strukturen von Schulaufsicht im Allgemeinen sowie von „datenbasierter" Schulaufsicht im Spezifischen geben. In diesem Kontext versuchten wir, Elemente von Dateninfrastrukturen – zum Beispiel unterschiedliche Dateninstrumente – zu verorten, welche größtenteils über ganz unterschiedliche Akteur*innenkonstellationen hinweg entwickelt und in die organisational definierten Verfahren der Schulaufsicht eingebracht werden. Wie im Rahmen des Beitrags Jarke et al. erläutert, arbeiteten wir für die Systematisierung dieses ersten Schrittes mit unterschiedlichen Formen der Visualisierung (beispielsweise Abb. 1).

Im nächsten Schritt führten wir insgesamt acht Interviews mit zehn Personen der Schulaufsicht durch – eines mit drei Personen als Gruppe und die übrigen in Einzelinterviews. Ergänzt wurden diese Interviews durch insgesamt 17, zum Teil mit Teilprojekt zwei durchgeführte, Gespräche, unter anderem mit Personen der Schulberatung und Qualitätsentwicklung, mit Schulleitungen sowie mit Expert*innen für die behördlichen Dateninfrastrukturen, sodass insgesamt 25 Interviews als Analysegrundlage dienen konnten. Wo ein Einblick möglich war, ergänzten wir diese Materialien zusätzlich durch Analysen derjenigen Dateninstrumente bzw. -plattformen, die Schulaufsichtsakteur*innen für ihre Arbeit nutzen (können). Analytisch arbeiteten wir zunächst Themencluster sowie erste Interpretationen aus den individuellen Interviews heraus, bevor wir diese Cluster und Interpretationen im Rahmen vergleichender, interviewübergreifender Analysen überprüften und zu einer Gesamtschau synthetisierten (für eine detailliertere Darstellung der Analyseschritte; siehe Abschn. 4).

Wenig überraschend, konnten wir für alle unsere vier untersuchten Bundesländer trotz des Material- und Methodenmix immer nur Einblicke in bestimmte Ausschnitte der Schulaufsicht erhalten. Gründe hierfür waren unter anderem die stark limitierte Zeit, die Schulaufsichtspersonen gerade in Zeiten der Pandemie (siehe Macgilchrist et al. in diesem Buch, Kap. „Werkstattbericht – Ein Blick auf die Hinterbühne der DATAFIED Forschung") für Gespräche zur Verfügung stand, aber auch starke Einschränkungen von Einblicken aufgrund notwendiger Datenschutzmaßnahmen. Derartige Einschränkungen sind im späteren Verlauf des Kapitels auch bei der Darstellung unserer Auswertungen relevant, da die Anzahl an Schulaufsichtspersonen pro Bundesland sehr überschaubar ist und damit bei einer zu detaillierten Darstellung die Anonymisierung gefährdet würde. Doch auch die ge-

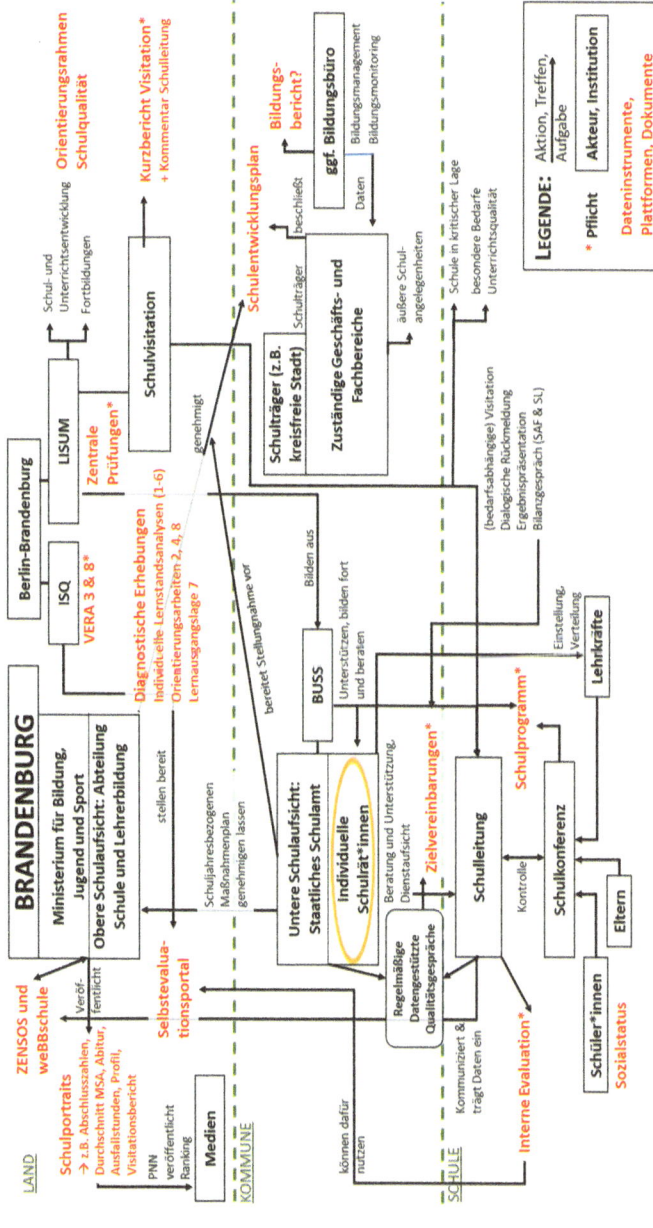

Abb. 1 Systematisierung „datenbasierter" Schulsteuerung für das Bundesland Brandenburg

neralisierten Befunde weisen auf eine Reihe interessanter Aspekte hin und eröffnen gleichzeitig vielversprechende Anschlussperspektiven.

3   Dekonstruktion der Formalstrukturen datenbasierter Schulaufsicht und erste Hinweise auf ambivalente Praktiken: Das Beispiel Brandenburg

In diesem Abschnitt zeigen wir am Beispiel des Bundeslandes Brandenburg, welche Befunde sich aus der Rekonstruktion der Steuerungskonstellation rund um die Schulaufsicht – allgemein sowie mit Fokus auf Daten – ergeben. Wie bereits kurz beschrieben, basieren diese Befunde auf öffentlich verfügbaren Materialien und Dokumenten sowie bereits existierender Forschungsliteratur, welche allesamt zunächst in einen integrierten Korpus überführt wurden. Im Anschluss wurden aus diesem Korpus sowohl die unterschiedlichen Elemente von Dateninfrastrukturen der Schulsteuerung – zum Beispiel unterschiedliche Dateninstrumente – herausgearbeitet als auch ein Versuch der institutionellen Verortung vorgenommen. Hierfür entwickelten und diskutierten wir verschiedene Formen der visuellen Systematisierung (siehe hierzu auch den Beitrag von Jarke et al. in diesem Buch, Kap. „Zur Erfassung und Modellierung der „Hinterbühne" von Datenflüssen: Das Beispiel Unterrichtsausfall"), von denen Abb. 1 die unseres Erachtens bislang analytisch gewinnbringendste Form darstellt.

3.1   Übersicht zu Steuerungskonstellationen, Akteur*innen und Dateninfrastrukturen

Zunächst verdeutlicht die Visualisierung die bereits erwähnte hohe Komplexität von Schulsteuerung, die sich im Flächenland Brandenburg auf unterschiedliche Ebenen erstreckt. Auf der Bundeslandebene ist die obere Schulaufsicht im Ministerium für Bildung, Jugend und Sport angesiedelt, wo auch das *Institut für Schulqualität (ISQ)* und das *Landesinstitut für Schule und Medien (LISUM)* – welches unter anderem die Schulinspektion betreibt – verortet sind. Hier wurden und werden die politischen Leitlinien für Schulsteuerung – zum Beispiel der Orientierungsrahmen Schulqualität – aber ebenso das Schulverwaltungsprogramm *ZENSOS (Zentrales System zur Online-Verwaltung von Schulinformationen)* sowie verschiedene andere Dateninstrumente entwickelt, die an die darunterliegenden Ebenen für deren (lokale) Nutzung weitergegeben werden. Mit der konkreten Schulsteuerung sind dann die jeweiligen Schulaufsichtspersonen (in Brandenburg Schulrät*innen genannt) beauftragt, die in den unteren Schulaufsichtsbehörden,

d. h. staatlichen Schulämtern, organisiert sind. Sie halten den direkten Kontakt mit den Schul(leitung)en und führen regelmäßige sogenannte „datengestützte" Treffen mit diesen durch (siehe Abschn. 3.2).

An vielen Stellen weist die Abbildung des Weiteren auf eine Vielzahl von Logiken bzw. von unterschiedlichen organisationalen Entscheidungssettings hin, in denen Daten vorkommen, darunter beim staatlichen Schulamt selbst, in den Institutionen der Schulberatung (*LISUM, BUSS – Beratungs- und Unterstützungssystem für Schulen und Schulaufsicht*[1]), im *Qualitätsinstitut* (*ISQ*), der Schulvisitation bzw. Inspektion oder auch dem kommunalen Bildungsbüro. Vermuten lassen sich hier entsprechend nicht nur ein enormer Koordinationsaufwand, sondern ebenso Spannungen bzw. ambivalente Erwartungskontexte, von denen Themen der Datenproduktion und -nutzung gleichzeitig nur ein Teil sind.

Bezüglich der Dateninfrastruktur führten sowohl die Erhebung als auch der Versuch der Visualisierung gleichzeitig zur Einsicht, dass zwar eine Vielzahl von Akteur*innen und Dateninstrumenten bzw. -prozessen ins Blickfeld gerieten, deren systematisches Zusammenspiel bzw. dateninfrastrukturelle Verzahnung jedoch an vielen Stellen unklar bleibt. Dieses Problem spiegelt im Prinzip die Dokumentenlage wider, im Rahmen derer Schulsteuerung ebenfalls primär von Akteur*innenpositionen, Funktionen bzw. Aufgaben her beschrieben wird. Entsprechend konnten wir Dateninstrumente zwar mehr oder weniger zuordnen, an mehreren Stellen erscheint diese Zuordnung jedoch wenig präzise, etwa weil die technische Infrastruktur – in Brandenburg unter anderem die Datenplattformen *ZENSOS* oder *weBBschule* – zum Teil quer zu den Akteur*innenkonstellationen und -prozessen liegt und damit auf unterschiedliche Art und Weise auf allen Ebenen wirksam wird. Anders ausgedrückt, zeigt sich, dass Akteur*innenkonstellationen und Dateninfrastrukturen nicht deckungsgleich sind, sondern an einigen Stellen durchaus auch im Spannungsverhältnis zueinander stehen, welches jedoch nur schwer visualisiert werden kann.

Die Interviewbefunde aus dem zweiten Erhebungsschritt (siehe Abschn. 4) weisen wiederum darauf hin, dass die aus den Dokumenten heraus erstellte Übersicht an wichtigen Stellen lückenhaft ist. So werden in den Dokumenten beispielsweise die datenbasierten Qualitätsgespräche zwischen Schulaufsichtspersonen und Schulleitung sowie die Gespräche mit der Inspektion behandelt, andere koordinative Treffen wie die Schulleiterdienstbesprechung jedoch nicht. Letztere spielte für die interviewten Personen jedoch eine zentrale Rolle, um die Interaktion mit den Schulleitungen zu gestalten – auch in Bezug auf Daten. Vermuten lässt sich hier, dass derartige Gespräche stärker in das Alltagsgeschäft von Schulaufsichten fallen, welche neben dezidierten „Datenanlässen" – wie den erwähnten Qualitätsgesprächen

---

[1] BUSS und LISUM teilen in Brandenburg die Schulberatung untereinander auf.

oder Inspektionen – in den weniger formalisierten und daher in den Dokumenten
weniger ausformulierten Bereich fallen. Gerade diese „Lücke" der Formalisierung
organisationaler Prozesse macht derartige Gespräche für unsere Perspektive jedoch
besonders interessant.

Aber auch für die formalisierten „Datenanlässe" wie besagte Qualitätsgespräche ergeben sich schließlich zahlreiche Hinweise auf potenziell hochgradig spannungsreiche Datenpraktiken. So stellen die Dokumente Qualitätsgespräche im
Prinzip als eines der am stärksten datenorientierten Prozesse von Schulaufsicht dar,
bei der Schulaufsichtspersonen regelmäßig mit Schulleitungen – bzw. Personen
aus dem Schulleitungsteam – zusammenkommen, um anhand von Daten über die
Schulentwicklung zu diskutieren, vergangene Entwicklungen zu resümieren sowie
Aufgabenfelder bis zum nächsten Gespräch festzuschreiben. Über die letzten Jahre
hinweg wurden Ziel- und Leistungsvereinbarungen als dezidiertes Instrument datenbasierter Bildungssteuerung in den meisten Bundesländern eingeführt – und
finden sich entsprechend auch in sämtlichen Bundesländern des DATAFIED-
Samples, wenngleich in sehr unterschiedlichem Turnus – manchmal halbjährlich,
manchmal nur alle paar Jahre. In Brandenburg sehen die 2012 eingeführten datengestützten Qualitätsgespräche Zielvereinbarungen mit zweijähriger Laufzeit vor.
Zwar finden sich auch in der Bildungsforschung erste Studien zum Instrument
(z. B. Herrmann 2020; Schmidt und Diegmann 2018), allerdings noch kaum mit
Bezug auf die konkreten Praktiken bzw. mit Bezug auf die Frage, wie sich hier
Datafizierung im Detail manifestiert.

3.2 Datenbasierte Qualitätsgespräche als Beispiel für eine potenziell spannungsreiche Formalisierung von Datafizierung

Die Dokumente zur formalen Rolle bzw. zum Ablauf von Ziel- und Leistungsver-
einbarungsgesprächen geben deutliche Hinweise auf eine prägende Rolle von Daten, wie im Folgenden erneut am Beispiel von Brandenburg gezeigt wird[2] (siehe
Abb. 2).

Zur Vorbereitung der Gespräche sind sowohl Schulleitung als auch Schulaufsichtsperson angehalten, Gesprächsthemen zu vereinbaren. Das formale Vor-
schlagsrecht hat hierbei zunächst die Schulleitung, während die Schulaufsichtsperson Themen ergänzen soll. Daten – zum Beispiel Ergebnisse von Visitationen,
Prüfungen oder Vergleichsarbeiten – werden in den Dokumenten dezidiert als

---

[2] Seit 2019 benennt Brandenburg diese als SchuB-Gespräche.

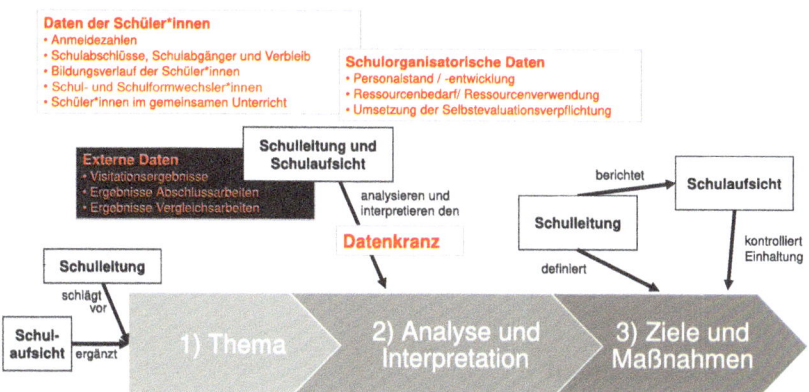

Abb. 2 Formaler Prozess der datengestützten Qualitätsgespräche (DAQ) und Zielvereinbarungen. (Quelle: Eigene Darstellung der DAQ auf Grundlage der Verwaltungsvorschrift „Kernaufgaben der Schulaufsicht" von 2012 aus Brandenburg (MBJS Brandenburg 2012), seit 2019 unverändert als Status- und Bilanzgespräche (SchuB) (Legende, siehe Abb. 1))

möglicher, aber nicht als notwendiger Ausgangspunkt für die Themenfindung genannt – im Rahmen der Interviews konnten wir hierzu genauere Erkenntnisse generieren (siehe Abschn. 4). Auch Ziel- und Leistungsvereinbarungen aus vergangenen Gesprächen sind für die Vorbereitung zentral, weil im Rahmen des aktuellen Gesprächs immer auch kontrolliert werden soll, inwieweit bisherige Vereinbarungen „tatsächlich" umgesetzt wurden oder ob noch einmal „nachgesteuert" werden muss.

Noch stärker formalisiert treten Daten in der Phase des Gespräches selbst auf: Hier wird in der Verwaltungsvorschrift von einem sogenannten „Datenkranz" gesprochen, der von Schulleitung und Schulaufsichtsperson in das Gespräch mit hineingebracht sowie dann gemeinsam analysiert und interpretiert werden soll. Dieser Datenkranz[3] umfasst umfangreiche Daten zu Schüler*innen, schulorganisatorische Daten sowie externe Daten. Letztere sind insbesondere Daten zur Leistung der Schule etwa aus Inspektionen oder Leistungstests. Im Rahmen des Formalprozesses stehen Analyse und Interpretation der Daten „vor" der Definition von Zielen und Maßnahmen der Schulentwicklung, die wiederum federführend von der Schulleitung definiert und umgesetzt werden, deren Einhaltung aber von der Schulaufsicht kontrolliert werden soll. Mit anderen Worten impliziert der Prozess, dass sich die Ziele und Maßnahmen, aber ebenso die Kontrollphase aus den Daten ableiten und der gesamte Zielvereinbarungsprozess damit „datenbasiert" wird.

---

[3] Ab 2019 wurde dieser Begriff durch „Datenblätter" ersetzt.

Wie auch die Überblicksvisualisierung wirft die Prozessdarstellung einige Fragen auf bzw. weist auf möglicherweise vielseitige Datenpraktiken sowie auf interessante Blindstellen hin. Die bereits erwähnte und in der Abbildung tendenziell ausgeblendete Vorbereitungsphase ist als eine derartige Blindstelle zu sehen; auch bleibt unklar, wie der konkrete Einbezug von Daten passiert oder wie die Brücke zwischen (welchen) Daten und den Vereinbarungen am Ende geschlagen wird. Ebenso erscheint der stark als kollaborativ skizzierte Austausch zwischen Schulleitung und Schulaufsichtsperson einer näheren Betrachtung wert, da er gegebenenfalls umfangreiche Spannungsmomente impliziert.

3.3   Zwischenfazit

Insgesamt lässt die Rekonstruktion der formalisierten Dateninfrastruktur, wie sie sich in den Dokumenten darstellt,[4] also bereits eine Reihe interessanter Einblicke und Schlussfolgerungen bezüglich der Datafizierung von Schulaufsicht zu. Es zeigt sich, dass auch in einem *low-accountability*-System wie Deutschland eine wachsende formale Einbindung von Daten als „Ankerpunkte" von Steuerungssettings erfolgt ist, die eine entsprechende Wirkmächtigkeit nahelegen. Auch das Sanktionsmoment, das in der Regel mit *high-stakes*-Systemen assoziiert wird, findet sich zumindest im Rahmen der Formalstrukturen durchaus, wenn zum Beispiel Ziel- und Leistungsvereinbarungen zu „schlechten" Daten mit einer entsprechenden Zielanpassung sowie einer Verbesserungskontrolle im nächsten Gespräch gekoppelt werden. Anders ausgedrückt zeichnet sich eine Wirkmächtigkeit von Daten ab, die weniger stark an die Art der Folgen für bestimmte Datenwerte und stärker an den Grad ihrer Formalisierung – zum Beispiel Häufigkeit datenbasierter Gespräche, Festschreibung, welche Daten/Plattformen für bestimme Prozesse zu nutzen sind – gekoppelt ist. Entsprechend interessant sind gerade hier Unterschiede zwischen den Bundesländern, die sich trotz länderübergreifender wachsender Datafizierung bezüglich ihrem Grad der Formalisierung sehr unterschiedlich darstellen (siehe Abb. 3).

Gleichzeitig scheinen sich auch bei einem hohen Grad der Formalisierung – wie im Falle der Qualitätsgespräche in Brandenburg – stets Räume für potenziell unterschiedliche Datenpraktiken sowie Relevanzzuschreibungen, das heißt für ein heterogenes „Hervorbringen" von Datafizierung, zu eröffnen. Vermuten lässt sich, dass neben unterschiedlichen Momenten der Kontextualisierung die beschriebene

---

[4] In der Tat können die Dokumente selbst als zentrale Dimensionen der „Herstellung" dieser Dateninfrastruktur gewertet werden (z. B. Lewis und Hartong 2021).

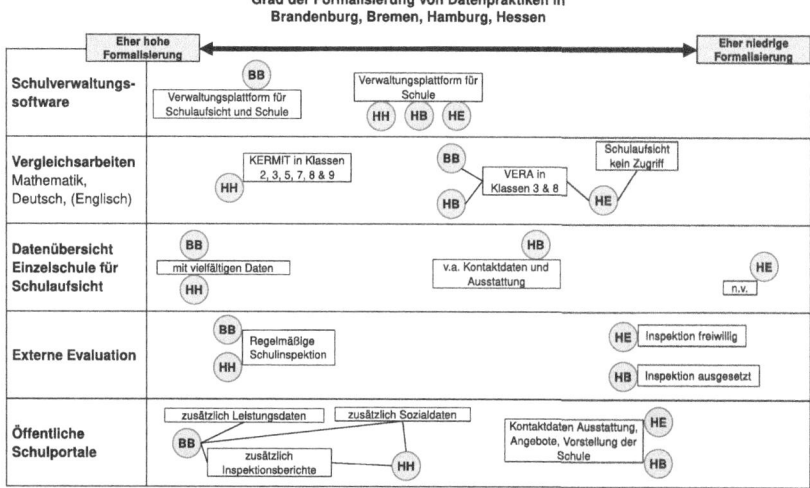

Abb. 3 Darstellung der Dateninstrumente der Schulsteuerung in den vier Bundesländern Brandenburg, Hessen, Hamburg und Bremen, eigene Recherche

Rollenvorstellung von Schulaufsichtspersonen als gleichzeitig kontrollierend und pädagogisch beratend zentral bedeutsam wird. Entsprechend wenden wir uns im nächsten Abschnitt den Interviewanalysen zu und stellen dar, wie sich dieses „Hervorbringen" von Datafizierung manifestiert.

4 Daten*praktiken* der Schulaufsicht: Von individuell-ethnografischen Einblicken zu vergleichenden Generalisierungen

Wenngleich die Interviews mit den Schulaufsichtspersonen durch einen vorab definierten Leitfaden teilstrukturiert wurden, entwickelte jedes Gespräch, welches wir führten, eine starke Eigendynamik – je nachdem, welche Perspektiven die Interviewten selbst auf die Datafizierung ihrer Praktiken eröffneten und welche Schwerpunkte sie hierbei setzten, denen wir im Rahmen der Gespräche dann stets eine Weile folgten. Gerade diese Eigenprägungen waren gleichzeitig extrem hilfreich, um die vielfachen Bedeutungen, die Schulaufsichtspersonen Daten zuschreiben, für die jeweiligen Einzelfälle zu dekonstruieren. Gleichzeitig ermöglichte diese tendenzielle Offenheit der Interviews bzw. das Einlassen auf die Darstellungsperspektiven der interviewten Personen, dass kontextuelle Faktoren in ihrer Vielschichtigkeit und Ambivalenz deutlich werden konnten.

Diese stark individualisierende Herangehensweise aufgreifend, erfolgte im Rahmen der Analysen zunächst eine detaillierte inhaltliche Auswertung der einzelnen Transkripte. In diesem Schritt wurden Transkriptabschnitte sortiert, Themencluster herausgearbeitet sowie eine erste Ebene der theoriegeleiteten Interpretation entwickelt. Abb. 4 illustriert diese erste Interpretationsebene anhand zweier beispielhafter Themencluster, die aus einem Interview herausgefiltert wurden – „Alle Daten gleichzeitig betrachten" sowie „Daten sind multikausal". Der kursive Abschnitt stellt dabei eine nochmals kondensierte Zusammenfassung des Themenclusters dar. Darunter folgen direkte Zitate oder inhaltliche Aussagen aus dem Interviewtranskript, die die Basis für die jeweiligen Zusammenfassungen bilden.

Auf diesen ersten Analysen aufbauend, gingen wir im nächsten Schritt dazu über, die Themencluster über die Interviews hinweg zu vergleichen und sowohl Gemeinsamkeiten als auch Unterschiede systematisch herauszuarbeiten. Die Bezeichnungen der Themencluster wurden im Rahmen dieser Vergleichsprozesse immer wieder überprüft, teilweise synthetisiert oder umbenannt. Nicht alle Themencluster waren dabei für jedes Interview „befüllbar", sondern es blieben einige Leerstellen.

Insgesamt zeigte die vergleichende Analyse der Interviews, dass Schulaufsichtspersonen an vielen Stellen Bezug auf Daten nehmen und ihre eigene Tätigkeit als entsprechend „datafiziert" wahrnehmen, auch weil es die Regularien vorschreiben. Gleichzeitig geht der Großteil der Schulaufsichtspersonen sehr differenziert mit Daten um, sodass sich ihre Perspektive nicht unter bestimmten Schlagworten – zum Beispiel „Datenfan" oder „Datenskeptiker*in" – subsummieren lässt. Stattdessen fanden sich in den Transkripten zahlreiche Stellen, die auf eine laufende Auseinandersetzung und situativ bedingte Einordnung von Daten hinweisen – auch in Fällen, in denen eine tendenziell starke Orientierung auf Daten vorherrscht.

Diese Auseinandersetzung mit Daten ist in manchen Fällen bewusster und auch bewusst kritisch – also dass eine Schulaufsichtsperson etwa Daten dezidiert bezüglich ihrer Richtigkeit in Frage stellt –, in anderen Fällen läuft sie eher implizit – also dass Daten zwar wahrgenommen, aber zum Beispiel in einem bestimmten Fall als irrelevant abgetan werden, weil die Schulaufsichtsperson „besser weiß", wie es in der betreffenden Schule vor Ort aussieht. Diese Einschätzung bzw. Relevanzzuschreibung variiert dabei auch nach Datentypen: Es kann also sein, dass eine Schulaufsichtsperson Leistungsdaten als „gegeben" anerkennt und in ihre Prakti-

---

Daten sind multikausal

Die Schulaufsichtsperson schränkt die Aussagekraft der Daten ein. Sie geht immer wieder ausführlich auf die unterschiedlichen Interpretationsmöglichkeiten der Realität hinter den jeweiligen Daten ein.

Sie kann nicht einfach die Anzahl der Ordnungsmaßnahmen als Datum nehmen, sie muss gucken, warum und um welche Verstöße es geht: „es gibt tausend Gründe, warum eine Zahl so ist wie sie ist." Ordnungsmaßnahmen können hoch sein, weil die Schulleitung besonders streng ist oder besonders lax.

„Wobei so was natürlich, das muss man sagen, daran krankt das Daten gestützte ein bisschen logischerweise, weil so eine Zahl natürlich immer multikausal sich ergibt."

Daten müssen immer interpretiert werden, die Gründe sind nicht klar. Am Beispiel der Ordnungsmaßnahmen: Sie muss nachschauen, was der Jurist zu den Anträgen geschrieben hat. „das ist eine relativ aufwändige Auswertung, die ich dann da mache."

„die Anzahl der Ordnungsmaßnahmen kann hoch sein, weil eine Schule besonders gut hinguckt, besonders schnell reagiert auf Fehlverhalten, die kann aber auch resultieren daraus, dass einfach nichts passiert erst mal eine ganze Weile und alle können machen was sie wollen."

„es gibt tausend Gründe, warum eine Zahl so ist wie sie ist. Und da muss man gemeinsam [Schulaufsicht & Schulleitung] hingucken."

Deshalb fragt sie nach diesen Gründen. Vor dem Gespräch schaut sie in die Anträge auf Ordnungsmaßnahmen, ob ein Messer oder ein Kaugummi der Grund für den Verweis war.

Alle Daten gleichzeitig betrachten

Die Schulaufsichtsperson weist darauf hin, dass die Unterschiedlichkeit der Daten ein Vorteil ist. Schulen können auch widersprüchliche Daten haben. Wenn etwas nicht zusammenpasst, thematisiert sie das mit der Schulleitung. Die Schulaufsichtsperson hat erlebt, dass Schulen gute inhaltliche Arbeit machen und „trotzdem kann das Erzieherische zu kurz kommen". Oder die Leistungsdaten sind nicht so gut, aber an der Schule wird „gut gearbeitet". Entsprechend nutzt sie alle Daten, „weil das ein Gesamtbild ergibt".

Dadurch, „dass wir so viele unterschiedliche Daten haben, passt ein Teil immer zu dem welches Bild man selbst hat". Eine Schule könnte gute Anmeldezahlen und gute Abschlussprüfungsergebnisse haben, aber viele Elternbeschwerden. Die Schulaufsichtsperson würde sich dann alle Daten anschauen und auch gucken, worüber Eltern sich beschweren. Vielleicht gibt es dann gute Anmeldezahlen und trotzdem viele Beschwerden. „Dann passt das nicht zusammen. Und das thematisiere ich dann natürlich auch."

„Ich nutze die [Daten] eigentlich alle, weil das ein Gesamtbild ergibt. Und es kann sehr wohl eine gute inhaltliche Arbeit gemacht werden an einer Schule und trotzdem kann das Erzieherische zu kurz kommen. Oder auch umgekehrt." Manche Schulen haben eine so herausfordernde Schülerschaft, „dass da keine großen tollen Ergebnisse erzielt werden. Dann sage ich trotzdem Eltern, die mich fragen, können Sie die Schule empfehlen, sage ich trotzdem, ja, ich kann die Schule empfehlen, weil da gut gearbeitet wird. Auch, wenn die Ergebnisse, die Leistungsdaten vielleicht das nicht hergeben." „man muss hinter die Leistungsdaten dann auch gucken."

Abb. 4   Beispiele aus dem ersten Analysezyklus der einzelnen Interviewtranskripte

ken einbindet, während sie Unterrichtsausfalldaten bezüglich der Definition von Unterrichtsausfall im System stark problematisiert und sich daher aktiv um eine alternative Definition von Kategorien bemüht:

„[Z]um Beispiel die Schwangeren waren ja immer als krank, so, weil die im Mutter-
schutz oder sonst wo waren, wurden die, waren die auch als krank markiert. Das
heißt, der Krankenstand war dann immer so hoch, das ist ja auch komplett Quatsch."
(Int_SAF_01-Z124)

In der Tat stellen die Schulaufsichtspersonen über sämtliche Interviews hinweg
immer wieder ihr umfassendes kontextuelles Wissen zu den Schulen in den Vordergrund – und nennen dies in manchen Fällen ebenfalls „Daten" – welches sich allerdings zu einem großen Teil durch regelmäßige Gespräche mit den Schulleitungen
oder Besuche vor Ort generiere. Das heißt auf der einen Seite müssen sich Schulaufsichtspersonen an die Regularien und formalisierten Datafizierungsprozesse –
wie etwa die turnusmäßige Durchführung von Qualitätsgesprächen – halten: „Ich
gehe schon nach den Daten. Muss ich ja.". Auf der anderen Seite schreiben sie
genau diesen wenig formalisierten, alltäglichen (nicht nur) schulentwicklungsbe-
zogenen Interaktionsprozessen mit der Schulleitung beinahe durchgehend mehr
Bedeutung zu, was die Generierung relevanten Steuerungswissens betrifft, wie die
folgenden Zitate illustrieren:

„Wenn Sie wirklich was rauskriegen wollen, dann nutzen Ihnen die Zahlen nichts."
(Int_SAF_07-Z15)

„Ich denke, wenn Sie ein Vertrauensverhältnis zur Schule haben, dann sagt Ihnen der
Schulleiter auch, wo der Schuh drückt. Und wenn Sie das nicht haben, dann sagt er
Ihnen das nicht." (Int_SAF_07-Z15)

„Also das hat ganz viel mit Beobachtung, aber nicht nur mit Daten zu tun. Sondern,
es hat ganz viel mit Gesprächen, mit Rückmeldungen, die können ganz unterschiedlichster Art sein." (Int_SAF_03-Z15)

So nimmt eine der interviewten Schulaufsichtspersonen etwa die offizielle Daten-
übersicht über Unterrichtsausfall und Personalplanung für ihre Schulen zur Kenntnis, schreibt ihr aber tendenziell wenig Relevanz zu, eben weil sie über die tatsächliche Situation vor Ort bereits aus Gesprächen mit den Schulleitungen heraus
besser informiert sei:

„Also ich kenne meine Schulen so gut, dass ich im Prinzip weiß, wo ist eine Auffäl-
ligkeit. Aber gerade bei diesen Auffälligkeiten erfahre ich das vorher von den Schulleitungen, wenn jetzt wirklich mal was Dramatisches ist. Und die Statistik sieht auch
nicht so dramatisch aus, wie manchmal die Realität." (Int_SAF_02-Z266)

Dieses komplexe Wechselspiel aus wenig formalisierten Alltagsgesprächen bzw. Wissensgenerierungsprozessen einerseits und formalisierten Strukturen wie Dateninstrumenten oder Qualitätsgesprächen andererseits, spiegelt sich an etlichen Stellen der Interviews wider. Entgegen der nahe liegenden Annahme, dass der Spielraum der Schulaufsichtspersonen grundsätzlich kleiner bzw. Momente der kritischen Distanzierung von Daten seltener werden, je zentralisierter und automatisierter die Dateninfrastrukturen gestaltet sind, finden wir diesen direkten Zusammenhang in den Interviews nicht. Nichtsdestotrotz beeinflusst die konkrete Gestaltung von Plattformen oder Datendashboards, „wie" Daten genutzt werden (können). Als wichtige Einflussfaktoren erweisen sich hierbei unter anderem das *Timing*, das heißt wie oft Daten (gegebenenfalls automatisch) aktualisiert werden, aber ebenso die Niedrigschwelligkeit des Datenzugangs. Wenig überraschend empfinden Schulaufsichtspersonen Daten als tendenziell relevanter – gerade auch für die Alltagskommunikation mit Schulleitungen – je (idealerweise tages-)aktueller sie sind und je einfacher sie auf diese Daten zugreifen können. Daneben ist auch die Temporalität der formalisierten Datenanlässe (zum Beispiel Qualitätsgespräche) relevant, da durch den Rhythmus der Gespräche festgelegt wird, wie oft eine formalisiert stärker geregelte Beschäftigung mit Daten (sei es per händischer Übertragung oder automatisiert) implementiert werden muss.

Das konkrete Zusammenspiel zwischen Daten aus formalisierten Dateninstrumenten und Wissen aus Alltagsgesprächen zeigt sich auch bei der Vor- und Nachbereitung der Qualitätsgespräche. Diese Phasen sind in der Tat genau dadurch geprägt, dass unterschiedliche Formen bzw. Quellen von Wissen über die Schule – von Alltagsbeobachtungen bis hin zu Ergebnissen standardisierter Leistungstests – in wiederum formal vordefinierte Gesprächsleitfäden oder -dokumente eingefügt bzw. „übersetzt" werden müssen – und nach dem Gespräch teilweise wieder zurück. So finden sich in mehreren Bundesländern gesonderte Dokumente, die von Schulleitungen oder Schulaufsichtsperson als Grundlage für Ziel- und Leistungsvereinbarungsgespräche ausgefüllt werden müssen, aber zum Teil großen Spielraum dabei lassen, welches Wissen konkret einfließt. Gleichzeitig unterscheidet sich das technische Format stark. So müssen teilweise Word-Dateien händisch bearbeitet werden. Hier werden dann zum Beispiel auch Daten aus Plattformen abgelesen und eingetragen. Teils sind es digital ausfüllbare Dokumente, die in das zentrale Schulverwaltungssystem eingebettet und die zu einem großen Teil über automatisierte Datenschnitten verfügen. Das heißt, an diesen Stellen findet keine manuelle Übertragung durch die Schulaufsichtsperson statt. Auch hier zeigt sich also ein Einfluss der Gestaltung der Dateninfrastruktur auf die Ausgangslage von Qualitätsgesprächen, wenngleich diese Gespräche selbst dann nach wie vor sehr heterogen gestaltet werden können.

Es zeigt sich aber auch ein anderer interessanter Zusammenhang: So empfinden die von uns interviewten Schulaufsichtsperson zum Beispiel Plattformen tendenziell als hilfreicher bzw. orientieren sich auch im Alltag stärker an diesen, wenn sie sich auf die Ressourcenplanung bzw. -kontrolle der Schulen beziehen. Weniger stark scheint die Orientierung hingegen in Bezug auf pädagogische Fragen und Probleme ausgeprägt, egal wie die Dateninfrastruktur konkret gestaltet ist. Mit anderen Worten ließe sich schlussfolgern, dass administrative Aufgaben der Schulaufsicht zumindest in unserem Interviewsample deutlich stärker „plattformisiert" erscheinen als pädagogische Aufgaben, was einen interessanten Befund in Hinblick auf die eingangs beschriebene, konfliktträchtige Doppelrolle der Schulaufsicht darstellt.

Nicht nur im Kontext der dezidierten Datenanlässe erweisen sich Interaktionen der Schulaufsichtspersonen mit anderen Institutionen als weiterer zentraler Einflussfaktor auf die Frage, wie Daten eingebunden und welche Bedeutungen ihnen zugeschrieben werden. So kommunizieren Schulaufsichtspersonen zum einen in doppelter Weise regelmäßig mit Schulleitungen – im Rahmen formalisierter Datenanlässe sowie im Alltagsgeschäft – , zum anderen auch immer wieder mit Qualitätsinstituten oder Schulberatungseinrichtungen – einzeln oder zusammen, sowie mit oder ohne die Schulleitungen. So wird etwa in einem Bundesland von einer Reihe „Eskalationsstufen" jenseits der Ziel- und Leistungsvereinbarungsgespräche berichtet, bei der zunehmend mehr Institutionen teilnähmen, um über die Daten einer sich nicht verbessernden Schule zu sprechen und Interventionen zu beschließen. Während Daten hierbei auf der einen Seite eine zunehmend zentrale Rolle spielen – denn sie sind der Gegenstand, über den sich die Akteur*innen unterhalten – so ist auf der anderen Seite beabsichtigt, dass es mehr und mehr Perspektiven bzw. Dateninterpretationen braucht, um in Kombination mit diversem Erfahrungswissen zu guten Interventionsentscheidungen zu kommen:

> „Also für mich persönlich hat das auch einen symbolischen Charakter, dass wir sagen, wir arbeiten gemeinsam und es geht um dich, liebe Schule. Und die [Inspektion] macht nichts, was wir in der Schulaufsicht nicht wissen. Und umgekehrt wir auch nicht." (Int_SAF_03-Z314)

Jedoch zeigt sich wiederum, dass solch enge Kooperationen zwischen Inspektion und Schulaufsicht nicht selbstverständlich sind. In einem anderen Bundesland antwortet die Schulaufsichtsperson auf die Frage, ob es Kooperation zwischen Schulaufsicht und Inspektion gebe:

> „Nein, die machen ihres, ich mache meines." (Int_SAF_07-Z292)

Schließlich zeigten die Interviews bei fast allen Schulaufsichtspersonen – jenseits dieser zahlreichen Ambivalenzen bzw. Spannungen – eine starke Wahrnehmung der hohen Expansionsdynamik von Datafizierung (siehe hierzu auch Lewis und Hartong 2021). Je nachdem, wie kritisch Daten betrachtet werden, bewerten die Schulaufsichtspersonen diese Expansion jedoch unterschiedlich: Für die einen ist es hilfreich, immer mehr Daten zur Verfügung zu haben; für andere erscheint die Expansion als vor allem politische und damit für die Praktiken der Schulaufsichtspersonen eher wenig sinnvolle Strategie:

> „Man hat jetzt die Instrumente. Es ist wie mit den Kindern. Jetzt haben sie endlich einen Sandkasten, jetzt buddeln sie wie verrückt. […] statt einen Turm zu bauen, wird gebuddelt. Das ist immer wieder das Gleiche. Irgendwann nach fünf Jahren oder sechs Jahren wird man erst merken: es hat sich auch nicht viel verändert." (Int_ SAF_07-Z37)

In einem anderen Bundesland wies die Schulaufsichtsperson uns wiederum auf eine von uns zu dem Zeitpunkt noch nicht stark fokussierte Expansionsdynamik von Datafizierung hin, nämlich die eigene Rechtfertigungslegung der Schulaufsicht vor der Gesamtbehörde bzw. dem Ministerium:

> „[A]uch unsere Leitung guckt ja auf eine aggregierte Datenlage und zieht daraus ihre Schlüsse. Also nehmen sie jetzt hochaggregiert die […] Berichte. Selbstverständlich ist es so, dass die Hausleitung aus den […] Berichten Schlüsse zieht und die ins Haus gibt." (Int_SAF_03-Z492)

Interessant war im Zusammenhang der Expansion schließlich auch die sich wandelnde, datenbezogene Rolle, die der Schulleitung von Schulaufsichtspersonen zumindest in zweien unserer Bundesländer zugeschrieben wird. Hiermit ist gemeint, dass diese Schulaufsichtspersonen zunehmend weniger darauf schauen, wie Daten inhaltlich ausfallen als darauf, dass die Schulleitungen in ihrer Schule selbst umfassende Strukturen der Datenproduktion und -orientierung implementieren und der Schulaufsicht gegenüber nachweisen müssen, dass diese Strukturen auch entsprechend ernsthaft genutzt werden:

> „Und wir waren die letzten vier Jahre, würde ich sagen, […] weit auch damit beschäftigt, eine Akzeptanz in den Schulen bezüglich des Umgangs mit diesen Daten herzustellen. […] Also, wir haben eine Zeit lang nicht auf die Einzeldaten geguckt, sondern immer gefragt, wie ist der Umgang bei euch in der Schule mit den Daten. Wie kommuniziert ihr sie? Und dann einen Schritt weiter, was macht ihr damit, was für Schlussfolgerungen zieht ihr daraus. Und dann die ganz entscheidende Maßnahme, wie implementiert ihr eure Vorhaben und sorgt ihr eigentlich für eine Nachhaltigkeit im Umgang mit den Daten." (Int_SAF_03-Z106)

Wenig überraschend fanden wir derartige Expansionsprozesse in Richtung interner Datafizierung von Schulentwicklung – zum Beispiel durch die zunehmend intensive Nutzung interner Evaluationsinstrumente – vor allem in denjenigen Bundesländern des Samples, welche in Sachen datenbasierter Schulsteuerung bereits stärker formalisiert sind.

5 Zusammenfassung und Ausblick

Ziel dieses Kapitels war es, Einblicke in unsere Untersuchungen zur „datafizierten" Schulaufsicht im Kontext von DATAFIED zu geben, konkret mit Bezug auf die Frage, wie ein differenzierteres Verständnis für die Wirkmächtigkeit von Daten erreicht werden kann, welches in der Forschung nach wie vor gängige Unterscheidungen in *high-* versus *low-stakes-accountability* zu überwinden hilft. So zeigten unsere Analysen, dass auch im *low-stakes*-System Deutschland Dateninfrastrukturen substanziell expandiert sind und Schulsteuerungspraktiken unterschiedlichster Akteur*innen (darunter Schulaufsichtspersonen) dabei zunehmend durchziehen. Das heißt, Datafizierung „wirkt". Eine zentrale Rolle spielen hierbei sowohl der wachsende Grad der Formalisierung von Datenpraktiken – etwa bezüglich der Rahmung und Ausgestaltung schulischer Qualitätsgespräche – als auch die technische Beschaffenheit der Dateninfrastrukturen – etwa bezüglich der Gestaltung von Datenplattformen oder der (automatischen) „Lieferung" von Datenübersichten an die Schulaufsichtspersonen (Abb. 5).

Gleichzeitig weist aber gerade unsere Interviewstudie darauf hin, dass Schulaufsichtspersonen auch bei stark formalisierten Datenpraktiken oder stark zentralisierten bzw. automatisierten Dateninfrastrukturen eine kontinuierliche Übersetzungsleistung leisten (müssen), um – wie sie immer wieder herausstellen – den unterschiedlichen Kontexten von Schulentwicklung gerecht zu werden. Im Zentrum dieses Narratives stehen hierbei stark ausgeprägte, professionelle Selbstverständnisse, welche sich insbesondere aus Erfahrungswissen speisen. Dies bedeutet wie gesagt nicht, dass die von uns interviewten Schulaufsichtspersonen Daten „*per se*" ablehnend gegenüberstehen, aber es bedeutet, dass sie in unterschiedlichsten Momenten bewusst Einschränkungen vornehmen oder andere Schwerpunkte in der Dateninterpretation legen, als in den Dateninfrastrukturen oder Formalisierungen angelegt ist. Wie stark diese Ausgestaltung erfolgt – und wie stark dann gegebenenfalls eine „Bedrohung" durch die wachsende Zentralisierung und Automatisierung der Dateninfrastrukturen erlebt wird – ist hierbei nicht nur von den Rahmenstrukturen des jeweiligen Bundeslandes abhängig, sondern tatsächlich hochgradig individuell. Gleichzeitig erzeugen die zahlreichen Übersetzungsleis-

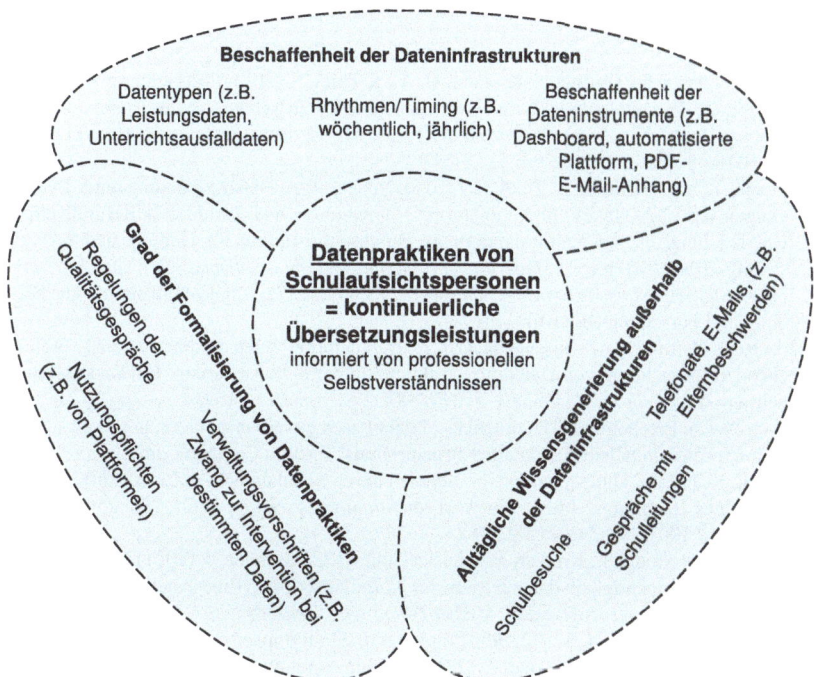

Abb. 5 Systematisierung von Datenpraktiken der Schulaufsicht zwischen Dateninfrastrukturen, Formalisierung und alltäglicher Wissensgenerierung

tungen, die jede Schulaufsichtsperson kontinuierlich erbringen muss, reihenweise Ambivalenzen und Spannungen, die die ohnehin spannungsreiche Rolle der Schulaufsicht zwischen Beratung und Kontrolle einerseits, Administration und Pädagogik andererseits widerspiegeln, aber auch verändern.

Zusammengefasst sehen wir eine zentrale Aufgabe zukünftiger und gegebenenfalls umfangreicherer Analysen datafizierter Schulsteuerung darin, diese vielfältigen Wechselwirkungen zwischen mehr oder weniger formalisierten Prozessen – von denen wiederum nur einige einen dezidierten Datenbezug haben – digitalen (teils automatisierten) Dateninfrastrukturen und analogen Wegen der Wissensgenerierung sowie zwischen unterschiedlichen Rollenverständnissen weitergehend zu erfassen und zu systematisieren. Wir hoffen, mit unserer Studie für derartige Schritte eine Reihe an Anregungen gegeben zu haben.

Literatur

Bach, A., Wurster, S., Thillmann, K., Pant, H. A., & Thiel, F. (2014). Vergleichsarbeiten und schulische Personalentwicklung – Ausmaß und Voraussetzungen der Datennutzung. *Zeitschrift für Erziehungswissenschaft, 17*(1), 61–84. https://doi.org/10.1007/s11618-014-0486-5

Bellmann, J., Schweizer, S., & Thiel, C. (2016). Nebenfolgen Neuer Steuerung unter Bedingungen von „low-stakes" und „no-stakes" – Qualitative und quantitative Befunde einer Untersuchung in vier Bundesländern. In Bundesministerium für Bildung und & Forschung (BMBF) (Hrsg.), *Steuerung im Bildungssystem Implementation und Wirkung neuer Steuerungsinstrumente im Schulwesen* (S. 208–237). Bundesministerium für Bildung und Forschung (BMBF).

Dabisch, V., Hartong, S., & Nikolai, R. (2021). Herausforderungen der international vergleichenden Betrachtung von Dateninfrastrukturen in der Schulsteuerung: Ein Diskussionsbeitrag. *Zeitschrift für Pädagogik, 3*, 367–382.

Dabisch, V. (im Erscheinen). The practices of data-based governance: German school supervision, professionalism and datafied structurations. Tertium Comparationis.

Dedering, K. (2021). Unterstützung von Schulen durch Schulaufsicht – Zur Ausdifferenzierung eines Handlungsfeldes. *Zeitschrift für Bildungsforschung, 11*(2), 235–254. https://doi.org/10.1007/s35834-021-00290-x

Förschler, A., Hartong, S., Kramer, A., Meister-Scheytt, C., & Junne, J. (2021). Zur (ambivalenten) Wirkmächtigkeit datengetriebener Lernplattformen: Eine Analyse des «Antolin»-Leseförderungsprogramms. *MedienPädagogik: Zeitschrift für Theorie und Praxis der Medienbildung, 44*, 52–72. https://doi.org/10.21240/mpaed/44/2021.10.28.X

Grünkorn, J., Klieme, E., & Stanat, P. (2019). Bildungsmonitoring und Qualitätssicherung. In O. Köller, M. Hasselhorn, F. W. Hesse, K. Maaz, J. Schrader, H. Solga, C. K. Spieß, & K. Zimmer (Hrsg.), *Das Bildungswesen in Deutschland: Bestand und Potenziale* (S. 263–291). Verlag Julius Klinkhardt.

Hartong, S. (2012). *Basiskompetenzen statt Bildung? Wie PISA die deutschen Schulen verändert hat.* Campus Verlag.

Hartong, S., & Förschler, A. (2019). Opening the black box of data-based school monitoring: Data infrastructures, flows and practices in state education agencies. *Big Data & Society, 6*(1), Advance online publication. https://doi.org/10.1177/2053951719853311

Heinrich, M. (2015). Zur Ambivalenz der Idee evidenzbasierter Schulentwicklung. Das Beispiel „Schulinspektion"—Fortschrittlicher Rückschritt oder Innovation? *Zeitschrift für Pädagogik, 61*(6), 778–792. https://doi.org/10.25656/01:15425

Herrmann, J. (2020). Schulaufsicht als Beratungsinstanz? Zur Bedingung der Möglichkeit einer Beratung durch die Hierarchie. In E. D. Klein & N. Bremm (Hrsg.), *Unterstützung – Kooperation – Kontrolle* (Bd. 48, S. 359–372). Springer Fachmedien Wiesbaden. https://doi.org/10.1007/978-3-658-28177-9_17

Hopf, C., Nevermann, K., & Richter, I. (1980). *Schulaufsicht und Schule. Eine empirische Analyse der administrativen Bedingungen schulischer Erziehung.* Klett-Cotta.

Klein, E. D., & Bremm, N. (Hrsg.). (2020). *Unterstützung – Kooperation – Kontrolle: Zum Verhältnis von Schulaufsicht und Schulleitung in der Schulentwicklung.* Springer VS. https://doi.org/10.1007/978-3-658-28177-9

Lariceno-Paquet, N., Holyoke, T. T., Moser, M., & Henig, J. R. (2002). Creaming versus Cropping: Charter School Enrollment Practices in Response to Market Incentives. *Educational Evaluation and Policy Analysis, 24*(2), 145–158.

Lewis, S., & Hartong, S. (2021). New shadow professionals and infrastructures around the datafied school: Topological thinking as an analytical device. *European Educational Research Journal*, Advance online publication. https://doi.org/10.1177/14749041211007496

Macgilchrist, F., Hartong, S., & Jornitz, S. (2022). Algorithmische Datafizierung und Schule: Kritische Ansätze in einem wachsenden Forschungsfeld. In K. Scheiter & I. Gogolin (Hrsg.), *Edition ZfE (Zeitschrift für Erziehungswissenschaft)*. Springer VS.

MBJS Brandenburg. (2012). *Kernaufgaben der Schulaufsicht*. Kernaufgaben der Schulaufsicht. Anlage 3 zu Nummer 6 VVStSchÄ. https://bravors.brandenburg.de/br2/sixcms/media.php/66/VVSAneu_Anlage3_Kernaufgaben-Schulaufsicht_Endfassung.pdf

Muslic, B. (2017). *Kopplungen und Entscheidungen in der Organisation Schule: Organisationsbezogenes Schulleitungshandeln im Kontext von Lernstandserhebungen* (1. Auflage). Springer VS. https://doi.org/10.1007/978-3-658-17268-8

Porschardt, D. (1978). *Die Berufsrolle des Schulrats, Pädagoge oder Verwaltungebeamter? Eine empirische Untersuchung zu Aufgabenbereich und Rollenselbstdeutung von Schulaufsichtsbeamten*. Schroedel.

Schmidt, M., & Diegmann, D. (2018). Die Produktion der Schule: Hervorbringungen von Kollektivität im Kontext institutioneller Zielvereinbarungen im Schulsystem. In T. Alkemeyer, U. Bröckling, & T. Peter (Hrsg.), *Praktiken der Subjektivierung* (1. Aufl., Bd. 10, S. 239–258). transcript Verlag. https://doi.org/10.14361/9783839438428-013

Schnell, H. (2006). *Entwicklung und Perspektiven der Schulaufsicht als Steuerungsinstrument für Schulentwicklung in Hessen seit 1945*. [Dissertation]. Universität Kassel.

Selwyn, N. (2014). Data entry: Towards the critical study of digital data and education. *Learning, Media and Technology, 40*(1), 64–82.

Thiel, F., Cortina, K. S., & Pant, H. A. (2014). Steuerung im Bildungssystem im internationalen Vergleich. In R. Fatke & J. Oelkers (Hrsg.), *Das Selbstverständnis der Erziehungswissenschaft: Geschichte und Gegenwart* (S. 123–138). Beltz Juventa. https://www.pedocs.de/frontdoor.php?source_opus=9091

Thiel, F., Tarkian, J., Lankes, E.-M., Maritzen, N., & Riecke-Baulecke, T. (2019). Strategien datenbasierter Steuerung zur Sicherung und Entwicklung von Schulqualität in den 16 Ländern – Zusammenfassung und Diskussion. In F. Thiel, J. Tarkian, E.-M. Lankes, N. Maritzen, T. Riecke-Baulecke, & A. Kroupa (Hrsg.), *Datenbasierte Qualitätssicherung und -entwicklung in Schulen* (S. 313–325). Springer Fachmedien. https://doi.org/10.1007/978-3-658-23240-5_8

Van Ackeren, I., Block, R., Klein, E. D., & Kühn, S. M. (2012). The Impact of State-Wide Exit Exams in Germany: A Descriptive Case Study. *education policy analysis archives, 20*, Advance online publication. https://doi.org/10.14507/epaa.v20n8.2012

Wacker, A., Maier, U., & Wissinger, J. (Hrsg.). (2012). *Schul- und Unterrichtsreform durch ergebnisorientierte Steuerung: Empirische Befunde und forschungsmethodische Implikationen*. Springer VS.

Wieth, S. (2020). *Educational Governance in historischer Perspektive: Eine Analyse der Reform der Schulaufsicht in Hessen (1992-2015)* (Bd. 28). Springer Fachmedien. https://doi.org/10.1007/978-3-658-28660-6

Zur Erfassung und Modellierung der „Hinterbühne" von Datenflüssen: Das Beispiel Unterrichtsausfall

Juliane Jarke, Sigrid Hartong, Tjark Raabe,
Vito Dabisch, Andreas Breiter, Angelina Lange
und Irina Zakharova

J. Jarke (✉)
Professorin für Digitale Gesellschaft, Karl-Franzens-Universität Graz, Graz, Österreich;
ehemalige wissenschaftliche Mitarbeiterin am ifib – Institut für Informationsmanagement Bremen GmbH, Graz, Österreich
E-Mail: juliane.jarke@uni-graz.at

S. Hartong
Heisenberg-Professorin für Soziologie (Transformation von Governance in Bildung und Gesellschaft), Helmut-Schmidt-Universität Hamburg, Hamburg, Deutschland
E-Mail: hartongs@hsu-hh.de

V. Dabisch
Wissenschaftlicher Mitarbeiter, Helmut-Schmidt-Universität Hamburg,
Hamburg, Deutschland
E-Mail: vito.dabisch@hsu-hh.de

A. Breiter
Professor für Angewandte Informatik, Universität Bremen, Wissenschaftlicher Direktor
des ifib – Institut für Informationsmanagement Bremen GmbH, Bremen, Deutschland
E-Mail: abreiter@ifib.de

A. Lange · T. Raabe · I. Zakharova
Wissenschaftliche*r Mitarbeiter*in, ifib – Institut für Informationsmanagement Bremen
GmbH, Bremen, Deutschland
E-Mail: alange@ifib.de; traabe@ifib.de; izakharova@ifib.de

© Der/die Autor(en) 2023   61
A. Bock et al. (Hrsg.), *Die datafizierte Schule*,
https://doi.org/10.1007/978-3-658-38651-1_3

Zusammenfassung

Dieses Kapitel beschäftigt sich mit Datenflüssen und spezifischer der Frage, wie Daten innerhalb von Dateninfrastrukturen „beweglich" gemacht werden. Während Datenflüsse im Rahmen datenbasierter Steuerung bzw. Schulentwicklung oftmals funktional betrachtet und auch visuell dargestellt werden – also etwa bezüglich einer möglichst „reibungsfreien" Datenweitergabe – liegt der Fokus dieses Kapitels im Sinne einer *critical data studies* Perspektive vor allem auf den für Datafizierung hochgradig konstitutiven Reibungen, Brüchen, Spannungen sowie auf der aktiven „Herstellung" von Datenbewegung als Festschreibung, aber auch als Verhandlung bestimmter datafizierter Sichtbarkeiten. Gleichzeitig stellt sich die Frage, ob und wie die Darstellung einer derartigen Perspektive modelliert und damit visualisiert werden kann. Beides diskutieren wir am Beispiel von Unterrichtsausfalldaten, deren Produktion, Verarbeitung und Weitergabe uns im DATAFIED-Verbund als hochpolitischer, und als ebenso komplexer und ambivalenter Prozess begegnet ist.

Schlüsselwörter

Datenreise · Datenfluss · Datenbasierte Bildungssteuerung · Datenpraktiken · Schulinformationssystem · Schulmonitoringsystem · Unterrichtsausfall · Visualisierung von Datenflüssen

1   Einleitung

Blickt man in die gängige Literatur zur sogenannten evidenz- bzw. datenbasierten Bildungssteuerung, spielt die Frage, wie Daten innerhalb und zwischen Bildungsorganisationen (besser) fließen (können), eine zentrale Rolle. Immer wieder wurde und wird hierbei diskutiert, wie Daten beispielsweise einfacher oder schneller verknüpft werden können, Reibungseffekte beim Datentransfer – zum Beispiel aufgrund unterschiedlicher Datenformate – minimiert (z. B. Fickermann 2021) sowie eine stärkere „Passung" zwischen Datenproduzent*innen – (zum Beispiel Schulleitungen, Lehrkräfte – und Datenempfänger*innen – zum Beispiel Akteur*innen des Schulmonitorings, Produzenten von Learning Analytics – hergestellt werden kann (z. B. Ifenthaler 2021; Kemethofer et al. 2021; Pietsch et al. 2015; Sendzik und Abendroth 2016; Thiel et al. 2019; Wacker et al. 2012). Unterschiedliche Formen von Datenflussgrafiken oder auch Modellierungen von „Datenzyklen" spiegeln diesen Wunsch nach Reibungslosigkeit wider, etwa in prozessorientierten

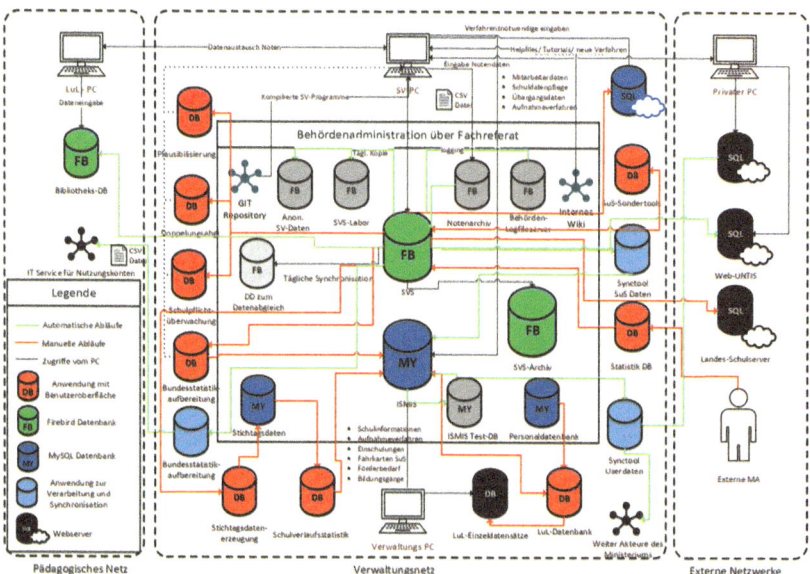

Abb. 1 Anonymisiertes Beispiel für die Visualisierung der Bildungsdateninfrastruktur eines deutschen Bundeslandes

Regelkreisbildern (Förschler und Hartong 2020) oder in Darstellungen von Dateninfrastrukturen (siehe Abb. 1).

Unterbrechungen oder Verkomplizierungen von Datenflüssen – zum Beispiel, wenn Daten mühsam zusammengesucht werden müssen oder bei fehlerhafter Datenaufbereitung – werden im Sinne einer solchen Vorstellung oftmals kritisch betrachtet. Dies bedeutet nicht, dass Daten im Prozess ihrer Erhebung, Verarbeitung oder Nutzung nicht ihre Form verändern können oder sollen. Im Gegenteil wird in dieser Fähigkeit von Daten, ihre Form und ihr Format zu ändern und an verschiedene Kontexte anpassbar zu sein, eine Grundvoraussetzung für ihre Relevanz gesehen. Und in der Tat gehen gerade neuere Entwicklungen der deutschsprachigen Bildungssteuerungsforschung zunehmend auf diese „produktiven Spannungen" ein und betonen etwa, dass die Unterschiedlichkeit, zum Beispiel bei der Sinnzuschreibung von Daten oder auch die Integration von Daten und Erfahrungswissen zentral für eine gelingende datenbasierte Schulentwicklung seien (z. B. Diedrich 2021; hierzu auch kritisch Heinrich 2021). Gleichzeitig verlieren Daten ihre Relevanz aber auch, wenn derartige Unterschiedlichkeit bzw. der Interpretationsspielraum (zu) beliebig werden und damit genau die erstrebte, (vermeintlich) objektivierte und damit von Kontexten (vermeintlich) generalisierbare „Evidenz" verloren geht.

Obgleich sich also zeigt, dass sowohl Gelingensbedingungen als auch produktive Brüche bei Datenflüssen bereits seit Längerem auch in der deutschen Bildungsforschung Beachtung finden, so bestehen gleichzeitig nach wie vor Blindstellen, zu deren Erhellung ein Perspektivwechsel hin zu *critical data studies* beitragen kann, wie er – als sehr breit gedachter Ansatz – im DATAFIED-Verbund verfolgt worden ist (siehe Breiter und Bock 2023 in diesem Buch, Kap. „Datafizierte Gesellschaft | Bildung | Schule" sowie z. B. Hepp et al. 2022; Jarke und Breiter 2019; Macgilchrist et al. 2022). Denn auch im Bereich der *critical data studies* spielt die Frage von Datenflüssen eine große Rolle, hier jedoch vor allem mit einem Fokus auf die sozialen, politischen oder organisationalen Aspekte von Macht bei der Herstellung datafizierter bzw. datafizierender Dateninfrastrukturen, zu denen Datenflüsse gehören. Mit anderen Worten geht es um die „Arbeit" bzw. um die vielfältigen Entscheidungs- und Verhandlungsmomente und um die Spannungen, die das „Beweglichmachen" von Daten konstituieren (z. B. Aula 2019; Bates 2018; Leonelli 2020; Lewis und Hartong 2021). Und genau diese „Arbeit" der Herstellung von Datenflüssen ist es, die von Seiten der *critical data studies* als zentraler Forschungsgegenstand erachtet wird, um etwas über die Bedeutung, aber auch die Wirkmacht von Datafizierung jenseits funktionaler Aspekte – zum Beispiel der Frage, ob Daten erfolgreich fließen oder nicht – aber auch jenseits normativer Wertungen – zum Beispiel, ob Datenverknüpfungen gut oder schlecht sind – aussagen zu können.

Vor diesem Hintergrund erscheinen Visualisierungen dann auch nicht (nur) als Methode zur vereinfachten Abbildung von Datenflüssen, sondern vielmehr selbst als ein zentrales Instrument von Datafizierung, indem ausgewählte Elemente auf ausgewählte Art und Weise in Relation zueinander gebracht und mit Bedeutung, Verantwortungszuschreibung bzw. Handlungsimplikationen versehen werden (Hartong 2021; Jarke und Macgilchrist 2021). Mit anderen Worten spielen Visualisierungen eine zentrale Rolle bei der (zunehmend datafizierten) Modellierung von Bildungswelt und prägen entsprechend zunehmend die Relevanzrahmen von Bildungsakteur*innen. Relevanzrahmen verstehen wir hierbei als Sinnhorizonte von Akteur*innen bzw. von Akteur*innenkonstellationen, also (sehr breit gefasst) sowohl deren politische, finanzielle oder pädagogische Interessen und Dispositionen als auch ihre Normen, Werte oder Praktiken (z. B. Gitelman und Jackson 2013; Jones 2019; Zakharova und Jarke 2022). Hierzu zählen in unserem Kontext dann auch die für diese Akteur*innen legitimen Metriken der Vermessung und Beurteilung von „guter Schule". All diese Aspekte manifestieren sich aber nicht nur in Datenvisualisierungen, sondern ganz generell sowohl in der erfolgreichen Herstellung von Datenbeweglichkeit als auch, wenn es zu Brüchen, Momenten des Stockens, zu Unklarheit kommt – zum Beispiel, wo Daten eigentlich herkommen bzw. hingehen – oder Konflikten – zum Beispiel, wenn die möglichen Folgen einer Datenweitergabe als kritisch antizipiert werden. Gerade diese Momente sind es, die aus der Perspektive der *critical data studies* besonders interessant erscheinen, weil sie für das „Wie" sowie für die Ambivalenzen von Datafizierung zentral konstitutiv sind.

Gleichzeitig wird in der *critical data studies* Literatur zunehmend die Frage gestellt, ob sich nicht auch im Bereich der Visualisierung von Dateninfrastrukturen oder Datenflüssen (alternative) Wege bzw. Methoden finden lassen, um gerade diese machtgeprägten Entscheidungs-/Verhandlungsmomente bzw. Spannungen sichtbar zu machen. Denn auch wenn Visualisierungen immer mit einer systematischen Komplexitätsreduktion und damit mit bestimmten Handlungsimplikationen einhergehen, so sind sie auch im Sinne der *critical data studies* von zentraler Bedeutung, um zum Beispiel größere datafizierte Zusammenhänge zu systematisieren bzw. überhaupt verstehbar zu machen. Aber auch für emanzipatorische Anliegen – zum Beispiel Bildungsakteur*innen über Mechanismen und Zusammenhänge der Datafizierung aufzuklären und die Auseinandersetzung zu fördern – scheinen Visualisierungen von Datenflüssen unverzichtbar. Wie wir in diesem Kapitel zeigen werden, ist die Aufgabe, Datenflüsse derart zu visualisieren, bzw. hierbei den Anspruch der *critical data studies* „durchzuhalten", jedoch extrem herausfordernd und wird voraussichtlich auch in Zukunft eine zentrale Aufgabe für die kritische Datafizierungsforschung darstellen. Hier zeigt sich auch, dass Datenvisualisierungen erst im engen Wechselspiel mit analytischen Tiefenbohrungen – im DATAFIED-Verbund etwa die zahlreichen Interviews, die mit unterschiedlichen Akteur*innen der Schulen und Schulbehörden geführt wurden – ein wirkliches Verständnis für die Komplexität „hinter" Datenflüssen ermöglichen. Denn diese Tiefenbohrungen sind es, die letztendlich die entscheidenden Einblicke auf „Hinterbühnen" von Datenflüssen geben und damit die Aufmerksamkeit auf Facetten lenken, die auch in sehr nuancierten Visualisierungen oftmals unsichtbar bleiben.

Bei dem Versuch, Datenflüsse – zum Beispiel innerhalb von Schulen oder zwischen Schulen und Schulbehörden – aus einer *critical data studies* Perspektive heraus zu betrachten, haben wir im DATAFIED-Verbund unterschiedliche Visualisierungsansätze, aus der Informatik aber auch aus aktueller Literatur der *critical data studies*, empirisch erprobt und in ihrer Anwendbarkeit bzw. in Hinblick auf ihr Analysepotenzial kritisch reflektiert. In diesem Kapitel wollen wir beispielhafte Ergebnisse dieser Auseinandersetzung an der Schnittstelle von Schulaufsicht und Schulmanagement darstellen. Als konkretes Fallbeispiel nutzen wir hierbei Datenflüsse von Unterrichtsausfalldaten. Neben alternativen Visualisierungsversuchen dieser Datenflüsse stellen wir ausgewählte Tiefenbohrungen vor, die eine Sicht auf die besagte „Hinterbühne" der Herstellung der Datenflüsse geben. Vor dem Hintergrund dieser Befunde diskutieren wir in einem letzten Schritt Potenziale, aber auch weiter bestehende Herausforderungen für die kritische Datafizierungsforschung im Bildungsbereich, was die Beforschung sowie das Visualisieren von Datenflüssen angeht.

2   Zur Erfassung und Visualisierung von Datenflüssen: Ein Blick in die Forschungsliteratur

In der Informatik und insbesondere auch Wirtschaftsinformatik spielt die Visualisierung von Datenflüssen schon seit den 1970er-Jahren eine große Rolle. Flussdiagramme (wie Abb. 1) werden genutzt, um Relationen zwischen verschiedenen Informationssystemen und Datenbanken zu dokumentieren und zu visualisieren. Eines der ersten Modelle, die in dieser Zeit für die Datenmodellierung entwickelt wurden, war das *Entity-Relationship-Modell* (ERM) von Peter Pin-Shan Chen (1976). Ziel des Modells war, die Visualisierung komplexer, konzeptioneller Zusammenhänge in eine möglichst leicht verständliche und auf andere Fälle übertragbare, grafische Notation zu überführen (siehe auch Becker et al. 2012).

Aufbauend auf derartigen Überlegungen, jedoch stärker auf Prozesse der Informationsverarbeitung bezogen, wurden in den frühen 1990er-Jahren sogenannte Prozessmodellierungssprachen – etwa ereignisgesteuerte Prozessketten bzw. *Event-Driven Process Chains* (EPC) – entwickelt (van der Aalst et al. 2002). Mit ARIS (*Architektur integrierter Informationssysteme*) schlug August-Wilhelm Scheer (2000) ein umfassendes Modell für Geschäftsprozesse vor, das verschiedene Visualisierungen integrierte: Datenflüsse mit ERM, Organigramme, Funktionsbäume, Sequenzdiagramme und EPCs. Damit wurde eine Grundlage für die Entwicklung zunehmend komplexer Informationssysteme geschaffen. Im Software-Engineering (z. B. Sommerville 2007) basieren die Visualisierungen hingegen häufig auf der *Unified Modelling Language* (UML). Sie deckt zwar ein breites Spektrum von Prozessen ab, ist aber nicht für Praktiker*innen und Domänenexpert*innen, sondern eher für Softwareentwickler*innen konzipiert. Daher wurden neue Formen von Modellierungsnotationen vorgeschlagen. Heute ist die sogenannte *Business Process Modelling Notation* (BPMN), welche Geschäftsprozesse durch vordefinierte Symbole für Rollen, Aktivitäten, Konnektoren und Ereignisse visualisiert, eine der am stärksten verbreitetsten (z. B. Freund und Rücker 2012). Die zweite Version von BPMN (BPMN 2.0) wurde diesbezüglich erweitert, um

Datenobjekte besser darzustellen und Nicht-Expert*innen ein besseres Verständnis der Prozessmodellierung zu ermöglichen.

Um soziale und technische Barrieren – etwa unterschiedliche Anforderungen über den Detailgrad der Daten oder unterschiedliche Datenformate – für die Datenbewegung innerhalb und zwischen Organisationen im Gesundheitswesen zu identifizieren, entwickelten etwa Iliada Eleftheriou et al. (2016, 2018) eine alternative Modellierungsnotation (siehe Abb. 2). Hier werden Organisationskontexte durch verschiedenfarbige Rahmen dargestellt. Reibungspunkte, an denen der Datenfluss ins Stocken gerät oder unterbrochen wird, werden durch Stopp-Symbole markiert. Diese Barrieren wurden als Gründe dafür identifiziert, warum „die Bewegung von Daten innerhalb von und zwischen Organisationen ein Schlüsselindikator für hohe Kosten und Risiken war" (Eleftheriou et al. 2016, S. 11).

Gemeinsam ist sämtlichen bisher angeführten Ansätzen, dass sie sich primär auf die funktionalen Aspekte von Datenflüssen konzentrieren, etwa weil auf die Effizienz von Arbeitsabläufen und Geschäftsprozessen fokussiert wird. Daten werden in diesem Sinne als Nebenprodukte organisatorischer Aktivitäten verstanden – insbesondere in den Darstellungen von Eleftheriou et al. (2018) und BPMN. Was entsprechend kaum in den bekannten Visualisierungsformaten berücksichtigt wird, sind kulturelle, soziale oder politische Aspekte von Datenflüssen, und damit die zentrale Rolle menschlicher Handlungskontexte „hinter" der Datenverarbeitung. Stattdessen werden Handlungskontexte durch stabile, unveränderliche und emotionslose Rollen und Aktivitäten dargestellt. Es wird eine Transparenz und Vorhersehbarkeit für die Arbeit mit Daten unterstellt, die ihrer wirklichen Komplexität nicht gerecht wird.

Genau diesen Aspekt adressieren hingegen Untersuchungen in den interdisziplinären Feldern der *science and technology studies* und der *critical data studies*;

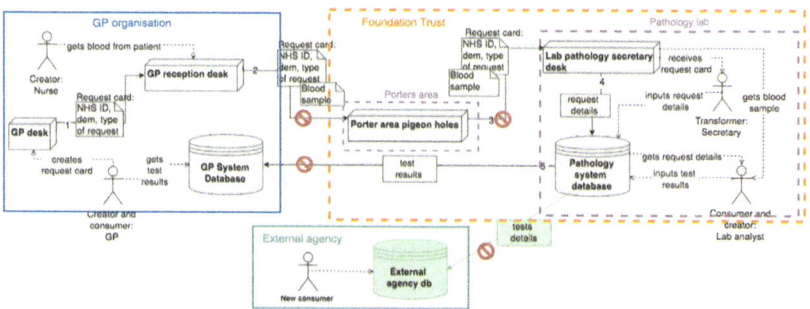

Abb. 2 Beispiel einer Datenreise von Eleftheriou et al. (2018)

zunächst jeweils mit einem etwas anderen Fokus, aber ähnlich in ihrer kritischen Perspektive auf soziokulturelle, soziopolitische und soziotechnische Mechanismen und Effekte von Datafizierung – und Datenflüssen als Teil hiervon. In den *science and technology studies* interessieren sich Wissenschaftler*innen etwa für die Art und Weise, wie Daten – insbesondere Phänomene wie Big Data oder automatisierte Datenproduktionen – zunehmend wissenschaftliche Praxis verändern. Die Wissenschaftsphilosophin Sabina Leonelli (2013, 2014) verwendete beispielsweise den Begriff „*Data Journey*", um Implikationen von Big Data auf die Forschung in Biologie und Biomedizin zu untersuchen. Insbesondere interessierte die Autorin sich hierbei für Datenpraktiken und Prozesse, die Datenflüsse im Rahmen unterschiedlicher wissenschaftlicher Felder ermöglichen, etwa die Klassifizierung, Auswahl, Formatierung oder Standardisierung von Daten (siehe auch Leonelli 2020).

Im Feld der *critical data studies* wurde der Begriff der „*Data Journey*" später von Jo Bates und Kolleginnen genutzt (Bates et al. 2015, 2016), um soziokulturelle Werte, Machtdynamiken, politische und organisatorische Kontexte rund um die Produktion und Verarbeitung von Wetterdaten zu verstehen, welche lokale Wetterstationen, Klimadatendashboards, wie auch Finanzmärkte verbinden (Bates et al. 2016). Ein weiteres Beispiel ist die auf Gesundheitsdaten fokussierende Studie von Itzelle Medina Perea (2021), in der sie rekonstruiert, wie verschiedene Akteur*innen den Daten im Verlauf ihrer Bewegung durch Gesundheitsorganisationen unterschiedliche Werte zusprechen und durch diese Wertzuweisung die konkret stattfindenden Datenflüsse wiederum signifikant beeinflussen.

Insgesamt lässt sich sagen, dass im Feld der *critical data studies* bei der Analyse von Datenflüssen die Frage im Vordergrund steht, wie sich im Kontext der Produktion, Verarbeitung und Nutzung von Daten – das heißt, im Kontext der Arbeit, Daten beweglich zu machen (Aula 2019; Bates 2018; Edwards et al. 2011) – Rollen, Beziehungen und Praktiken von Akteur*innen sowie ihre jeweiligen Relevanzrahmen sowohl verdeutlichen als auch verändern (siehe auch Lewis und Hartong 2021).

Während derartige kritische Perspektiven auf Datenflüsse und ihre zentrale konstitutive Rolle für Datafizierung also deutlich stärker in der *critical data studies*-Forschung entwickelt worden ist, hat sich bislang noch keine dezidierte Diskussion (also auch ein Sprechen über die Herausforderung) möglicher alternativer Visualisierungen bzw. Modellierungen von Datenflüssen im Sinne einer derartigen kritischen Perspektive etabliert. Der Bereich der Forschung zu Datafizierung von Bildung (z. B. Grant 2022; Hartong und Förschler 2019; Jarke und Breiter 2021) bildet hier keine Ausnahme. So findet sich in Sabina Leonelli's und Niccolò Tempini's (2020) Sammelband zu *Data Journeys in the Sciences* lediglich ein einziger Beitrag, der die untersuchte und rekonstruierte Datenreise idealtypisch visualisiert, hier jedoch vor allem auf Arbeitsschritte der Datenproduktion fokussiert (Griesemer 2020).

Eine andere Visualisierung ist die Kartierung einer *„Data Journey"* von Bates et al. (2016; siehe Abb. 3). Auf der Grundlage einer anfänglichen Dokumentenanalyse identifizierten Bates und Kolleg*innen in Großbritannien ansässige Standorte für die Produktion und Nutzung von Wetterdaten, um die Datenflüsse zwischen „relevanten Organisationen, Projekten, Datensätzen und Einzelpersonen mit Hilfe von Post-it-Notizen auf Flipchart-Papier" zu kartieren (S. 4).

Später überführten Bates und Kolleginnen ihre ersten Erhebungen über die Reise von Wetter- zu Klimadaten in eine Visualisierung, die an eine Darstellung der Londoner U-Bahn erinnert (Abb. 4). In dieser Visualisierung werden Organisationen als Durchgangspunkte dargestellt, die jeweils Daten produzieren, aneignen, verarbeiten und interpretieren, bevor sie sie an die nächste Station weiterleiten. Die verschiedenen Streckenabschnitte sind unterschiedlich eingefärbt, um die Produktion von Daten, ihre Einbettung in bürgerwissenschaftliche Kontexte, in die Klimawissenschaft und schließlich in die Finanzmärkte zu kennzeichnen.

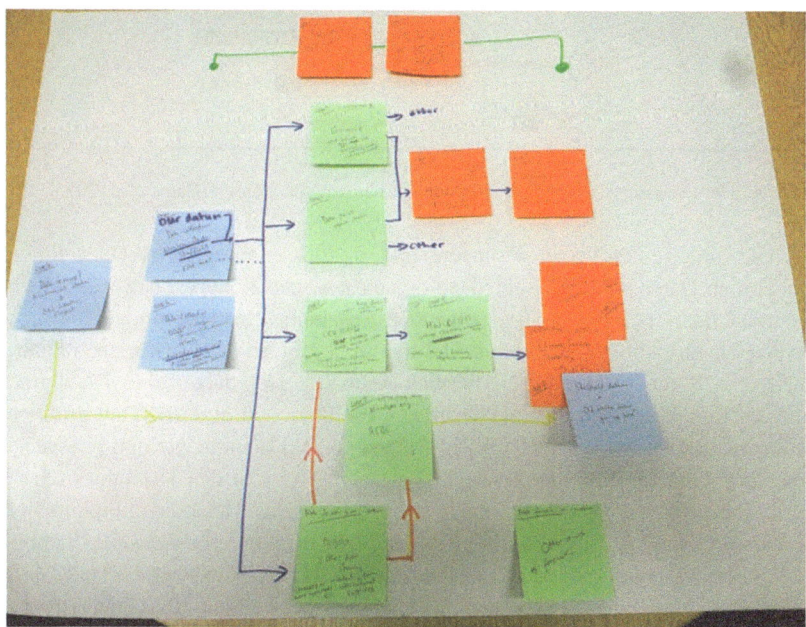

Abb. 3 Mapping einer Datenreise (anonymisiert) (Bates et al. 2016)

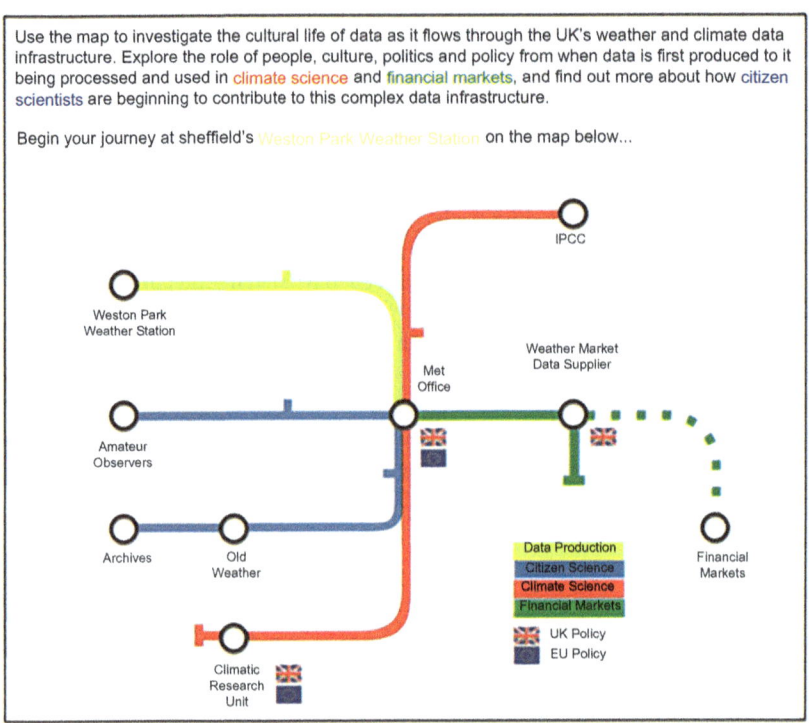

Use the map to investigate the cultural life of data as it flows through the UK's weather and climate data infrastructure. Explore the role of people, culture, politics and policy from when data is first produced to it being processed and used in climate science and financial markets, and find out more about how citizen scientists are beginning to contribute to this complex data infrastructure.

Begin your journey at sheffield's Weston Park Weather Station on the map below...

Abb. 4 Der Datenfluss von Wetterdaten, die zu Klimadaten werden (Bates et al. 2016)

Alle vorgestellten Visualisierungen von Datenflüssen wählen eine Darstellung, in der sich Daten durch verschiedene organisatorische Kontexte bewegen. Doch während Bates et al. (2016) verschiedene Abschnitte des Datenflusses farblich kennzeichnen (Abb. 4), markieren Eleftheriou et al. (2018) verschiedene organisatorische Rahmenbedingungen farblich (Abb. 2). Der dargestellte Detailgrad und die Komplexität sind beim Ansatz von Eleftheriou et al. (2018) am größten. Während letztere Nutzer*innenrollen, Datenbanken, Datenobjekte und physische Infrastrukturen modellieren, zeichnen Bates et al. (2016) den Datenfluss durch verschiedene Arten von Akteur*innen in klimapolitischen Debatten mit minimaler Komplexität nach – zum Beispiel bleibt jede Organisation eine *blackbox*. Sämtliche Visualisierungen konzentrieren sich dabei auf den „Lebensweg" der Daten von ihrer Generierung, über verschiedene Stadien der Aufbereitung, Reinigung, Verarbeitung und Berichterstattung, wobei sie entweder implizit oder explizit als solche gekennzeichnet sind. Während des gesamten Prozesses durchlaufen die Daten hierbei „Mutationen" entsprechend der kulturellen Werte und soziomateriellen Bedingungen, in denen sie sich bewegen (Bates et al. 2016).

Zusammenfassend lässt sich herausstellen, dass beide Forschungsbereiche, sowohl die Informatik mit einer klaren Fokussierung auf Fragen der visuellen (aber funktionalen) Modellierung von Datenflüssen einerseits, als auch *critical data studies* sowie *science and technology studies* mit einer klaren Fokussierung auf Fragen der „Arbeit" hinter der Herstellung von Datenflüssen – ohne Debatte über Visualisierungen – andererseits, wichtige Erkenntnisse bereitstellen, aber ebenso zentralen Weiterentwicklungsbedarf aufweisen.

3   Die Rekonstruktion von Datenflüssen im DATAFIED-Verbund

Aufbauend auf diesem allgemeinen Überblick zu Datenflüssen, insbesondere aus einer *critical data studies* Perspektive, möchten wir im Folgenden exemplarisch illustrieren, wie wir diese Perspektive für Analysen im Kontext von DATAFIED nutzbar gemacht bzw. empirisch erprobt haben. Hierbei werden wir einerseits zeigen, wie die Perspektive in der Tat auch im Feld der Schulforschung systematisch dabei helfen kann, neues bzw. detaillierteres Wissen über das „Wie" von Datenflüssen zu generieren bzw. dieses kritisch zu reflektieren. Andererseits führte auch im DATAFIED-Verbund die Frage nach einer Visualisierung der „Hinterbühne" von Datenflüssen zu einer Reihe an Herausforderungen und Problemen, die wir zum Teil produktiv bearbeiteten, zum Teil aber auch (noch) nicht lösen konnten. Das konkrete Fallbeispiel, anhand dessen wir beide Seiten im Folgenden veranschaulichen, ist der Fluss von Unterrichtsausfalldaten.

3.1   Warum der Fokus auf Unterrichtsausfall?

Der Prozess der Produktion, Verarbeitung und Nutzung von Unterrichtsausfalldaten erwies sich unseres Erachtens als besonders interessant, da er unterschiedlichste Akteur*innen und Ebenen in Politik und Medien, in den Behörden – Statistikreferate, Schulaufsicht, zum Teil Behördenleitung – und in den jeweiligen Schulen – Lehrkräfte, zum Teil Sekretariate, Schulleitungen, aber auch Erziehungsberechtige und Schüler*innen – betrifft. Mit anderen Worten lässt sich anhand der Bewegung von Unterrichtsausfalldaten sehr anschaulich zeigen, wie diese Daten sehr unterschiedliche Relevanzrahmen, Grenzen und Brüche durchlaufen und dabei immer wieder „Spannungen" ((engl. *friction*, vgl. Aula 2019; Bates 2018; Edwards et al. 2011) verursachen. Im Kontext dieser Spannungen, so werden wir argumentieren, wird Unterrichtsausfall einerseits immer wieder (anders re-) konstruiert, andererseits verändert die Herstellung des Datenflusses zu Unterrichtsausfall selbst Praktiken und Sichtweisen von Akteur*innen und dies teilweise gravierend.

Unterrichtsausfalldaten sind aber auch deswegen besonders interessant, weil ihnen über die letzten Jahre hinweg eine zunehmend hohe politische Relevanz zugeschrieben wird, die „Politik der Datafizierung" hier also besonders stark zum Ausdruck kommt. So wird im öffentlichen bzw. medialen Bildungsdiskurs in wachsendem Maße gefordert, dass der Staat, der für die Bildung von Schüler*innen zu sorgen habe, die Versorgung mit ausreichend fachlichem Unterricht sicherstellen müsse. Der seit den 2000er-Jahren aufkommende Fokus auf Leistungen im Bildungssystem hat diese Forderung nochmals besonders verstärkt, da der Zusammenhang zwischen Unterrichtsausfall und ausbleibendem Lernerfolg nun auch im Rahmen von Studien systematisch nachgewiesen wurde (z. B. Brühwiler et al. 2017). Aber auch die grundsätzliche Aufsichtspflicht der Schule über (meist minderjährige) Schüler*innen oder die Rechenschaftspflicht über die Verwendung öffentlicher Steuergelder haben sich zunehmend zu hochpolitischen Themen im Bildungsdiskurs entwickelt, welche entsprechend in die Erfassung und Kommunikation von Unterrichtsausfall einfließen (vgl. Bellenberg und Reintjes 2015). So müssen sich Landesregierungen inzwischen etwa regelmäßig bei großen und kleinen Anfragen für Ausfälle rechtfertigen. Ein hoher Druck wird schließlich auch von den Erziehungsberechtigten ausgeübt, die unter anderem aus Gründen des Betreuungsbedarfs ein wachsendes Interesse an einer möglichst hundertprozentigen Unterrichtsversorgung ihrer Kinder durch Fachkräfte haben.

Aus dieser hohen politischen Relevanz von Unterrichtsausfalldaten ergibt sich eine besondere „Aufladung" ihrer Dateninfrastruktur mit Konflikten. Diese Konflikte betreffen nicht nur die Frage ihrer Erhebung, Weiterleitung auf Steuerungsebenen sowie ihrer Veröffentlichung (Wie genau wird Unterrichtsausfall definiert und erfasst? Wohin sollen/dürfen/müssen diese Daten weitergegeben werden? Welche Folgen kann eine Veröffentlichung haben?). Die Spannungen tangieren ebenso die Autorität der Bedeutungszuschreibung (Wer kann/darf diese Daten an welcher Stelle sehen, lesen, auswerten und sie interpretieren?). All diese Aspekte sind entsprechend für das Design und die Operativität von Schulinformations- bzw. Schulmonitoringsystemen als Dateninfrastrukturen unmittelbar konstitutiv.

3.2 Die herausfordernde Rekonstruktion des Datenflusses von Unterrichtsausfalldaten: Erste Schritte im DATAFIED-Verbund

In den von uns untersuchten Bundesländern wird flächendeckend die Software Untis für die Erstellung von Stunden- und Vertretungsplänen genutzt, welche damit die Dateninfrastruktur im Kern reguliert. Untis ist ein Softwareprodukt der gleichnamigen österreichischen Firma, wobei es in einzelnen deutschen Bundesländern zusätzliche Kooperationen mit anderen Anbietern gibt. Während den Schulen in einigen Bundesländern (noch) offen steht Untis zu nutzen, ist die Verwendung in anderen Bundesländern mittlerweile verpflichtend. Die Nutzung durch Lehrkräfte regeln Dienstvereinbarungen zwischen Lehrkräften (vertreten durch Personalräte) und ihren Arbeitgebern (Dienststellen).

Durch Untis werden Daten erhoben, die für statistische Auswertungen genutzt werden können. Untis bietet aber auch zentrale Schnittstellen zu weiteren Systemen, von denen für den DATAFIED-Verbund vor allem jene zu zentralisierten Schulinformationssystemen des jeweiligen Bundeslands sowie jene zu Monitoringsystemen der Behörden interessant waren. Die Situation stellt sich in den Bundesländern sehr unterschiedlich dar. So erweist sich aus einer *critical data studies* Perspektive als bedeutsam, dass die Rhythmisierung der Weitergabe von Unterrichtsausfalldaten an die Behörden ebenso unterschiedlich geregelt ist wie der Zeitpunkt, zu dem Statistiken über Unterrichtsausfall veröffentlicht werden. Noch bedeutsamer ist jedoch, dass der Unterrichtsausfall pro Bundesland unterschiedlich kategorisiert und damit definiert wird, wann etwas als Unterrichtsausfall „zählt" und wann nicht (siehe Tab. 1).

In den Untis-Dokumentationsmaterialien finden sich interessanterweise weder eine Visualisierung noch Thematisierung von Datenflüssen. Stattdessen beschreiben die Dokumente vor allem die Einrichtung und Nutzung sowie die Funktionen verschiedener Bedienoberflächen und somit primär die Eingabe (= Produktion) von Daten, die beispielhaft in den Materialien visualisiert werden (siehe Abb. 5). Dass Daten innerhalb der Untis-Infrastruktur sowie zwischen Nutzer*innen hin und her fließen, wird in den Materialien entsprechend implizit vorausgesetzt.

Ausgehend vom Eindruck dieser vorhandenen Materialien, untersuchten wir in einem zweiten Schritt die „Arbeit hinter Untis", das heißt die Arbeit von schulischen Akteur*innen, Daten zum einen in Units einzupflegen und zum anderen so zu bearbeiten, dass sie in die länderspezifischen Schulinformationssysteme übertragen werden können. Um mehr über die Schnittstellen zu erfahren, haben wir zum einen die Softwaredokumentation von Untis, zum anderen die oben

Tab. 1 Erfassung, Weitergabe und Veröffentlichung von Unterrichtsausfalldaten in den vier untersuchten Bundesländern

Bundesland	Rhythmus der Berichtslegung/ Weitergabe der Ausfalldaten von Schulen an Behörden	Rhythmus der Veröffentlichung von Statistiken	Welche Daten werden weitergeleitet? Wie wird Unterrichtsausfall abgegrenzt?
Brandenburg	halbjährlich	unregelmäßig, in Form von Pressemitteilungen, Anfragen oder Berichten	Unterricht nach Plan; Vertretungsunterricht; (ersatzloser) Unterrichtsausfall
Bremen	monatlich	monatlich & halbjährlich	Unterricht nach Plan; Vertretung durch Lehrkraft; Mitbetreuung durch Lehrkraft; Vertretung durch Arbeitsauftrag/Selbststudium; Betreuung durch Erzieher*in; Entfall
Hamburg	wöchentlich	unregelmäßig, in Form von Pressemitteilungen, Anfragen oder Berichten	Unterricht nach Plan; Unterricht in besonderer Form; fachidentisch vertreten; vertreten mit anderem Unterrichtsfach; Vertretung durch Arbeitsauftrag; Entfall
Hessen	nie	nie	Nicht definiert/nicht dokumentiert

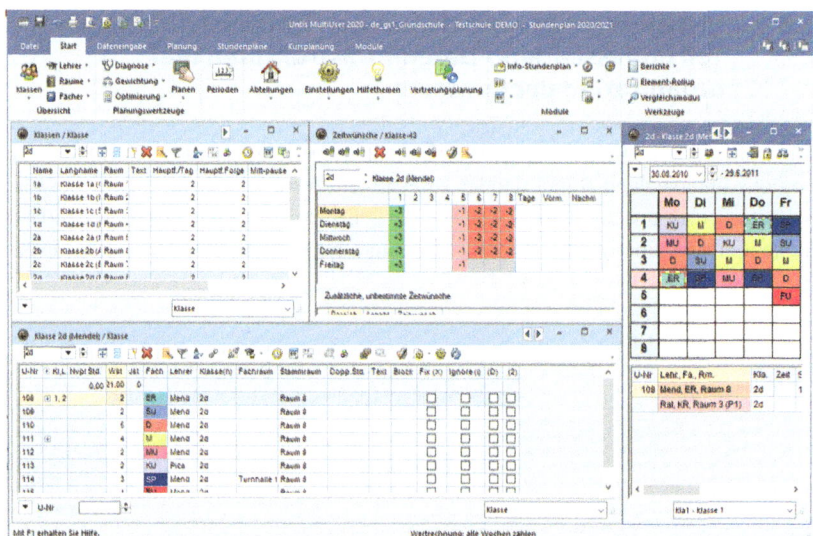

Abb. 5 Ansicht Bedienoberfläche/Eingabemaske Stundenplanung Untis. (Quelle: Untis Baden-Württemberg GmbH 2019)

angesprochenen Dienstvereinbarungen zwischen Ländern und Lehrkräften herangezogen. Zusätzlich integrierten wir Fragen zum Umgang mit Stundenplansoftware wie Untis in unsere Interviews mit Lehrkräften, Stundenplanverantwortlichen, Sekretariaten, Personen des Schulleitungsteams und der Behörden sowie mit Entwickler*innen der Schulinformationssysteme. Dieser Mix an Materialien und Methoden machte es möglich, die idealtypischen und realen Datenflüsse von Unterrichtsausfalldaten sowie die „Arbeit" dahinter – das heißt, Referenzrahmen, Spannungen oder Entscheidungsmomente – schrittweise zu rekonstruieren. Wie wir im nächsten Abschnitt am Beispiel des „Übergangs" von Untis-Daten von der Schule zur Schulaufsicht zeigen, haben die oben dargestellten unterschiedlichen Berichtslegungspflichten zum Unterrichtsausfall in den Bundesländern einen entscheidenden Einfluss auf die Datenpraktiken in den untersuchten Schulen.

3.3 Visualisierungsversuch 1: Unterrichtsausfalldaten als Teil umfassenderer Dateninfrastrukturen und organisationaler Kontexte

Zunächst war unser Ziel, eine visuelle Übersicht über die Dateninfrastrukturen der von uns untersuchten Bundesländer zu erstellen. Abb. 6 stellt in diesem Zusammenhang einen unserer ersten Versuche dar – nach einer ersten Sichtung von Dokumenten und einer ersten Reihe von Explorationsgesprächen – die Datenflüsse

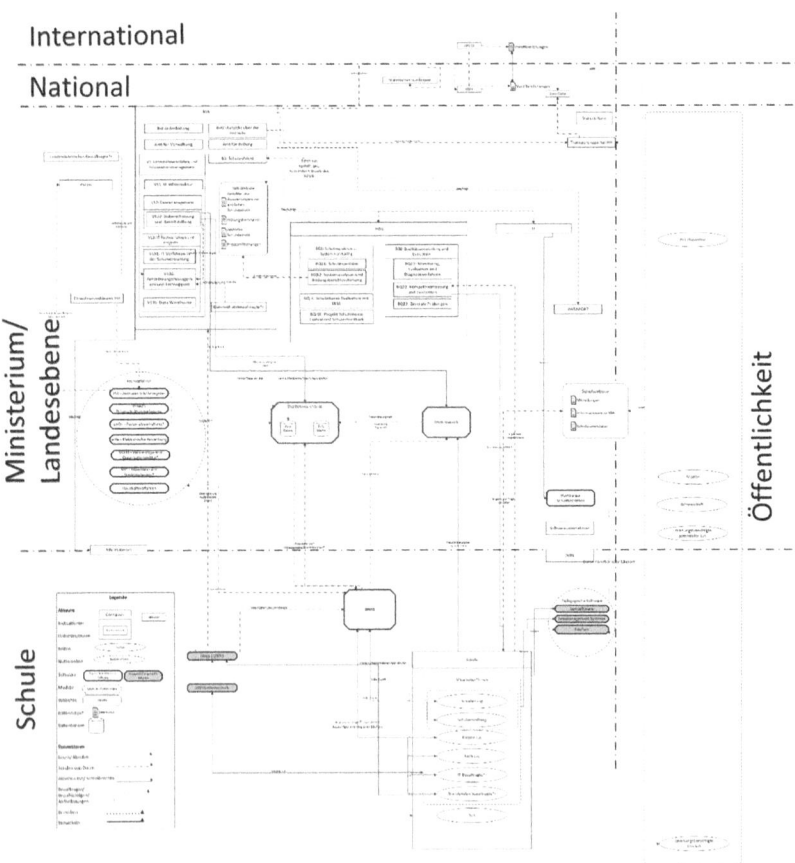

Abb. 6 Unterrichtsausfalldaten als Teil umfassenderer Dateninfrastrukturen in einem der untersuchten Bundesländer

zwischen Schulen und Behörden in einem unserer Projektbundesländer zu rekonstruieren. Die Abbildung ist recht komplex und zeigt die Vielfalt und Unübersichtlichkeit, auf die wir gestoßen sind, als wir versuchten zu identifizieren, welche Akteur*innen, technischen Systeme und Beziehungen für Datenflüsse im jeweiligen Bundesland relevant sind.

Abb. 6 verfügt entsprechend über eine Vielzahl verschiedener Symbole und Konnektoren, um unterschiedliche Akteur*innen, Informationssysteme und Datenbanken abbilden zu können. Institutionen wie Schulen oder Behörden werden in und mit Rechtecken abgebildet, teilweise mit Unterstrukturen. Rollen, die Individuen in Organisationen einnehmen und die bestimmte Funktionen beinhalten, werden durch Ovale mit durchgezogener Linie gekennzeichnet, durch Software vorgegebene Nutzer*innenrollen dagegen durch Ovale mit gestrichelten Linien. Außerdem wurden Symbole für selbstentwickelte Software – zum Beispiel durch Landesbehörden – oder proprietäre Programme definiert, ebenso einzelne Module von Software, auf die jeweils bestimmte Nutzer*innengruppen Zugriff haben. Darüber hinaus modellierten wir auch Symbole für Websites, Datenoutputs – wie Berichte, Veröffentlichungen oder Ähnliches – sowie Datenbanken. Ein besonderes Augenmerk galt den verschiedenen Konnektoren, welche die einzelnen Akteur*innen miteinander verbinden. Konnektoren wurden als Linien mit Pfeilspitze modelliert, wobei die Spitze andeutet, in welche „Richtung" die Verbindung verläuft und zum Beispiel die Weitergabe von Daten fließt. Insgesamt verfügen unsere Landkarten über sechs verschiedene Arten von Konnektoren.

Trotz dieser Detailliertheit zeigen sich für die letztendliche Visualisierung (Abb. 6) weiterhin eine Reihe von Blindstellen oder Unklarheiten darüber, an welchen Stellen zum Beispiel bestimmte Akteur*innen zu verorten sind oder welche Daten tatsächlich an bestimmten Stellen ankommen. In der weiteren Analyse und Diskussion wurden uns entsprechend regelmäßig Notwendigkeiten der weitergehenden visuellen „Schärfung" oder Modifizierung deutlich – bezüglich derer wir allerdings im Rahmen der Projektkapazitäten auch immer wieder an unsere Grenzen kamen.

So diskutierten wir beispielsweise die Möglichkeit, über die Abbildung stärker sichtbar zu machen, welche Informationssysteme welche Form selektiver Sichtbarkeit von Schule produzieren, und hierfür die gestrichelte Linie zwischen Schul- und Behördenkontext als „Grenze" zu nutzen. Untis – das in dem abgebildeten Bundesland nicht unmittelbar mit anderen Systemen verzahnt, sondern tatsächlich nur partiell verbunden ist – produziert in diesem Sinne an dieser Grenze ein anderes Datenset über die Schule als andere von der Behörde genutzte statistische Erhebungen, aber auch als Leistungstests oder Inspektionen. Auch sind hier in vielen Fällen unterschiedliche Akteur*innen, Prozesse oder Dateninfrastrukturen anderer organisationaler Kontexte involviert. Ein anderer Vorschlag war, stärker auf die globalen Funktionen der Datenproduktion (insbesondere auf Datenmanagement) zu fokussieren und die unterschiedlichen organisationalen Ebenen aus dieser Perspektive heraus aufzuschlüsseln. Einig waren wir uns in der Diskussion am Ende, dass mit der Visualisierungsversion, wie hier abgebildet, tendenziell „zu viel gewollt wurde".

Die Erprobung der Visualisierung war trotz dieser tendenziellen Sackgassen dennoch sehr lehrreich. So zeigte sich beispielsweise, dass eine entscheidende Facette von Dateninfrastrukturen kaum modellierbar war, nämlich ihre kontinuierliche Veränderung bzw. ihre dauerhaft dynamische „Hervorbringung". Dies bezieht sich nicht nur darauf, dass die involvierten Akteur*innen Dateninfrastrukturen immer wieder neu und auch immer wieder anders erzeugen – wobei, wie oben erläutert, zahlreiche Spannungen oder Ambivalenzen entstehen –, sondern dass es eine Reihe von Akteur*innen und Prozessen – zum Beispiel im Anforderungsmanagement – gibt, die dezidiert an der kontinuierlichen Veränderung der Infrastruktur arbeiten, zum Beispiel in Richtung weiterer Verdichtung, Ausweitung oder Standardisierung. Dies bedeutet, mit jedem Modellierungsversuch wird immer nur eine – im Moment der Visualisierung schon wieder veraltete – Momentaufnahme erstellt, während gleichzeitig kaum möglich scheint, derartige „Veränderungsarbeit" visuell zu erfassen.

3.4 Beobachtungen der „produktiven Hinterbühne" von Unterrichtsausfalldaten: Das Beispiel der „Übergabe" von Untis-Daten an die Schulbehörde

Generell ergaben die Interviews in den Schulen bereits nach kurzer Zeit einige interessante Befunde. Einer dieser Befunde war, dass die meisten Interviewpartner*innen nur über wenig Kenntnis zu Untis-Datenflüssen verfügen. Die Interviewpartner*innen bezogen sich entsprechend primär auf ihre eigene Rolle bzw. Wahrnehmung der Softwarenutzung und -funktionalität, ohne zu wissen, wie es „danach" weitergeht oder auch „woher" die Daten kommen. Obgleich wir in jeder Schule mit mehreren Funktionsträger*innen sprachen und entsprechende „Puzzleteile" der Datenflüsse zusammensetzen konnten, verblieben so stets gewisse Zwischenschritte im Dunkeln. In den Behörden manifestierte sich diese Unklarheit zum Teil noch stärker, sodass es uns bis zuletzt in keinem Bundesland möglich war, den tatsächlichen Datenfluss zwischen Unterrichtsausfalldaten-Produktion in der Schule bis hin zu der finalen Nutzung zum Beispiel durch die Schulaufsichten vollständig zu rekonstruieren.

Des Weiteren beobachteten wir in den Schulen, dass das Handeln und individuelle Entscheiden mit und über Daten stark über (subjektive) Annahmen darüber geleitet werden, was auf der „anderen Seite" mit den Daten passieren bzw. was dies für die eigene (individuelle) Person oder die eigene Schule bedeuten *könnte*. Der individuelle Kontext bzw. auch die individuellen Werte der interviewten Akteur*innen führten hierbei durchaus zu sehr unterschiedlichen Antizipationen und entsprechend unterschiedlichen Datenpraktiken und Bewertungen der genutzten Informationssysteme, auch innerhalb derselben Schule.

Neben diesen individuellen Unterschieden werden die Datenpraktiken in den einzelnen Schulen sehr stark von den systembedingten Regularien des jeweiligen Bundeslandes geprägt. Gemeint sind insbesondere die oben beschriebenen Übertragungsrhythmen von Unterrichtsausfalldaten an die Behörde sowie deren Kategorisierung und Veröffentlichung. Gerade die (vorgegebene) Kategorisierung scheint etwas zu sein, das bei den Datenproduzent*innen bzw. denjenigen, die die Daten an die Behörde senden müssen, starke Antizipationen hervorruft. Ebenso scheinen die Datenpraktiken sehr stark beeinflusst davon, ob die Übertragung der Daten (teil)automatisiert erfolgt oder aber ein hohes Maß händischer „Anpassungsarbeit" benötigt wird.

Wie Unterrichtsausfall als solcher einen hochpolitischen und damit sehr wertvollen Analysegegenstand für Datafizierung aus einer *critical data studies* Perspektive darstellt, so erwies sich vor allem die Schnittstelle „Übergabe von Unterrichtsausfalldaten einer Schule an die Schulbehörde" als entsprechender Moment „im Kleinen", in dem zahlreiche Spannungen sichtbar werden. Entsprechend betrachteten wir diesen Moment der Datenflüsse im Rahmen der Analysen genauer und konnten hierbei insgesamt drei „Typen" von Datenflüssen und entsprechender Datenpraktiken in den Schulen kontrastieren: Im *ersten* Fall (Hessen) bleiben Unterrichtsausfalldaten in der Schule und werden nur sporadisch an die Behörde übergeben; im *zweiten* Fall (Brandenburg, Bremen) findet eine regelmäßige, aber punktuell-aggregierte Übertragung an Schulverwaltungssysteme statt; im *dritten* Fall (Hamburg) ist die dauerhafte Übertragung fest im System implementiert und größtenteils automatisiert.

Für den *ersten Fall* (Hessen), bei dem Daten nur weitergegeben werden, wenn beispielsweise massiv Unterricht ausfällt oder Eltern sich beschweren – keine bis anlassbezogene Übertragung – zeigten die Analysen, dass mögliche behördliche Reaktionen auf Unterrichtsausfalldaten für die Interviewten maximal als diffuser Referenzpunkt bei der Beschreibung von Datenpraktiken in Erscheinung traten. Im Rahmen der Interviews mit den schulischen Lehrkräften und Schulleitungen wurde dies vor allem als erweiterte Freiheit zum Beispiel für die Vertretungsplaner*innen beschrieben. Diese können das „Problem" Unterrichtsausfall innerhalb ihrer

Schule ziemlich autonom und in Eigenregie bearbeiten und so „bedarfsgerechter"
externe Ersatzkräfte einbestellen, gegebenenfalls auch früher als „vorgesehen":

> *Das heißt, man soll erstmal formal die Kollegen bis zu ihrer Schmerzgrenze entspre-*
> *chend zum Vertreten einsetzen. Und dann eben erst die [externen Ersatzkräfte]. Das*
> *[...] mache ich nicht immer so. Einfach um das Kollegium auch entsprechend auch*
> *dort entlasten zu können. Das könnte im Nachhinein, wenn einmal eine Prüfung*
> *käme, müsste ich die Daten ausgeben und dann könnte es nachgeprüft werden. Aber*
> *das ist eben, da sind wir nicht gläsern zum Glück, sage ich einmal. (Schulleitung,*
> *Hessen, OI_20210419_B4_S3/SL).*

Das Zitat zeigt gleichzeitig, dass datenbasierte Handlungen durch die Behörde
(hier: „Prüfung") durchaus als Möglichkeit in Betracht gezogen werden; jedoch
scheint dieses Szenario in der Realität so wenig Relevanz zu haben, dass die Schulleitung ihren Entscheidungsbereich als „geschützt" (hier: „nicht gläsern") betrachtet.

Etwas anders sieht es im *zweiten Fall* (Brandenburg und Bremen) aus, in dem
Schulen jeweils monatlich oder halbjährlich ihre aggregierten Unterrichtsausfalldaten
an die Schulbehörde schicken müssen, also eine regelmäßige, aber punktuelle
Übertragung stattfindet. Gleichzeitig erfordert die Übertragung in diesen Bundesländern einen teils händischen Datentransfer von Untis ins Schulverwaltungssystem. Erst von Letzterem aus kann die Behörde die Daten „in Empfang nehmen"
und für ihre Zwecke weiterverarbeiten. Wie die Analysen zeigten, kommt es gerade
bei dieser Transferaktivität jedoch zu einer ganzen Reihe an Spannungen sowie zu
Praktiken, die die politischen bzw. sozial bedingten Aspekte des Datenflusses verdeutlichen. So berichtet beispielsweise eine Schulleitung von einer starken Skepsis
gegenüber „Datenverzerrung" als Resultat automatischer Datenübertragung, weil
die Kategorien von Unterrichtsausfallerfassung in Untis und dem Schulverwaltungssystem nicht identisch seien – etwas, was im Rahmen der Übertragungsarbeit
sichtbar würde:

> *[I]ch nehme mir die Vertretungsstatistik, die mir Untis anbietet und übersetze die*
> *quasi in die Vertretungsstatistik, die das Land von uns fordert. (Schulleitung, Bran-*
> *denburg, I_20201012_S1/SL)*

Eine andere Schulleitung äußerte sich ähnlich:

> *Ein Computer versteht manchmal nicht, was hier so im realen Leben los ist. Und*
> *wenn man das einfach so auf Knopfdruck macht, dann spiegelt das nicht die Realität*
> *wider. (Schulleitung, Bremen, I_20191217_B2_S2/SL)*

Der Vorgang des Übertragens wird von beiden Schulleitungen als komplexe Übersetzungsarbeit beschrieben und im zweiten Zitat gleichzeitig mit der Sorge verbunden, dass sich die „klaren Aussagen", die eine Statistik „will", nicht mit der „bunten vielfältigen Schule" abbilden ließen (I_20191217_B2_S2/SL). Diese Sorge ist interessanterweise nicht konkret bezogen auf befürchtete Reaktionen der Schulaufsicht, sondern sie verdeutlicht vielmehr ein allgemeines Ringen mit der Modellierung von Datensystemen, über welche „auf der anderen Seite" Statistiken erstellt werden, denen dann eine gegebenenfalls falsche Bedeutung zugeschrieben werden könnte.

Im dritten Fall (Hamburg) findet eine regelmäßige – konkret wöchentliche – Übertragung von Unterrichtsausfalldaten statt, die gleichzeitig teil-automatisch (auf Knopfdruck) erfolgt, da es eine entsprechende Datenschnittstelle zwischen Untis und dem Schulverwaltungssystem des Bundeslandes gibt. Dies bedeutet, eine zusätzliche Bearbeitung der Daten durch die Schule ist unnötig und damit auch jede Form der Übersetzungsarbeit. Interessanterweise – und im Vergleich zum zweiten Fall auch ein wenig überraschend – problematisieren die Schulleitungen in diesem Bundesland eine mögliche Datenverzerrung durch die Modellierung des Systems nicht. Stattdessen berichten sie von Datenpraktiken, die gleichzeitig in zwei Richtungen gehen. Zum einen scheint die automatisiert-wöchentliche Übertragung zu einer deutlich schärferen Kontrolle der Schulen von Seiten der Behörde zu führen, welche diese Daten unmittelbarer in ihr Handeln einfließen lassen (können):

[W]ir müssen jeden Freitag, müssen wir bei unserem Programm auf den Knopf drücken und die Ausfallzahlen an die Behörde melden und wenn die schlecht sind, kriegen wir auch da ein paar Tage später einen Anruf und dann wird gefragt: Warum fällt so viel Unterricht aus. So. Also da ist eine sehr enge Kontrolle. (Schulleitung, Hamburg, OI_I20201126_B3_S3/SL)

Von dieser Art der engen Kontrolle wurde uns in keinem der anderen Bundesländer berichtet. Zum anderen wird aber auch berichtet, dass die regelmäßige Datenübertragung eine Möglichkeit sei, die sich gezielt einsetzen ließe, um „auf der anderen Seite" auf Probleme in der Schule aufmerksam zu machen und Schulaufsichtshandlung einzufordern:

Es [ist] manchmal auch wichtig, dass die Behörde sieht, wie groß die Belastung in der Schule auch ist. Und dann schicken wir sozusagen auch gezielt schlechte Daten ab. (Schulleitung, Hamburg, OI_20201126_B3_S2/SL).

Gerade das zweite Zitat verdeutlicht also, dass eine teilautomatisierte Datensystemlösung zwar händische Datentransfers überflüssig macht, dies aber nicht automatisch bedeutet, dass keine menschlich geprägte Datenübersetzung oder -anpassung mehr stattfindet. Begründet wird dies – wie auch im zweiten Fall – damit, dass die andere Seite die Realität von Schule richtig einschätzen soll. Anders als im zweiten Fall wird hier aber nicht befürchtet, dass das System diese Realität nicht richtig darstelle, sondern das System wird genutzt, um gezielt ein bestimmtes Bild an die Schulaufsicht zu vermitteln, aus dem heraus Handlungsdruck antizipiert wird. Vermuten lässt sich, dass die hohe Aktualität der Daten in diesem Zusammenhang eine nicht zu unterschätzende Rolle spielt, da die Schulen diese gegebenenfalls als generell passgenauer einschätzen als aggregierte Statistiken, wie sie im zweiten Fall verwendet werden.

Insgesamt zeigt die dargestellte Kontrastierung der drei Fälle von Datenflüssen zwischen Schule und Schulaufsicht via Untis bzw. dem spezifischen Schulverwaltungssystem beispielhaft, wie stark unterschiedliche Datenpraktiken sowohl durch die Gestaltung der Dateninfrastruktur – zum Beispiel Übertragungsrhythmen oder automatisierte Datenschnittstellen – als auch durch die dadurch hervorgerufenen Antizipationen bzw. Referenzrahmen geprägt werden. Sicherlich spielt die politische Gestaltung der Schulaufsicht ebenso eine zentrale Rolle (stark datenorientiert handelnde Schulaufsicht; siehe Beitrag Hartong & Dabisch 2023 in diesem Buch, Kap. „Datafizierte Schulaufsicht?! Zur Erfassung des komplexen Zusammenspiels von wirkmächtigen Dateninfrastrukturen und vielfältigen Datenpraktiken").

Schließlich ist anzumerken, dass Daten(infrastrukturen) von Unterrichtsausfall an zahlreichen Stellen mit anderen Daten(infrastrukturen) überlappen, aber auch mit diesen brechen – zum Beispiel, wenn andere Daten übertragen werden, aber Unterrichtsausfalldaten nicht. Derartige Überlappungen und Brüche finden sich nicht nur auf bzw. in unterschiedlichen organisationalen Ebenen und Kontexten der Schule, sondern ebenso in den Behörden bzw. Ministerien, welche Daten aus den Schulen für Steuerung bzw. Verwaltung nutzen. Mit anderen Worten zeigte sich, was Helene Ratner und Mie Plotnikof (2021) als *partial connections* beschreiben, das heißt, dass Dateninfrastrukturen nicht nur Verbindungen oder Kontinuitäten herstellen, sondern immer auch Trennungen oder Diskontinuitäten, und zwar sowohl beabsichtigt als auch unbeabsichtigt.

Insgesamt trug unsere Fallstudie also einerseits dazu bei, genau dasjenige kontextuelle Wissen zu Datenflüssen zu generieren, welches der ursprüngliche Visualisierungs- bzw. Modellierungsversuch verwehrte. Andererseits zeigte sich jedoch auch im Rahmen der Erhebungen, dass Modellierung bzw. Visualisierung im Grunde unverzichtbar sind, um sowohl irgendeine Form der Vogelperspektive – pro Schule, pro Bundesland sowie insgesamt – zu erstellen, als auch, um Datenflüsse analytisch „bearbeiten" zu können. Da es, wie oben dargestellt, in der Literatur bislang jedoch kaum Beispiele zur Vorbildnahme gibt, wie Datenflüsse aus einer *critical data studies* Perspektive heraus visualisiert werden können, experimentierten wir im Anschluss an die Interviews entsprechend mit verschiedenen Techniken und Ansätzen, darunter Post-It-Sortiertechniken, Mindmaps, Datenfluss- sowie Prozessdiagrammen. Die Idee war hierbei, im Zusammenspiel aus qualitativen „Tiefenbohrungen" und analytischer Generalisierung „alternative" Visualisierungen zu entwickeln, die die „Hinterbühne" von Datenflüssen in ihrer konstitutiven Wirkung auf Datafizierung stärker mit einbezieht. Im folgenden Abschnitt zeigen und diskutieren wir ein Beispiel für eine derartige Visualisierung.

3.5   Alternativer Visualisierungsversuch II: Unterrichtsausfalldaten im „unterbrochenen" Fluss

Neben dem im letzten Abschnitt dargestellten Beispiels des Übergangs von Untis-Daten von der Schule an die Behörde gab es im Rahmen der Analysen zahlreiche weitere Beispiele für Spannungen, Konflikte oder aber prägende, aber tendenziell unsichtbare Entscheidungsmomente, welche die Datenflüsse von Unterrichtsausfalldaten systematisch mit konstituieren. Entsprechend versuchten wir im Kontext unserer Analysen, diese Vielfältigkeit von Datenpraktiken bzw. „prägenden Momenten", systematischer zu erfassen und hierfür ein visuelles Modell zu entwickeln (Abb. 7). Konkret lehnten wir uns hierbei an die Notation zu Datenflüssen von Eleftheriou et al. (2018) an, die wir im Rahmen von Abschnitt zwei bereits erläutert haben (Abb. 2), und entwickelten diese weiter. Ziel war auch, Bundeslandunterschiede insoweit zu abstrahieren, dass eine „typische" Modellierung, die so oder so ähnlich in allen Bundesländern zu finden ist, erreicht wird.

Zunächst verdeutlicht die Abb. 7 unmittelbar die enorme Komplexität, die mit der Produktion und (Weiter-)verarbeitung von Untis-Daten zusammenhängt, darunter eine Vielzahl von involvierten Personen, darunter erkrankte Lehrkräfte, Ersatzlehrkräfte, Schüler*innen, Vertretungsplaner*innen, Schulleitungen oder weitere Personenkreise außerhalb der Schule. Hierbei sind zunächst ausschließlich Personen berücksichtigt worden, welche im Rahmen der Herstellung des Datenflusses eine dezidierte Funktion übernehmen. Wie wir weiter unten diskutieren, bedeutet dies jedoch beispielsweise, dass Sekretariate in der Abbildung nicht auftauchen, obwohl sie im Rahmen der Verarbeitung von Unterrichtsausfall etwa in aller Regelmäßigkeit einspringen, wenn der Datenfluss „hakt": Sie telefonieren fehlenden Lehrkräften hinterher, organisieren spontan Ersatz aus dem Lehrer*innenzimmer, klären Schüler*innen über Stundenplanänderungen auf oder übernehmen zur Not auch selbst die Aufsicht über eine Klasse.

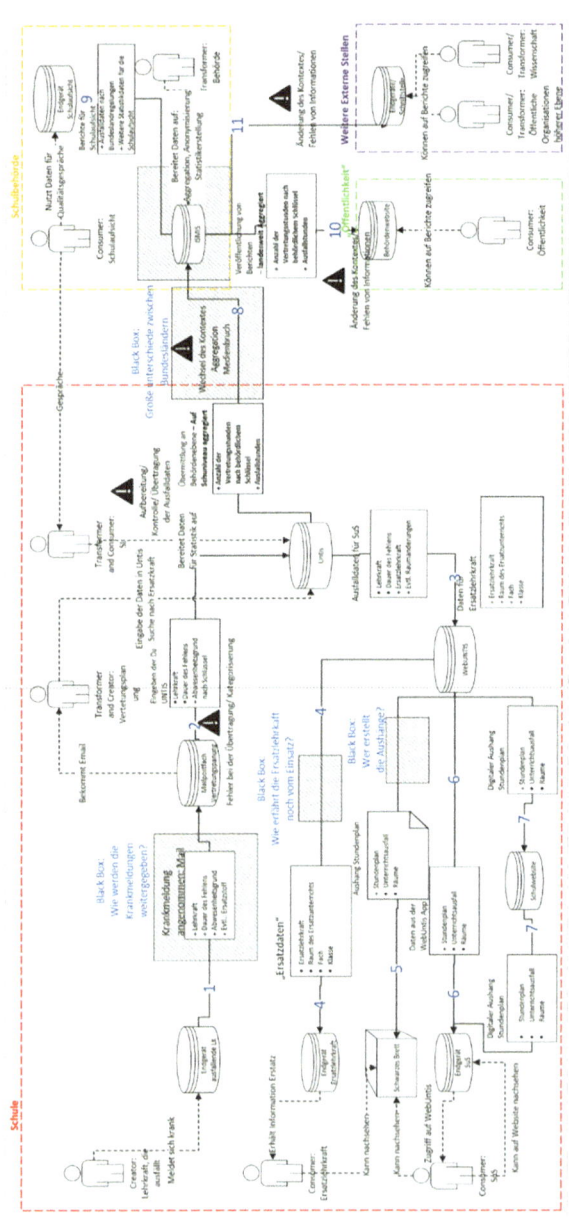

Abb. 7 Der Datenfluss von Unterrichtsausfalldaten

Des Weiteren illustriert die Abb. 7 eine Reihe von digitalen – zum Beispiel Endgerät, Homepage – aber auch analogen – zum Beispiel schwarzes Brett – Artefakten, die neben Untis als Software für den Datenfluss relevant sind. Mittels der rechteckigen Kästen haben wir systematisiert, welche Daten an welchen Stellen „weitergegeben" (Aufzählungspunkte) und welche ergänzt bzw. modifiziert werden (Plus) – und damit indirekt auch, welche Daten „verloren gehen". So gibt beispielsweise der*die Vertretungsplaner*in den Abwesenheitsgrund der Lehrkraft in Untis nicht (mehr) als Fließtext ein, mittels dessen sich die Lehrkraft zum Beispiel per E-Mail abgemeldet hat, sondern strukturen den Grund digital entlang vorkategorisierter Schlüssel, welche wiederum grundlegend sind für die hieraus zu generierenden Statistiken. Mit anderen Worten weisen derartige Stellen unmittelbar auf Entscheidungsmomente hin, die eine Tiefenbohrung gewinnbringend erscheinen lassen.

In ähnlichem Sinne haben wir in der Abb. 7 weitere Modellierungselemente kreiert, darunter schwarze Dreiecke mit Ausrufezeichen, welche im Rahmen unserer Analysen auf Spannungsreichtum hingewiesen haben, etwa das oben illustrierte Beispiel der Datenübertragung an die Schulbehörde. Auch wurden die oben bereits erwähnten *black boxes* nun auch visuell einbezogen (graue Kästen), das heißt Stellen, an denen der Datenfluss bis zuletzt unklar geblieben ist oder aber, an denen sich so starke Unterschiede zwischen den Bundesländern oder individuellen Schulen zeigten, dass diese nicht in eine generalisierte Abbildung überführbar waren. Schließlich versuchten wir, unterschiedliche Referenzrahmen, die uns bei den Analysen begegneten, als farbige Kästen zu visualisieren. Derartige Grenzen sollen prägnante Unterschiede in den Handlungslogiken der am Datenfluss beteiligten Akteur*innen verdeutlichen und umfassen neben den Rahmen „Schule" und „Behörde" etwa auch die „Öffentlichkeit". Sicherlich sind derartige Referenzrahmen hier sehr grob gewählt und ließen sich innerhalb der einzelnen Kontexte weiter verfeinern.

Insgesamt betrachten wir die Abb. 7 einerseits als einen wichtigen Schritt in Richtung „Sichtbarmachen" zentraler Aspekte von Datenflüssen, nämlich den beschwerlichen und mitunter spannungsreichen Datenpraktiken unterschiedlichster Akteur*innen und Relevanzrahmen, die gemeinsam mit digitalen Infrastrukturen einen Datenfluss produzieren. In diesem Sinne diente uns die Visualisierung gleichzeitig als wertvolle Analysemethode, als konzeptuelle Rahmung empirischer Untersuchungen sowie als Kommunikationswerkzeug für die Darstellung zentraler Ergebnisse. Die Abbildung bzw. die Praktiken der Modellierung weisen aber auch unmittelbar auf mehrere Nebeneffekte bzw. Herausforderungen hin: So stellten wir – wie auch bei anderen Abbildungsversuchen fest, dass auch bei größter Anstrengung viele wirklich interessante Details – wie die oben erwähnten Praktiken von Sekretariaten – schlichtweg nicht darstellbar waren bzw. nur zum Preis einer vollständig unübersichtlichen Komplexität. Dies ist wenig überraschend, schließlich dienen Modellierungen bzw. Visualisierungen der systematischen Vereinfachung komplexer Praktiken. Wenn es bei einer Abbildung jedoch darum gehen soll, die Wirkmächtigkeit von Vielfältigkeit bzw. Ambivalenz in den Vordergrund zu stellen, kann die Notwendigkeit der visuellen Vereinfachung extrem kontraproduktiv sein. Hierzu gehört dann auch das Einfügen einer Art „Leserichtung", was in unserem Fall dazu führte, dass der Datenfluss am Ende doch wieder stark funktional erscheint – etwa durch die Einfügung von Abschnitten (Zahlen 1–11).

4   Reflexionen und Ausblick: (Wie) lassen sich Datenflüsse aus einer *critical data studies* Perspektive erfassen und modellieren?

Ziel dieses Kapitels war es, anhand der Forschungsprozesse und Analysen im DATAFIED-Verbund, Möglichkeiten und Herausforderungen der Erfassung und Modellierung von Datenflüssen – als Kerndimension von Dateninfrastrukturen – aufzuzeigen und zu diskutieren. Ausgangspunkt war hierbei eine Leerstelle in der Forschung, bei der Modellierungen bzw. Visualisierungen bislang einerseits vor allem aus funktionaler Perspektive heraus erstellt oder aber – im Rahmen der *critical data studies* – als Element von Datafizierung kritisch in den Blick genommen werden. Weniger wurden Modellierungen bisher als eigenständiger Gegenstand bzw. als Methode thematisiert, um alternative Sichtweisen beispielsweise auf datafizierte Schule zu eröffnen, welche ein besseres Verständnis für die Wirkmächtigkeit, aber ebenso für die datenpraktische Vielfältigkeit (z. B. Förschler et al. 2021) auf der „Hinterbühne" von Datenflüssen fördern. Entsprechend zielten wir im Rahmen von DATAFIED darauf ab, nicht nur möglichst tiefe Einblicke auf diese Hinterbühne zu erhalten, so etwa durch Dokumentenanalysen, Interviews oder teilnehmenden Beobachtungen. Sondern wir versuchten ebenso, eigene Formen derartiger Modellierung bzw. Visualisierung zu entwickeln.

Gleichzeitig zeigten diese Versuche, dass zumindest mit den uns zur Verfügung stehenden Techniken immer nur ein Ausschnitt der Akteur*innen, Praktiken, Arbeit oder Beziehungen sichtbar gemacht werden konnte, während andere unsichtbar blieben. Einerseits ging es hierbei darum, die „Lesbarkeit" einer Modellierung zu gewährleisten. Andererseits manifestieren sich Datenflüsse und -infrastrukturen immer nur partiell und gleichzeitig hochgradig dynamisch, was in Modellierungen in der Form kaum abbildbar ist. Je stärker die Modellierung dabei versucht, eine „Vogelperspektive" zu entwickeln (siehe Abb. 6), also kontextübergreifend zu strukturieren – und hierfür Artefakte heranzuziehen, die aus einzelnen dieser Kontexte heraus produziert wurden – desto weniger wird sie den tatsächlichen Manifestationen von Datenflüssen gerecht.

Trotz dieser Einschränkungen beurteilen wir die Arbeit „mit" und „an" Modellierungen von Datenflüssen als extrem gewinnbringend. Beiden hier dargestellten alternativen Modellierungsversuchen gelingt es, Facetten von Datenflüssen sichtbar zu machen, die normalerweise im Hintergrund liegen bzw. auch den an den Dateninfrastrukturen partizipierenden Akteur*innen nur zum Teil bewusst sind. Durch ihre Sichtbarmachung werden derartige Facetten wiederum als konstitutiv für den Datenfluss besprech- und diskutierbar. Wenngleich diese Facetten, wie gesagt, immer nur einen Ausschnitt darstellen, so können sie dennoch eine Auseinandersetzung mit Datenflüssen – und damit Datafizierung insgesamt – fördern. In diesem Sinne haben auch wir im Forschungsteam gerade dann viel über Datafizierung gelernt, wenn wir uns mit Fragen der Modellierung und Visualisierung aktiv auseinandergesetzt haben. Schlussfolgern lässt sich hieraus entsprechend, dass derartige „alternative" Modellierungsversuche in der Praxis ebenfalls eine vielversprechende Methode darstellen können, um Praktiker*innen an die Auseinandersetzung – gerade über organisationale Kontexte und damit Relevanzrahmen hinweg – und die kritisch-reflektierende Gestaltung von Dateninfrastrukturen heranzuführen.

Gleichzeitig rahmt und unterstützt das Visualisieren im Sinne eines Rekonstruierens von Datenflüssen auch die Erhebung und Analyse hochkomplexer qualitativer Daten. Es hält Forschende dazu an, den Daten über ihre verschiedenen Stationen zu folgen. An Spannungsmomenten oder Momenten der Unklarheit eröffnen sich wiederum Möglichkeiten des Anhaltens, Beobachtens und Hinterfragens von Datenpraktiken, organisationalen Rollen, Akteur*innenkonstellationen oder Relevanzrahmen. Sicherlich sind die im DATAFIED-Verbund durchgeführten „Tiefenbohrungen" eine verhältnismäßig aufwändige Variante derartigen Innehaltens und „Verstehenwollens", die sich gegebenenfalls auch anders denken bzw. umsetzen lässt.

Abschließend wollen wir anmerken, dass wir mit unseren Untersuchungen bzw. Überlegungen zur Modellierung noch lange nicht am Ende angelangt sind. So lassen sich einige der genannten Probleme etwa durch interaktive Visualisierungselemente bearbeiten, die eine „Gleichzeitigkeit" unterschiedlicher Lesarten im selben Visualisierungselement zulassen oder aber durch nutzungsbasierte Adaptivität gezielt produktive Irritationen erzeugen. Wenngleich wir derartige Visualisierungsansätze im Rahmen des DATAFIED-Verbunds nicht mehr umsetzen konnten, so hoffen wir dennoch, mit diesem Beitrag eine Grundlage geschaffen zu haben, an die zukünftige Forschung fruchtbar anknüpfen kann.

Literatur

Aula, V. (2019). Institutions, infrastructures, and data friction – Reforming secondary use of health data in Finland. *Big Data & Society, 6*(2), Advance online publication. https://doi.org/10.1177/2053951719875980

Bates, J. (2018). The politics of data friction. *Journal of Documentation, 74*(2), 412–429. https://doi.org/10.1108/JD-05-2017-0080

Bates, J., Goodale, P., & Lin, Y. (2015). Data Journeys as an approach for exploring the socio-cultural shaping of (big) data: The case of climate science in the United Kingdom. *IConference 2015 Proceedings*, Article 106. https://www.ideals.illinois.edu/handle/2142/73429

Bates, J., Lin, Y.-W., & Goodale, P. (2016). Data journeys: Capturing the socio-material constitution of data objects and flows. *Big Data & Society, 3*(2), Advance online publication. https://doi.org/10.1177/2053951716654502

Becker, J., Probandt, W., & Vering, O. (2012). Modellierungssprachen. In J. Becker, W. Probandt, & O. Vering, *Grundsätze ordnungsmäßiger Modellierung* (S. 4–30). Springer Berlin Heidelberg. https://doi.org/10.1007/978-3-642-30412-5_2

Bellenberg, G., & Reintjes, C. (2015). Die Bedeutung des Unterrichtsausfalls für den Bildungsauftrag der Schule: Eine steuerungstheoretische Betrachtung. *Recht der Jugend und des Bildungswesens, 63*(2), 160–172. https://doi.org/10.5771/0034-1312-2015-2-160

Brühwiler, C., Helmke, A., & Schrader, F.-W. (2017). Determinanten der Schulleistung. In M. K. W. Schweer (Hrsg.), *Lehrer-Schüler-Interaktion* (S. 291–314). Springer Fachmedien. https://doi.org/10.1007/978-3-658-15083-9_13

Chen, P. P.-S. (1976). The entity-relationship model—Toward a unified view of data. *ACM Transactions on Database Systems, 1*(1), 9–36. https://doi.org/10.1145/320434.320440

Diedrich, M. (2021). Eine verhängnisvolle Affäre? Zum Verhältnis von Bildungsforschung, Bildungspolitik, Bildungsverwaltung und Bildungspraxis. In D. Kemethofer, J. Reitinger, & K. Soukup-Altrichter (Hrsg.), *Vermessen? Zum Verhältnis von Bildungsforschung, Bildungspolitik und Bildungspraxis* (S. 19–32). Waxmann.

Edwards, P. N., Mayernik, M. S., Batcheller, A. L., Bowker, G. C., & Borgman, C. L. (2011). Science friction: Data, metadata, and collaboration. *Social Studies of Science, 41*(5), 667–690. https://doi.org/10.1177/0306312711413314

Eleftheriou, I., Embury, S. M., & Brass, A. (2016). Data Journey Modelling: Predicting Risk for IT Developments. In J. Horkoff, M. A. Jeusfeld, & A. Persson (Hrsg.), *The Practice of Enterprise Modeling* (Bd. 267, S. 72–86). Springer International Publishing. https://doi.org/10.1007/978-3-319-48393-1_6

Eleftheriou, I., Embury, S. M., Moden, R., Dobinson, P., & Brass, A. (2018). Data journeys: Identifying social and technical barriers to data movement in large, complex organisations. *Journal of Biomedical Informatics, 78*, 102–122. https://doi.org/10.1016/j.jbi.2017.12.001

Fickermann, D. (2021). Daten für Taten. Verbesserung der Datengrundlagen für zielgerichteteres politisches Handeln zur Eindämmung und Bewältigung der Folgen der Corona-Pandemie. *Die Deutsche Schule. Zeitschrift für Erziehungswissenschaft, Bildungspolitik und pädagogische Praxis, 113*(2), 227–242. https://doi.org/10.25656/01:22241

Förschler, A., & Hartong, S. (2020). Datenpraktiken des Schulmonitorings in staatlichen Bildungsbehörden—Beobachtungen jenseits des Regelkreises. In D. Fickermann, V. Manitius, & M. Karcher (Hrsg.), *'Neue Steuerung'—Renaissance der Kybernetik?* (S. 41–57). Waxmann.

Förschler, A., Hartong, S., Kramer, A., Meister-Scheytt, C., & Junne, J. (2021). Zur (ambivalenten) Wirkmächtigkeit datengetriebener Lernplattformen: Eine Analyse des «Antolin»-Leseförderungsprogramms. *MedienPädagogik: Zeitschrift für Theorie und Praxis der Medienbildung, 44,* 52–72. https://doi.org/10.21240/mpaed/44/2021.10.28.X

Freund, J., & Rücker, B. (2012). *Praxishandbuch BPMN 2.0.* Hanser.

Gitelman, L., & Jackson, V. (2013). Introduction. In L. Gitelman (Hrsg.), *„Raw data" is an oxymoron* (S. 1–14). The MIT Press. https://raley.english.ucsb.edu/wp-content/Engl800/RawData-excerpts.pdf

Grant, L. (2022). Reconfiguring education through data: How data practices reconfigure teacher professionalism and curriculum. In A. Hepp, J. Jarke, & L. Kramp (Hrsg.), *The ambivalences of Data Power: New perspectives in critical data studies.* Palgrave Macmillan.

Griesemer, J. (2020). A Data Journey Through Dataset-Centric Population Genomics. In S. Leonelli & N. Tempini (Hrsg.), *Data Journeys in the Sciences* (S. 145–167). Springer International Publishing. https://doi.org/10.1007/978-3-030-37177-7_8

Hartong, S. (2021). The power of relation-making: Insights into the production and operation of digital school performance platforms in the US. *Critical Studies in Education, 62,* 34–49. https://doi.org/10.1080/17508487.2020.1749861

Hartong, S., & Förschler, A. (2019). Opening the black box of data-based school monitoring: Data infrastructures, flows and practices in state education agencies. *Big Data & Society, 6*(1), Advance online publication. https://doi.org/10.1177/2053951719853311

Heinrich, M. (2021). Vom Ende der Schulentwicklung als Qualitätsentwicklung?: Ein persönlicher Rückblick auf die Schulentwicklungsdebatte der letzten zwanzig Jahre und ein Plädoyer für eine professionssensible Schulentwicklung. In A. Moldenhauer, B. Asbrand, M. Hummrich, & T.-S. Idel (Hrsg.), *Schulentwicklung als Theorieprojekt* (S. 291–313). Springer Fachmedien. https://doi.org/10.1007/978-3-658-30774-5_14

Hepp, A., Jarke, J., & Kramp, L. (Hrsg.). (2022). *The ambivalences of Data Power: New perspectives in critical data studies.* Palgrave Macmillan.

Ifenthaler, D. (2021). Ganzheitliche Schulentwicklung mittels Learning Analytics? In L. Humbert (Hrsg.), *INFOS 2021 – 19. GI-Fachtagung Informatik und Schule.* (S. 49–59). Gesellschaft für Informatik. https://doi.org/10.18420/INFOS2021_H300

Jarke, J., & Breiter, A. (2019). Editorial: The datafication of education. *Learning, Media and Technology, 44*(1), 1–6. https://doi.org/10.1080/17439884.2019.1573833

Jarke, J., & Breiter, A. (2021). Die Schule als digitale Bewertungsfiguration?: Zur Soziomaterialität von Algorithmen und Daten. *MedienPädagogik: Zeitschrift für Theorie und Praxis der Medienbildung, 44,* 140–159. https://doi.org/10.21240/mpaed/44/2021.11.01.X

Jarke, J., & Macgilchrist, F. (2021). Dashboard stories: How narratives told by predictive analytics reconfigure roles, risk and sociality in education. *Big Data & Society, 8*(1), Advance online publication. https://doi.org/10.1177/20539517211025561

Jones, M. (2019). What we talk about when we talk about (big) data. *The Journal of Strategic Information Systems, 28*(1), 3–16. https://doi.org/10.1016/j.jsis.2018.10.005

Kemethofer, D., Reitinger, J., & Soukup-Altrichter, K. (Hrsg.). (2021). *Vermessen? Zum Verhältnis von Bildungsforschung, Bildungspolitik und Bildungspraxis.* Waxmann.

Leonelli, S. (2013). Why the Current Insistence on Open Access to Scientific Data? Big Data, Knowledge Production, and the Political Economy of Contemporary Biology.

Bulletin of Science, Technology & Society, *33*(1–2), 6–11. https://doi.org/10.1177/0270467613496768

Leonelli, S. (2014). What difference does quantity make? On the epistemology of Big Data in biology. *Big Data & Society*, *1*(1), Advance online publication. https://doi.org/10.1177/2053951714534395

Leonelli, S. (2020). Learning from Data Journeys. In S. Leonelli & N. Tempini (Hrsg.), *Data Journeys in the Sciences* (S. 1–24). Springer International Publishing. https://doi.org/10.1007/978-3-030-37177-7_1

Leonelli, S., & Tempini, N. (Hrsg.). (2020). *Data Journeys in the Sciences*. Springer International Publishing. https://doi.org/10.1007/978-3-030-37177-7_1

Lewis, S., & Hartong, S. (2021). New shadow professionals and infrastructures around the datafied school: Topological thinking as an analytical device. *European Educational Research Journal*, Advance online publication. https://doi.org/10.1177/14749041211007496

Macgilchrist, F., Hartong, S., & Jornitz, S. (2022). Algorithmische Datafizierung und Schule: Kritische Ansätze in einem wachsenden Forschungsfeld. In K. Scheiter & I. Gogolin (Hrsg.), *Edition ZfE (Zeitschrift für Erziehungswissenschaft)*. Springer VS.

Medina Perea, I. A. (2021). *Socio-material factors shaping patient data journeys in the United Kingdom*. University of Sheffield.

Pietsch, M., van den Ham, A.-K., & Köller, O. (2015). Wirkungen von Schulinspektion. Ein Rahmen zur theoriegeleiteten Analyse von Schulinspektionseffekten. In M. Pietsch, B. Scholand, & K. Schulte (Hrsg.), *Schulinspektion in Hamburg. Der erste Zyklus 2007—2013: Grundlagen, Befunde und Perspektiven.* (S. 117–135). Waxmann.

Ratner, H., & Plotnikof, M. (2021). Technology and Dis/Organization: Digital data infrastructures as partial connections. *Organization Studies*, Advance online publication. https://doi.org/10.1177/01708406211053200

Scheer, A.-W. (2000). *ARIS – business process modeling*. Springer.

Sendzik, N., & Abendroth, S. (2016). Kommunale Bildungsberichte. Impulsgeber für eine datenbasierte Schulentwicklung? *b:sl Beruf Schulleitung*, *11*(3), 35–37. https://doi.org/10.25656/01:12921

Sommerville, I. (2007). *Software engineering* (8th ed). Addison-Wesley.

Thiel, F., Tarkian, J., Lankes, E.-M., Maritzen, N., & Riecke-Baulecke, T. (2019). Strategien datenbasierter Steuerung zur Sicherung und Entwicklung von Schulqualität in den 16 Ländern – Zusammenfassung und Diskussion. In F. Thiel, J. Tarkian, E.-M. Lankes, N. Maritzen, T. Riecke-Baulecke, & A. Kroupa (Hrsg.), *Datenbasierte Qualitätssicherung und -entwicklung in Schulen* (S. 313–325). Springer Fachmedien. https://doi.org/10.1007/978-3-658-23240-5_8

Untis Baden-Württemberg GmbH. (2019). *Untis Express* [Produkt-Website]. Untis Baden-Württemberg GmbH. https://untis-baden-wuerttemberg.de/untis-express

van der Aalst, W. M. P., Desel, J., & Kindler, E. (2002). On the Semantics of EPCs: A Vicious Circle. *Proceedings of the EPK 2002: Business Process Management using EPCs*, 71–80.

Wacker, A., Maier, U., & Wissinger, J. (Hrsg.). (2012). *Schul- und Unterrichtsreform durch ergebnisorientierte Steuerung*. VS Verlag für Sozialwissenschaften. https://doi.org/10.1007/978-3-531-94183-7

Zakharova, I., & Jarke, J. (2022). Educational technologies as matters of care. *Learning, Media and Technology*, *47*(1), 95–108. https://doi.org/10.1080/17439884.2021.2018605

Digital ist besser!? – Wie Software das Verständnis von guter Schule neu definiert

Jasmin Troeger, Irina Zakharova, Felicitas Macgilchrist und Juliane Jarke

Zusammenfassung

In diesem Beitrag werden die Entwicklung und der Vertrieb von Bildungstechnologien untersucht: Lernsoftware und Schulverwaltungssoftware. Gefragt wird, welche Probleme diese Software aus Sicht ihrer Softwaregestaltungsteams lösen soll, und wie dabei eine „gute Schule" imaginiert wird. Analysiert

J. Troeger (✉)
Wissenschaftliche Mitarbeiterin, Universität Paderborn, Paderborn, Deutschland;
ehemalige wissenschaftliche Mitarbeiterin am Leibniz-Institut für Bildungsmedien |
Georg-Eckert-Institut, Braunschweig, Deutschland
E-Mail: jasmin.troeger@uni-paderborn.de

I. Zakharova
Wissenschaftliche Mitarbeiterin, ifib – Institut für Informationsmanagement Bremen
GmbH, Bremen, Deutschland
E-Mail: izakharova@ifib.de

F. Macgilchrist
Leitung der Abteilung Mediale Transformationen am Leibniz-Institut für
Bildungsmedien | Georg-Eckert-Institut, Braunschweig, Deutschland;
Professorin an der Georg-August-Universität, Göttingen, Deutschland
E-Mail: macgilchrist@gei.de

J. Jarke
Professorin für Digitale Gesellschaft, Karl-Franzens-Universität Graz, Graz, Österreich;
ehemalige wissenschaftliche Mitarbeiterin am ifib – Institut für Informationsmanagement Bremen GmbH, Graz, Österreich
E-Mail: juliane.jarke@uni-graz.at

93

werden Interviews mit Softwaregestaltungsteams, das heißt, Geschäftsführer*innen, Entwickler*innen, Designer*innen, Projektmanager*innen, Vertriebler*innen und weiteren an der Entwicklung und Distribution von Schulsoftware beteiligten Personen. Zwei zentrale Themenfelder werden identifiziert: Die Gestaltungsteams zielen darauf, (1) die Entlastung der schulisch relevanten Akteur*innen zu ermöglichen und (2) Eigenverantwortlichkeit an Lernende und Schulen zu übertragen. Welche Spannungen dabei entstehen und wie diese Ziele „gute Schule" als individualisiert jedoch kollektiviert und als reibungslos jedoch spannungsreich entwerfen, wird im Fazit diskutiert. Der Beitrag skizziert zudem alternative Fluchtlinien zu anderen Entwicklungsmöglichkeiten und kartiert weitere Fragen für zukünftige Forschung zur Entwicklung von digitalen Bildungstechnologien.

Schlüsselwörter

Leitfadeninterviews · Lernsoftware · Schulverwaltungssoftware · Digitale Bildungstechnologien · Softwareentwickler*innen

1   Einleitung

Software, die für die Schule entwickelt wird, wird die Kommunikation erleichtern, das Sekretariat entlasten, und Zusammenarbeit verbessern; sie wird das Dokumentieren vereinfachen, den Schulalltag modern gestalten und die hohen Anforderungen aller Schularten erfüllen; Software kann dabei unterstützen, die Herausforderungen der Coronapandemie zu meistern, den Unterricht voranzubringen und das Lernen zu personalisieren.[1] Das sind nur einige der Versprechen, die in den Werbebroschüren der Schulsoftwarebranche oder in Onlineportalen zu digitalen Medien und Schule zirkulieren. Durch solche Versprechen werden Vorstellungen von einer „guten Schule" in den Werbekampagnen mitentworfen. Wenngleich sie als „Wunschkonstellation" (Winkler 1997, S. 17) oder „technologischen Solutionismus" (*techno-solutionism*; Milan 2020; Morozov 2013) bezeichnet worden sind, spiegeln diese und ähnliche Versprechen und Hoffnungen die „Lösungsorientierung", die unter Softwareentwickler*innen mitunter selbstverständlich erscheint (Krypczyk und Bochkor 2018, S. 21): Wenn Nutzer*innen im Fokus stehen sollen, ist eine wesentliche Rolle von Software, Lösungen („pain relievers") für die He-

---

[1] Aus Anonymisierungsgründen, hier Beispiele aus Werbematerial für Schulsoftware, die *nicht* in unserem Projekt analysiert wird, sowie Studien und Dossiers zur „Unterstützung" durch digitale Medien, z. B.: BITSTEPS GmbH 2020; Das Deutsche Schulportal o. J.; Denker et al. 2021; edjufy GmbH o. J.

rausforderungen („pains") dieser Nutzer*innen anzubieten (z.b. *value proposition canvas*, Osterwalder et al. 2014; siehe auch *double diamond design* Prozess, Design Council 2019; *design thinking*, Lewrick 2018).

Man könnte auch sagen, der Entwicklungsprozess von Software unterliegt häufig einem Problem-Lösungs-Paradigma. Unabhängig davon, ob ein Softwareentwicklungsteam selbst ein Problem erkennt, oder ob es interaktiv oder partizipativ mit Nutzer*innen Probleme identifiziert, in der Literatur zu Entwicklung und Design von Software wird davon ausgegangen: Es „gibt" Probleme, die identifiziert und verstanden werden können. Im *double diamond design* Prozess zielt der erste Schritt zum Beispiel auf die Entwicklung eines Problemverständnisses: „helps people understand, rather than simply assume, what the problem is" (Design Council 2019). Design Thinking wird beschrieben als ein Ansatz, der unter anderem „Antworten und Lösungen für Probleme [liefert], die im Zeitalter der Digitalisierung und zunehmend vernetzter Wertschöpfung und Komplexität allgegenwärtig sind" (Lewrick 2018, S. 9). Softwareanwendungen „werden in Auftrag gegeben und erstellt, um damit Probleme leichter lösen zu können" (Krypczyk und Bochkor 2018, S. 23).

Parallel zum Verständnis von Daten, das dieses Buch leitet – dass Daten nicht gefunden werden, sondern produziert, und dass sie somit die Welt nicht nur abbilden, sondern mitgestalten (siehe Breiter & Bock 2023 in diesem Buch, Kap. „Datafizierte Gesellschaft | Bildung | Schule") – befindet sich unser Verständnis von „Problemen". Auch Probleme werden nicht nur identifiziert und verstanden, sondern „als Objekte für das Denken" entworfen (Bacchi und Goodwin 2016, S. 39; Wrana 2015, S. 128). Im Fokus steht hier also nicht in erster Linie, wie Menschen etwas, das in der Welt als Problem existiert, lösen, sondern wie etwas zu einem „etwas" gemacht wird durch, zum Beispiel, die Beschreibung von Lösungen, *pain relievers* oder Anforderungen. Ein Problem ist in diesem Sinne ein Prozess; Probleme werden bei der Bearbeitung zusammengesetzt (*put together*), geformt und transformiert (Lury 2020, S. 3). Eine „Problematisierung" – das heißt, eine implizite oder explizite Repräsentation von etwas als einen Sachverhalt, den es zu bearbeiten gilt – „is always a kind of creation" (Foucault 1983) Michel Foucault betont allerdings, dass es bei seinem Verständnis von Problematisierung nicht darum geht, zu behaupten, die Phänomene seien nicht auch real. Er fragt danach, wie spezifische Phänomene zu einer spezifischen Zeit als Problem, das behoben werden soll, erscheinen: „how and why were very different things in the world gathered together, characterized, analyzed, and treated as, for example, ‚mental illness'? What are the elements which are relevant for a given ‚problematization'?" (Foucault 1983).

Vor diesem Hintergrund, und gerade mit Blick auf datenintensive Schulsoftware, fragen wir in diesem Beitrag: Welche Probleme sollen aus Sicht Softwareproduzierender von der Software gelöst werden, und wie wird dabei eine „gute Schule" imaginiert? Um diese Frage zu beantworten, analysieren wir Interviews mit „Softwaregestaltungsteams", das heißt, Geschäftsführer*innen, Entwickler*innen, Designer*innen, Projektmanager*innen, Vertriebler*innen und weiteren an der Entwicklung und Distribution von Schulsoftware involvierten Menschen. Der Fokus liegt auf zwei zentralen Bereichen: „Lernsoftware" für den Unterricht und „Schulverwaltungssoftware" für die Administration. Die Softwaregestaltungsteams artikulieren Lösungen für ihre jeweiligen Nutzer*innen, diese Lösungen geben implizite oder explizite Hinweise auf Probleme, die zu beheben sind. Ziel des Beitrags ist, herauszuarbeiten wie die Beschreibung dieser Lösungen Problematisierungen hervorbringt, wie diese Problematisierungen komponiert werden, und welche weiterführenden Implikationen sie für die – wie der Titel dieses Bandes „Die datafizierte Schule" andeutet – Konstruktion der Schule im Prozess der Datafizierung entfalten.

Der Beitrag fokussiert dabei auf zwei zentrale Themen: Entlastung und Eigenverantwortung. Nach einer Kontextualisierung in der Forschung zur Entwicklung von Software für die Schule und einer Skizze der Methoden, folgen zwei zentrale Abschnitte zu den, von den Softwaregestaltungsteams beschriebenen, Lösungen. Hier werden jeweils die Aussagen der Anbieter*innen von Lernsoftware und Schulverwaltungssoftware in den Blick genommen. Die Abschnitte enden mit einer zusammenfassenden Reflexion, wie die formulierten Lösungen und Zuschreibungen Problematisierungen mit konstruieren und konstituieren, und somit Ideale von dem, was als eine „gute Schule" gilt, produzieren. Das Fazit reflektiert, welche spannungsreichen Konstruktionen sich von dem Bild einer „guten" Schule ableiten lassen, und welche alternativen Entwicklungsprozesse für schulbezogene Software denkbar wären.

2 Die Entwicklung von Software für eine „gute Schule"

Die Erkenntnis, dass Unbestimmbarkeiten, Spannungsverhältnisse und Widersprüche für das schulische Geschehen konstitutiv sind, ist in der Forschung zu Schule weitgehend anerkannt (Biesta 2013; Britzman 2009; Edwards 2011; Meseth et al. 2012). Eine lineare Wirkung der Schulsoftware kann vor diesem Hintergrund keinesfalls postuliert werden. Viel naheliegender ist die Annahme einer weniger linearen „Prägekraft" von Medien und Technologien auf die Praxis. Schulbezogene Software entfaltet in diesem Sinne eine Wirkkraft auf das, was für Schüler*innen, Lehrkräfte, Schulleitungen, Sekretariate und weitere schulische Akteur*innen als wichtig, selbstverständlich oder wünschenswert gilt. Wie andere Medientechnologien, prägt diese Software die Kommunikation, die Wahrnehmungen und die Erfahrungen der Nutzer*innen (Krämer, 1998, S. 14). Spezifisch auf Bildung ist beschrieben worden, wie Software den („heimlichen") Lehrplan mitproduziert, indem sie die für die Praktiker*innen zugänglichen Informationen, Wissensangebote und Interaktionsformen selektiert und vorformt (Edwards 2015). Software nimmt eine „ubiquitous role in mediating and shaping many aspects of society" ein; darin eingeschlossen ist Schule (Lynch 2015, S. 10). Unter anderem erzählt sie Narrative, die bestimmte Rollen und Sozialitäten hervorheben und als selbstverständlich bzw. erstrebenswert setzen (Jarke und Macgilchrist 2021). Software, die für Schulkontexte entwickelt wird, ist somit nicht nur eine technische Unterstützung der Arbeit schulischer Akteur*innen und ein Kommunikationswerkzeug, sondern auch Medium einer algorithmisierten Wirklichkeitskonstruktion (Breiter und Hepp 2018; Floyd 1989). Insgesamt nimmt dieser Beitrag die Forschungsperspektive auf, dass die Verwendung von Software in Lehr- und Lernkontexten und Schulverwaltung Entscheidungs- und Meinungsbildungsprozesse prägt; sie bringt bestimmte Formen von Schule – genauer, von „guter Schule" – hervor (Bellmann 2015; Breiter und Jarke 2016; Eder et al. 2017; Eynon 2013; Gapski 2015; Gorur 2014; Grek 2009; Hartong 2016; Ozga 2011; Selwyn 2014; Williamson 2015, 2016).

Forschung zu Softwaregestaltungsteams identifiziert, wie sie ihre Kund*innen als Nutzer*innen konstruieren, die in einem bestimmten Verhältnis zu anderen Bildungsstakeholder*innen und den Softwaresystemen stehen, zum Beispiel im Rahmen von Konsum, Nutzer*innenfreundlichkeit oder Effizienz (Ramiel 2019). Einige „Eduprencur*innen" (Entrepreneur*innen im Bildungsbereich) stellen sich gute, zukunftsweisende Lehrkräfte in bestimmter Weise vor und entwickeln Angebote für diese Art von Lehrkraft, zum Beispiel als Lernbegleiter*in statt Vortragende*r, als flexible, motivierende, individualisierende Lehrkraft, die die kreativen Arbeitnehmer*innen der Wissensökonomie ausbildet (Ideland et al. 2021). Andere Softwaregestaltungsteams fokussieren gar nicht mehr auf Lehrkräfte als ihre primären Nutzer*innen, sondern auf Schüler*innen oder auf Daten als die wichtigsten Elemente, die Wandel im Schulsystem forcieren (Macgilchrist 2017).

Ähnlich den wenigen weiteren Studien zur Entwicklung von Schulsoftware (z. B. Ideland et al. 2021; Macgilchrist 2017, 2019; Ramiel 2019), basiert dieser Beitrag auf Interviews. In Kontrast zum Ziel dieser Studien, Muster oder Narrative herauszuarbeiten, ist das Ziel dieses Beitrags, wie oben eingeführt, ausgewählte „Problematisierungen" herauszuarbeiten. Wir identifizieren Momente, in denen die Softwaregestaltungsteams Wünsche, Versprechen, Lösungen, Ziele oder *gains* ihrer Software beschreiben, um die dabei implizit oder explizit artikulierten Problemkonstruktionen zu identifizieren. Die Analyse fokussiert darauf, wie ähnliche Problematisierungen von unterschiedlichen Gesprächspartner*innen, sowohl bei

Software für den Unterricht als auch für die Schuladministration verhandelt werden (weitere Aspekte der Lernsoftware und Schulverwaltungssoftware haben wir an anderen Orten diskutiert, z. B. Jarke und Breiter 2021; Jarke und Macgilchrist 2021; Weich et al. 2021; Zakharova et al. 2022; Zakharova und Jarke 2022). Durch die Analyse der Problematisierungen beleuchten diese Interviews, so unsere leitende Annahme, welche Vorstellungen von guter Schule in Schulsoftware eingeschrieben werden. Ein besseres Verständnis dieser mitunter widersprüchlichen Vorstellungen von guter Schule erscheint heute essenziell, weil diese und ähnliche Software, wie in der Einleitung dieses Buches bereits ausgeführt (siehe Breiter & Bock 2023 in diesem Buch, Kap. „Datafizierte Gesellschaft | Bildung | Schule"), die Handlungsoptionen in Schulen zunehmend mitprägen.

3   Methoden und Materialien

Wir verstehen unter schulbezogener Software eine Reihe von Softwareprodukten, die im schulischen Bereich zur Unterstützung von wesentlichen Aufgaben eingesetzt werden (Breiter und Lange 2019, S. 333). Dies umfasst zum einen „Schulinformationssysteme", wie etwa „Schulverwaltungssoftware" für die Organisation und Verwaltung der Schul(stamm)daten und des Schulalltags, und zum anderen „Lernsoftware", welche im Unterricht Anwendung findet. Unter anderem eine steigende Nachfrage nach Bildungsdaten (Bellmann 2015; Breiter und Jarke 2016; Hartong et al. 2018; Lawn 2013; Williamson 2017) führt im Zuge der Digitalisierungsstrategie der Kultusministerkonferenz (KMK) zu einem verstärkten Einsatz solcher Software in der Schulpraxis.

„Schulverwaltungssysteme" sollen die Schulverwaltung – üblicherweise Schulleitung und Schulsekretariate – bei ihrer Arbeit unterstützen und ihre Arbeitsabläufe in gewisser Weise vorstrukturieren. Die in diesen Schulverwaltungssystemen erzeugten Daten werden Mitarbeiter*innen in Bildungsbehörden über technische Schnittstellen zur Verfügung gestellt, um ihren Aufgaben nachzukommen (Datenfluss von Schule zu Behörde; siehe Jarke et al. 2023 in diesem Buch, Kap. „Zur Erfassung und Modellierung der „Hinterbühne" von Datenflüssen: Das Beispiel Unterrichtsausfall"). Behördenmitarbeiter*innen nutzen dabei nicht notwendigerweise dieselben Systeme wie Schulen, sondern auch andere Arten von Schulinformationssystemen (Breiter und Lange 2019).

Unser Fokus bei „Lernsoftware" liegt insbesondere auf adaptiven Softwareprodukten, das heißt, Produkte, die darauf zielen, die Dateneingaben der Lernenden zu erfassen, und aufgrund dieser Eingaben in Echtzeit die Fähigkeiten der Lernenden zu berechnen. Die Präsentation des Lernmaterials wird flexibilisiert mit dem Ziel, die Aufgabenabfolge optimal auf die berechneten Fähigkeiten der Lernenden anzupassen. Systeme können also mehr oder weniger adaptiv gestaltet sein (Berger und Moser 2020; Bulger 2016; Groff 2017).

Dieser Beitrag beruht auf 25 qualitativen, leitfadengestützten Interviews, die mit 29 Personen durchgeführt wurden. Wir sprachen mit zehn Geschäftsführer*innen, sechs Produktmanager*innen, sieben Projektmanager*innen und/oder Ressortleitungen, drei Vertriebler*innen und drei Entwickler*innen von Lern- sowie Schulverwaltungs- bzw. Schulinformationssoftware (im Folgenden „Softwaregestaltungsteams").

Die Interviews zur Analyse von Lernsoftware führten wir mit einzelnen Softwareentwickler*innen (ein Gespräch fand mit zwei Personen statt) im deutschsprachigen Raum, die Produkte für den Einsatz in Schulen in Deutschland bzw. für Schüler*innen in Deutschland durch, sowohl proprietäre als auch *open source* Lernsoftware. Diese Gespräche fanden bis auf zwei, welche wir in den Geschäftsräumen der Anbieter*innen geführt haben, mittels Videokonferenztools statt. Die Länge der Interviews mit den Lernsoftwareentwickler*innen variierte zwischen 27 Minuten und 1 Stunde 22 Minuten; und dauerte durchschnittlich ca. eine Stunde. Die Interviews zur Analyse von Schulverwaltungssoftware fanden in den Bildungsministerien bzw. -behörden in vier deutschen Bundesländern statt, davon in jedem Bundesland jeweils zwei Interviews mit je ein bis vier unterschiedlichen Vertreter*innen der Teams (Projektmanager*innen, Entwickler*innen), die zwischen einer und vier Stunden dauerten (durchschnittlich zwei Stunden); alle Interviews bis auf drei fanden vor Ort statt. Zusätzlich haben wir im Kontext eines Bundeslandes ein Interview mit dem Geschäftsführer einer Partnerfirma geführt, welche ebenfalls an der Softwareentwicklung für Schulverwaltung beteiligt ist.

Für beide Corpora der transkribierten Interviews (Schulverwaltungssoftware und Lernsoftware) griffen wir auf kodierende qualitative Auswertungsverfahren zurück, um Problematisierungen (Bacchi 2012; Charmaz und Thornberg 2021; Childers 2014; Law 2004) und „*rich points*" (Agar 2006; auch als „Irritationspunkte" übersetzt, z. B. Macgilchrist et al. 2014) zu identifizieren. „*Rich points*", das sind Momente, in denen wir als Forschende irritiert waren und die Interviews auf der Basis unseres theoretischen und empirischen Vorwissens erklärungs- oder vertiefungswürdig fanden. So wurden zwei zentrale Problematisierungen herausgearbeitet, deren Linien, Spannungen und Implikationen im Folgenden näher analysiert werden.

4   Problematisierungen und Softwarelösungen

4.1   Entlastung/Belastung

Im ersten der beiden thematischen Schwerpunkte dieses Beitrags fokussieren wir die Spannungen zwischen dem expliziten Ziel, eine Softwarelösung anzubieten, die Nutzer*innen entlastet und einfach zu bedienen ist, und der Verknüpfung von Softwarelösungen mit potenziell belastenden Faktoren wie Effizienzsteigerung oder Schnelligkeit. Der erste Schritt der Analyse in diesem Abschnitt zeigt, wie Softwaregestaltungsteams von „Lernsoftware" einen Schwerpunkt auf die Entlastung und Unterstützung von Schüler*innen und Lehrkräften legen. Im zweiten Schritt zeigen wir, wie Entlastungsstrategien für die Nutzer*innen der „Schulverwaltungssoftware" verhandelt werden. Im dritten Schritt reflektieren wir, wie bei der Artikulation von Entlastung als eine der von der Lern- und Schulverwaltungssoftware angebotenen Lösungen, Spannungen zwischen dem Ziel der Entlastung und potenziellen Belastungsfaktoren in der Konstruktion von Software, Schüler*innen und Lehrkräften sichtbar werden.

4.1.1   Lernsoftware: Lehrkräfte und Schüler*innen zwischen Entlastung, Förderung und Effizienzsteigerung

In den Interviews beschreiben die Lernsoftwaregestaltungsteams unterschiedliche Belastungsfaktoren für Lehrkräfte, welche durch Lernsoftwareeinsatz behoben werden könnten. So formuliert ein Entwickler, die Ursache für die Belastung von Lehrkräften läge darin, dass Lehrkräfte „ein(en) riesigen Workload haben, schon allein, um das Curriculum irgendwie durchzuschlagen" (Int_Entw_9_Zf. 44) und im Unterricht oft nur deshalb etwas Neues eingeführt werde, um den Lehrplänen gerecht zu werden. Eine Geschäftsführung sieht in der „Überforderung" der Lehrkräfte die Ursache für die Produktion von Bildungsverlierer*innen und führt weiter aus, dass junge Menschen deshalb nicht entsprechend ihrem Potenzial gefördert werden:

> Und, ähm, dass wir hier so viele Bildungsverlierer produzieren im Schulsystem, dass wir so viele Menschen, junge Menschen, die viel Potenzial haben, gar nicht entsprechend ihres Potenzials fördern, das ist ein Problem, das seine Ursache in der Überforderung des Lehrers mit den vielfältigen Aufgaben hat. Und wie können wir jetzt wie in jedem Berufsbild, das völlig normal ist, Technik an die Hand geben, die dem Lehrer Freiräume schafft, einen personalisierten Unterricht zu machen und die den Schüler ein Stück weit unabhängig von der Qualität des Lehrers macht. Ja? (Int_ GF_2_Z. 66–69)

Ein Problem wird identifiziert – die fehlende Förderung von jungen Menschen, die schulische Produktion von „Bildungsverlierern" – und eine Ursache für das Problem: die Überforderung der individuellen Lehrkraft mit ihren „vielfältigen Aufgaben". An dieser Stelle wird nicht von der in der Bildungsforschung beschriebenen systemischen, strukturellen oder sozio-ökonomischen Produktion von Ungleichheit oder Ungerechtigkeit gesprochen. Um weniger „Bildungsverlierer" zu produzieren und junge Menschen „entsprechend ihres Potenzials" zu fördern wird „Technik" in Form von Lernsoftware als eine Lösung formuliert. Lernsoftware wird, unter anderem, den Lehrkräften „Freiräume" für die Personalisierung des Unterrichtes schaffen. Sowohl die expliziten Problematisierungen – Bildungsverlierer, fehlende Förderung der jungen Menschen, Überforderung der Lehrkräfte – und der impliziten Problematisierung – „schlechte" Qualität der Lehrkräfte – als auch die explizite Vorstellung einer guten Schule – mit personalisiertem Unterricht und den von der Lehrkraft unabhängigen Schüler*innen – priorisieren individuelle Personen, die im unterrichtlichen Geschehen agieren: Lehrkräfte, Schüler*innen. Die Lösung ist an Individuen adressiert: die Technik wird in Lehrkräftehand gegeben bzw. von Schüler*innen im Unterricht genutzt. Und so werden auch die Probleme auf die Individuen bezogen produziert. Um an dieser Stelle kurz auf eine Fluchtlinie zu Alternativen zu verweisen: andere bekannte Lösungen orientieren sich beispielsweise an sozioökonomischen oder rassifizierenden Strukturen und produzieren dadurch das Problem als strukturell statt individuell. Dabei visieren diese Alternativen die „gute Schule" als strukturell anders eingebettet und gerechter finanziert. Auf diese und weitere Fluchtlinien kommen wir im Fazit zurück.

Für einen weiteren Anbieter ist es vor allem adaptive – bzw. in diesem Fall, von Künstlicher Intelligenz (KI)-getriebene – Lernsoftware, die die Lernenden unterstützen und die Lehrkräfte entlasten kann:

> Alle reden immer von Reinforcement, aber die Frage ist doch, welche Daten habe ich denn, um zu gucken, was brauche ich denn als Lerner? An welchen Themen muss ich denn arbeiten, um eine sogenannte unbewusste Kompetenz oder einen Automatismus zu den Themen zu bekommen? Und hier geht der Algorithmus hin und guckt, womit haben Sie als Lerner Schwierigkeiten gehabt? Also woran sind Sie gestruggled, wie die Engländer immer so schön sagen? Und erstellt Ihnen daraufhin einen individuellen/die KI erstellt automatisch einen individuellen Lernnugget, dass Sie an den Themen noch mal arbeiten können. […] Und das ist eben was, wenn wir von, von dem Thema Digitalisierung reden, dass das unterstützend ist für die Lehrkräfte, niemals das gesamte Thema ersetzen, sondern sie unterstützen, um effizienter zu sein. (Int_Entw_17_Z. 15–23).

Auch in diesem Auszug orientiert sich der Gesprächspartner sowohl an den jungen Menschen als auch an den Lehrkräften. Die Lernenden brauchen auf Daten ba-

sierte Einsichten, um zu erfahren, woran sie arbeiten müssen. Die Software identifiziert, welche „Schwierigkeiten" sie gehabt haben und erstellt „individuelle Lernnuggets". Dieses Verfahren wird als „unterstützend" für die Lehrkräfte beschrieben.
Die Software kann sie unterstützen, „effizienter zu sein". Durch diese Lösungen
werden zwei implizite Problematisierungen artikuliert: Schüler*innen wissen nicht
ausreichend, an welchen Themen sie genau arbeiten sollen, um sich zu verbessern.
Lehrkräfte sind nicht so effizient, wie sie sein könnten, wenn sie nicht jeden Schüler und jede Schülerin behilflich sein müssten, damit diese verstehen, an welchen
Themen sie arbeiten sollen. Die „gute Schule", so die Implikation mit Blick auf
Schüler*innen, kann Schüler*innen gezielt mit individuell auf ihre Kompetenzen
zugeschnittenen Themen und Aufgaben („Lernnuggets") fördern.

Das Wort „individuell" sollte hier näher betrachtet werden. Die individuellen
Lernnuggets für Lernende werden vom System automatisch erstellt, sodass „individuell" hier eine besondere Bedeutung zukommt. Mit KI, ob maschinellem Lernen oder anderen Verfahren, entstehen solche Nuggets oder weitere Empfehlungen
aus der Erkennung und Bearbeitung von Mustern in den Daten mehrerer Nutzer*innen. Dieser Gesprächspartner verweist an anderer Stelle darauf, dass das
System über 30 Million Lernende auf der Plattform hatte, und sie, als Unternehmen, deshalb „auch einen Algorithmus mit dreißig Milliarden Datenpunkten" haben. Das, betont er „ist ja genau das, was die Individualität ausmacht oder das
personalisierte Lernen, ne?" (Int_Entw_17_Z20). Individuelle Lernangebote, in
diesem Verständnis, beruhen nicht – um eine alternative Fluchtlinie aufzugreifen –
auf einem *tiefen* oder kontextualisierten Verständnis von einer einzigen Person.
Stattdessen entstehen individuelle Lernangebote hier durch die „breite" Bearbeitung von Milliarden Datenpunkten, um das Lernverhalten dieser Person ins Verhältnis zu weiteren Mustern zu setzen, die sich aus dem Verhalten vieler anderer
Personen ergeben. Wir wollen hier nicht ein Verständnis gegen das andere ausspie-
len: Keins ist besser oder gültiger als das andere: Sie sind aber je sehr spezifische
Verständnisse von „individuell", die eine je unterschiedliche Prägekraft auf die
Vorstellung von (und die Praxis in) einer guten Schule entfalten.

Mit Blick auf Lehrkräfte nennen mehrere Interviewpartner*innen konkrete Ent-
lastungsaspekte, zum Beispiel gelinge Entlastung, wenn die Software Lern- und
Übungseinheiten übernimmt: „Oder gerade, dass so, dass so die Selbstlernphasen
eher (..) mehr so das Üben abdecken und weniger die Erarbeitungsphasen" (Int_
Entw_2_Z. 29). In diesem Fall geht es dem Entwickler darum, „den Lehrer von
Routinetätigkeiten zu befreien" (Int_Entw_2_Z. 26). Auch die Korrektur von
Hausaufgaben kann „ein Tool [der Lehrkraft] abnehmen" (Int_Entw_15_Z. 21).
Lehrkräfte, so wird berichtet, finden, dass die Software eine „faszinierende Sache"
sei, weil sie dadurch „das Thema Üben ähm so'n bisschen auslagern" können

(Int_Entw_11_Z. 98). Als positiv wird von einer Geschäftsführung bewertet, „dass der Übungsteil des Mathematikunterrichts soweit es geht, äh, auf die Lernsoftware verlagert wird" (Int_GF_2_Z. 28 f.). Eine weitere Geschäftsführung spezifiziert, wichtig sei, dass die Lehrkraft:

> […] daneben auch mehr Zeit hat für soziale Interaktion, den Aufbau von sozialen Kompetenzen, Teamarbeitskompetenzen, weil reines Auswendiglernen und Automatisieren vom Kind selbständig an den Computern erfolgen kann. (Int_GF_10_Z. 90–92)

Problematisiert wird hier, dass Lehrkräfte (zu viel) Zeit damit verbringen, Kinder beim Auswendiglernen und Automatisieren zu unterstützen, die als einfachere, schlichtere Lerntätigkeiten („reines") präsentiert werden im Kontrast zu den implizit komplexeren Aufgaben der Lehrkraft, wie soziale Interaktion und die Förderung von sozialen Kompetenzen bzw. Teamkompetenzen. Der Zeitfaktor wird in weiteren Interviews als Gewinn gerahmt:

> Dadurch, dass wir viel kognitives Wissen auslagern können auf diese Plattform, (…) hat der Lehrer viel mehr Zeit, sich individuell um die zu kümmern, die viel mehr Unterstützung brauchen. (..) Das heißt, der Lehrer kann viel mehr auf die Schüler eingehen. (…) und das ist auch das Feedback von Lehrern, dass sie eben sagen: wir sind viel effizienter in dem Umgang mit dem Schüler, als wir das vorher hatten. Vorher hatten wir die Gießkannen und mussten gucken, dass wir unsere Themen durchkriegen, konnten aber nicht individuell auf jeden Schüler eingehen und das hat sich jetzt verändert. (Int_Entw_12_Z. 17–20)

„Befreien", „auslagern", „abnehmen", „verlagern": In diesen Zitaten wird ein Teil des Lehrens der Lehrkraft von der Software übernommen. Explizit geht es um „kognitives Wissen", und dessen Bearbeitung zum Beispiel beim Üben und Wiederholen. Die Zeit für „Unterstützung" wird in dem letzten Zitat als Alternative zum Vermitteln von „kognitive[m] Wissen" formuliert. Individuell auf Schüler*innen eingehen wird als Gegenteil des Gießkannenprinzips bzw. von Themen „durchkriegen" und ersteres – auf individuelle Schüler*innen eingehen – vom Gesprächspartner als „effizienter" zusammengefasst. Die Entwicklung einer Softwarelösung, die kognitives Wissen auf Plattformen auslagert, und Lehrkräften Zeit verschafft, um sich mehr um einzelne, unterstützungsbedürftige Schüler*innen zu kümmern, produziert als Problem die „Gießkannen" mit denen die „Themen" im Mittelpunkt stehen und alle Schüler*innen die gleichen Themen behandeln. In dieser Problematisierung hat, ähnlich den Beispielen oben, die Lehrkraft wenig Zeit, um individuell auf Schüler*innen einzugehen, und der Fokus liegt auf denjenigen Schüler*innen, die von der Software als hilfebedürftig markiert werden. Wenn dieses Eingehen dadurch gerahmt wird, dass es die Lehrkräfte „sehr viel effizienter" als vorher (ohne adaptive Lernsoftware) macht, wird die Problematisierung in zweifacher Weise als Ineffizienz formuliert: Erstens wenig Zeit für individuelle Schüler*innen zu haben, macht die Lehrkräfte weniger effizient in ihrem Umgang mit Schüler*innen, als sie sein könnten. Zweitens sind die Lehrkräfte bei der Unterstützung des Übens (beispielsweise der Selbstlernphasen) nie so effizient wie eine Softwarelösung, weil die Software gleichzeitig bei allen Schüler*innen aktiv sein kann. So wird die „gute Schule" als eine effiziente Schule mit Fokus auf individuelle Schüler*innen imaginiert. Eine alternative Fluchtlinie hier wäre die Vorstellung von Klassengemeinschaft, Kollektivität oder kollaborativem (peer) Lernen (von- und miteinander), die hier zwar keinesfalls ausgeschlossen wird, aber auch nicht im Vordergrund dieser Diagnose der Probleme der gegenwärtigen Schule und somit der angeboten Softwarelösung und Vision für eine „gute Schule" steht.

Insgesamt artikulieren die Interviewpartner*innen in diesen Auszügen komplexe Lösungen, die die „adaptive Lernsoftware" für die Unterstützung/Förderung von Schüler*innen, die Unterstützung/Entlastung von Lehrkräften und die Effizienzsteigerung der Lehrendenpraxis anbieten soll. Bevor wir näher auf die Implikationen für die Konstruktion von guter Schule eingehen, wenden wir uns im folgenden Abschnitt der Thematisierung von Entlastung in den Interviews mit Gestaltungsteams für „Schulverwaltungssoftware" zu.

4.1.2 Schulverwaltungssoftware: Schulen zwischen komfortablen Arbeitsweisen und permanenten Datenlieferpflichten

Aus der Perspektive der Softwaregestaltungsteams von Schulverwaltungssystemen rücken zum einen die Gebrauchstauglichkeit sowie eine Unabhängigkeit von der schulischen IT-Ausstattung in den Vordergrund. So erklärt der Projektmanager eines Schulverwaltungssystems, wie dieses eine Lösung für solche Anforderungen anbietet:

> Das heißt wir gehen da so ein bisschen der Sache aus dem Weg, dass in vielen Schulen zu wenig Hardware, also zu wenig IT vorhanden, also Geräte vorhanden sind. Und gerade in den Zeiten, wenn Zeugnisse geschrieben werden, ist es-, war es früher so, dass dann da wirklich Pläne erstellt wurden, wann wer am Rechner sitzt und die Zeugnisnoten-. Jetzt können sie das theoretisch zu Hause erfassen, die Zeugnisnoten und speichern das. Und am nächsten Tag sagen sie der Sekretärin Bescheid. (I_20191028_1XIII_RL_Z. 11)

Das Schulpersonal – hier Lehrkräfte – können mit der Schulverwaltungssoftware der als Problem formulierten, unzureichenden Hardware „aus dem Weg" gehen.

Mit der Software müssen sie sich nicht mehr um ein Zeitfenster bei einem der wenigen Rechner in der Schule kümmern, sondern können flexibel die Zeugnisnoten zu jeder Zeit, auch zu Hause, erfassen. So bleibt die Problematisierung nicht nur bei der unzureichenden Hardwareausstattung in Schulen, sondern bindet auch die damit einhergehenden praktischen Tätigkeiten ein. Die Lösung, die Eingaben örtlich und zeitlich flexibel, auch von zu Hause, zu machen, wird von der Schulverwaltungssoftware angeboten. Diese Art der flexibilisierten Arbeit, im Sinne des „flexiblen Menschen" (Sennett 1998), wird nicht explizit als Vision für die zukünftige Schule, wie es in einigen Silicon Valley inspirierten Berichten formuliert wird, sondern eher als niedrigschwelliger *workaround* („ein bisschen" „aus dem Weg" gehen), um ein vorhandenes Problem zu bearbeiten. In diesem Auszug wird die (infrastrukturelle) Lösung nicht aufgeworfen, mehr Hardware deutschlandweit auszurollen, noch die Notwendigkeit der Dateneingabe oder der Validität von Zeugnisnoten zu hinterfragen – um einige Fluchtlinien zu alternativen Problematisierungen zu kartieren. Stattdessen wird mit der Antwort die im Handlungsspielraum des Softwaregestaltungsteams liegende, lösungsorientierte Sicht auf die Schule und die Erledigung von schuladministrativen Aufgaben entworfen.

Neben diesen praktischen Anforderungen des Schulpersonals sind Schulverwaltungssysteme auch für Mitarbeitende des Bildungsministeriums, die regelmäßig mit Schuldaten arbeiten, relevant. Um ihre Arbeit zu ermöglichen, erfolgen, beispielsweise, statistische Abfragen an das System. Wie das Softwaregestaltungsteam Lösungen erarbeitet, mit dem Ziel, die Anforderungen beider Zielgruppen zu balancieren, beschreibt ein Projektmanager:

> [D]ie Schulen, die müssen halt im September rum die große Schuldatenerhebung durchführen. Das ist für die Schulen immer ein großer Aufwand, war es früher und ein Ziel von [SYSTEM] war es halt mit den normalen Daten, die ich unterjährig pflege, die ich permanent pflegen sollte es möglichst einfach sein die große Statistik durchzuführen. [...] an der Sache orientiert sich natürlich auch welche Daten, auch gerade schülerbezogen in [SYSTEM] erfasst werden. Da orientieren wir uns natürlich an den Daten, die nachher auch in der großen Schuldatenerhebung benötigt werden. (I_20191028_1XIII_RL_Z. 31)

Der sonstige große Aufwand der Schulen soll durch die Software reduziert werden, und es soll „möglichst einfach sein", die große, jährliche Schuldatenerhebung, mit den üblichen von den Ministerien bzw. Behörden „benötigten" Daten, durchzuführen. Pflegt das Schulpersonal die Daten „permanent", wird diese jährliche Datenerhebung einfacher sein, als wenn sie einmal im Jahr alle Daten eingeben. So wird aus den konfligierenden Anforderungen eine Entlastungsstrategie entwickelt, die bereits während der Entwicklung und Umsetzung dieser Anforderungen und

Anpassungen in der Schulsoftware vorsieht, dass Mehraufwand für die schulischen Akteur*innen vermieden werden soll, beispielsweise wenn überprüft wird, ob bestimmte Daten doppelt angegeben werden müssen. Damit sollen die Anforderungen beider Seiten ausgeglichen werden, um die Arbeit möglichst aller Nutzer*innengruppen zu erleichtern. Die Notwendigkeit der Schuldaten wird naturalisiert („natürlich", „benötigt"). Problematisiert wird der große Aufwand, den diese Schuldatenerhebung mit sich bringt. Aufwand wird hier zum Problem, nicht Datenerhebung an sich. Die entsprechende Softwarelösung ist die Entlastung durch Reduktion dieses Aufwands. Eine „gute Schule" wird entworfen als eine, die permanent die „normalen" Daten einpflegt und dadurch ihren Aufwand bei der jährlichen großen Statistik reduziert, bei gleichzeitiger Ermöglichung der statistischen Arbeit des Ministeriums. Impliziert wird eine gegenseitige Unterstützung, durch alltägliche Praktiken und praktische Software, damit die Arbeit in Schule wie Behörde reibungslos verlaufen kann.

Allerdings führen gerade die Etablierung und weitreichende Nutzung der Software zu noch mehr Anforderungen. Ein Projektmanager erläutert:

> Dadurch, dass sich die Instrumente eigentlich bei den Nutzern sehr gut etabliert haben und auch bei denen, die die Anforderungen stellen, kriegen wir natürlich sehr viele Anforderungen. [...] Wie können wir [schulische] Arbeit vereinfachen und [Schulen] auch helfen, auch ihren bestimmten Lieferpflichten, die sie dann auch haben, nachzukommen. Aber das möglichst komfortabel. Und die andere Rolle, nach innen ins [Ministerium] zu schauen, gibt es da schon vielleicht Daten? Müssen wir diese Fragen überhaupt noch mal stellen? [...] Aber ist wichtig wahrscheinlich, dass man die [Schulen] dabei nicht unheimlich behindert oder verwirrt oder so, sondern abholt und ihnen Werkzeuge gibt, die das ermöglichen, das möglichst komfortabel und schnell zu erledigen. (I_20200122_1XIII_RL_Z. 427)

Ziel ist, die schulische Arbeit zu „vereinfachen", „möglichst komfortabel" zu machen, niemanden zu „behindern" oder „verwirren", aber gleichzeitig, dem Schulpersonal zu ermöglichen, ihre „Lieferpflichten" dem Ministerium gegenüber nachzukommen und diese Pflichten „schnell" zu erledigen. Bei der Optimierung der Schulverwaltungssoftware für diese Nutzer*innen in den Schulen und gleichzeitig für die Ministerien – bzw. mit Blick auf den gesetzlichen Regelungen dazu, welche Daten erhoben werden müssen – stellt sich für Softwaregestaltungsteams die Frage, ob diese Fragen noch einmal gestellt werden, oder ob eine doppelte oder mehrfache Erhebung vermieden werden kann, weil die Daten schon erhoben worden sind. Problematisiert wird eine komplexe Pflichtarbeit, die wenig komfortabel ist und (zu) lange dauert. Wie generell bei Software die auf Reibungslosigkeit und Einfachheit zielt (Macgilchrist 2023), wird die imaginierte „gute Schule" in einer

Konstellation eingebettet, in der diese Aspekte der Arbeit – wie beispielsweise die Eingabe von Zeugnisnoten, Datenerhebung oder Umsetzung von administrativen Aufgaben sowie Verwaltungsaufgaben – einfach, komfortabel und schnell verlaufen sollten. Eine alternative Fluchtlinie in diesem Kontext würde „doing data discrepencies" (Hartong und Förschler 2019) als selbstverständlich ansehen, das heißt die komplexe, herausfordernde, kreative Arbeit mit Daten, die nicht immer fehler- und widerspruchsfrei sind (siehe auch Jarke et al. 2023 in diesem Buch, Kap. „Zur Erfassung und Modellierung der „Hinterbühne" von Datenflüssen: Das Beispiel Unterrichtsausfall"). In dieser Fluchtlinie würden die Mitarbeiter*innen ihre Erwartungen für einfache und komfortable Datenpraktiken bei der Entwicklung und Selbstbeschreibung anders bearbeiten.

Ähnlich wie in den Auszügen zu Lernsoftware orientieren sich die Interviewpartner*innen auch in diesen Auszügen zu der Schulverwaltungssoftware an der Entlastung von verschiedenen an der schulischen Praxis beteiligten Akteur*innen. Sie artikulieren durch ihre Lösungen bestimmte Problematisierungen, die Vorstellungen davon, was als „gute Schule" gilt, mitgestalten.

4.1.3 Entlastung: Reflexion der durch Problematisierungen entworfenen Schule

Die Softwaregestaltungsteams, so sollten die vorherigen Abschnitte verdeutlichen, zielen darauf, Schüler*innen, Lehrkräfte, weitere schulische Akteur*innen und Bildungsministerien zu entlasten. Diese Lösungen, wenn sie mit den dabei entstehenden Problematisierungen zusammen betrachtet werden, entwerfen das, was als „gute Schule" imaginiert wird. Diese Vorstellungen sind nie ganz spannungslos. Also stellen wir sie in diesem Abschnitt in einer „sowohl-als-auch" Weise vor. Die als Vorteile der guten Schule beschriebenen Aspekte unterminieren sich teilweise selbst. Unser Ziel hier ist dennoch nicht, sie vorschnell weder als ideologischen, problematischen Neoliberalismus, noch als Technisierung oder Kommerzialisierung der öffentlichen Bildung zu charakterisieren, sondern auf den sowohl potenziell entlastenden, als auch potenziell belastenden Wandel des Schulwesens, der hierbei entworfen wird. Dabei sollen einige der unbestimmbaren Wandlungsprozesse bei der Konstruktion von Schule im Prozess der Datafizierung beleuchtet werden.

(1) *Die „gute Schule" fördere individuelle Schüler*innen, vor allem, diejenigen, die den klassischen Unterricht herausfordernd finden.* Mit Blick auf die Lernsoftware wird eine Spannung zwischen der in den Interviews formulierten Diagnose eines gesellschaftlichen Problems und dem individualisierenden Technikoptimismus der Interviewpartner*innen sichtbar. Diese Auszüge bieten somit Material für eine mittlerweile klassische Kritik: technikoptimistischer

Solutionismus. Die Softwaregestaltungsteams identifizieren ein Problem, für das sie mit Software eine Lösung anbieten „können": Sie tragen Sorge für das, wofür sie Sorge tragen können. So wird die Produktion von „Bildungsverlierer*innen" nicht als sozio-ökonomisches, strukturelles Problem beschrieben, sondern als Problem der individuell überforderten oder schlechten Lehrkräfte. Die Lernsoftware verspricht, durch datenintensive Input- und Feedbackschleifen Schüler*innen unabhängig von diesen Lehrkräften zu machen bzw. einige Aspekte des Lehrens von der Lehrkraft auszulagern, um Freiräume für Lehrkräfte zu schaffen. Die Schüler*innen, die im Mittelpunkt der Auszüge stehen, werden allerdings gerade durch diese Beschreibung der Notwendigkeit der individuellen Zuwendung als hilfebedürftig konstruiert (z. B. Rabenstein 2010). Schule wird in den Auszügen sowohl zu einem Ort, an dem Lernsoftware unterstützen kann, Potenziale zu erkennen und individuell zu fördern, als auch einem Ort, an dem es weiterhin vor allem auf individuelle kognitive Leistung ankommt. Dieser Fokus, so die Kritik einiger Forscher*innen, individualisiert das Problem und lenkt essenzielle Ressourcen (personell, ideell sowie finanziell) von der Bearbeitung des strukturellen Problems ab. Der Fokus vergisst auch das kollektive Zusammenleben einer Klassengemeinschaft und das kollaborative Lernen. Mit diesem Beitrag möchten wir allerdings nicht nur diese Kritik wiederholen, sondern die potenzielle Entlastung, über die unsere Interviewpartner*innen von Lehrkräften gehört haben, gleichzeitig aufgreifen. Die Lernsoftware kann sowohl Lehrkräfte entlasten und Schüler*innen unterstützen als auch von strukturellem Wandel und Kollektivität ablenken.

(2) *Die „gute Schule" ermögliche die einfache und komfortable, jedoch schnelle und permanente Ausübung von Datenlieferpflichten an Bildungsbehörden.* Diese Spannung bei der Schulverwaltungssoftware weist auf eine ähnlich klassische Kritik aus sozialwissenschaftlicher Forschung zu Technik: Auf der einen Seite, das Bestreben, die Arbeit einfacher zu machen; die Nutzer*innen „abzuholen, wo sie sind"; sie nicht zu verwirren oder ihr Leben schwerer zu machen, aber auf der anderen Seite gleichzeitig die Ermöglichung und damit die Normalisierung der Erwartung, dass schulische Akteur*innen stets für die (dateneingebende) Arbeit verfügbar sind; ihre Arbeit auch von zu Hause erledigen. Diese Erwartungen an den „flexiblen Menschen" (Sennett 1998) ist nicht nur mit Software verbunden, wird aber als Zeitdiagnose mit der Techniknutzung für einige Beobachter*innen verstärkt (Couldry und Hepp 2017; Graeber 2018). Auch hier beobachten wir einen ‚Sowohl-als-auch': Die Schulverwaltungssoftware kann das Schulpersonal von dem großen Aufwand einmal im Jahr und der zeitintensiven Eingabe der Daten an wenigen Rechnern in einer Schule „entlasten" und sie kann das Schulpersonal mit dem permanenten Aufwand, die Daten einzupflegen und zu Hause daran zu arbeiten „belasten".

(3) *Die „gute Schule" teilt die bisherige Arbeit der Lehrkräfte in zwei Bereiche: das ‚kognitive Wissen', die Leistungsarbeit, das Üben und die Selbstlernphasen werden von der Software übernommen, während die Erarbeitungsphasen sowie die persönliche, soziale und eventuell emotionalere Unterstützung verstärkt von Lehrkräften übernommen werden.* Das wertschätzende Versprechen, Lehrkräfte zu entlasten und zu unterstützen ist mit einer impliziten oder expliziten Kritik an der Qualität ihrer professionellen Praxis verknüpft. Explizit, wenn es darum geht, wie bereits erwähnt, die Schüler*innen von der Qualität der Lehrkraft unabhängig zu machen. Implizit, wenn sie als überfordert, unfähig, im Unterricht auf einzelne Schüler*innen einzugehen, oder ineffizient beschrieben werden – auch wenn diese in einem wertschätzenden Ton des Verständnisses ausgedrückt oder mit zu hohen Curriculumserfordernissen verknüpft werden. Wenn die Qualität der Lehrkraft in einigen Auszügen entscheidend ist, dann ist die Qualität der Lernsoftware, die diese Aufgaben für die Lehrkraft übernimmt, auch entscheidend, wird aber nicht von den Gestaltungsteams reflektiert (zu der Einschätzung von Lehrkräften zur Qualität eines adaptiven Lernsoftwareproduktes; siehe Beitrag Macgilchrist et al. in diesem Buch, Kap. „Adaptive Lernsoftware oder adaptierende Lehrkräfte? Das Ringen um Handlungsspielräume"; weiterführend zum eigenverantwortlichen Lernen, siehe unten Absatz 4.2). Diese Aufteilung, zwischen kognitiver Förderung und individualisierter Unterstützung, erinnert an die klassische Trennung zwischen kognitiver Arbeit und Sorgearbeit, in der die erste auf- und die zweite abgewertet wird (z. B. Zakharova und Jarke 2022). Kritisiert worden ist diese Wertung von „ethics of care" Forschung, die Sorge als essenzielle, ökonomische und politische Praxis und Sorgearbeit aufgewertet sehen möchte (Atenas et al. 2022).

(4) *Die „gute Schule" sei effizient.* Ob durch schnelle Dateneingabe, die flexibel auch von zu Hause durchgeführt werden kann oder mit Blick auf die Unterrichtspraxis wird die anvisierte Entlastung in mehreren Interviewauszügen mit Effizienz verknüpft. Wie auch in weiteren Bildungssettings wird der Effizienzdiskurs in alltäglichen – hier softwarebetreffenden – Situationen relevant gemacht (z. B. Berge et al. 2018). Gerade die mit Optimierung verknüpfte Effizienzsteigerung wird zunehmend als belastend betrachtet (Weich et al. 2021). Wenn die durch die Entlastung ersparte Zeit mit neuen Aufgaben gefüllt wird, werden die Lehrkräfte nicht entlastet. Eine solche Aufgabenneuverteilung kann eher als Umstrukturierung denn als Entlastung erfahren werden. Dennoch gilt hier ebenfalls: Die Auszüge beschreiben auch Momente aus der aktuellen schulischen Praxis, die durch die Lern- und Schulverwaltungssoftware entlastet worden sind.

Die angegebenen Beispiele, die zwischen Entlastung und Belastung unterschiedlicher Nutzer*innen balancieren, deuten somit auch auf Spannungsverhältnisse hin,
die die Vorstellung von guter Schule in Schulsoftware auszeichnen. Je nach vorhandenen Ressourcen, gesellschaftspolitischen oder kommerziellen Zielen und
relevanten Nutzer*innengruppen entwickeln die Softwaregestaltungsteams unterschiedliche Vorstellungen zur Rolle ihrer Software in einer „guten Schule". Basierend darauf implementieren sie unterschiedliche Strategien, um aus ihrer Sicht
dieses Spannungsverhältnis auszubalancieren. So setzen die Lernsoftwareteams
ihr Augenmerk auf die Unterstützer*innenrolle in Lehr- und Lernprozessen. Die
Teams in den Bildungsministerien bzw. -behörden sehen sich in der Rolle der Vermittler*innen zwischen den Anforderungen der Schulen und ihren Kolleg*innen in
den Ministerien. Gleichzeitig unterliegen sie den (sich ändernden) gesetzlichen
Verpflichtungen zur Umsetzung bestimmter Anforderungen. Software führt somit
nicht per se zu Entlastung oder Belastung, sondern unterschiedliche Kontexte und
Nutzer*innenkonstellationen eröffnen unterschiedliche Spannungsverhältnisse.
Die Softwaregestaltungsteams antizipieren deren jeweiligen Nutzungskontext in
Hinblick auf Entlastung und Belastung. Die „gute Schule", die dabei entworfen
wird, ist, so die Schlussfolgerung hier, die im Fazit wieder aufgegriffen wird, indi-
viduell fördernd, komfortable Arbeit ermöglichend, Wissens- und Sorgearbeit auf-
teilend und effizient. Gleichzeitig wird sie aber auch – trotz der hier aufgeworfenen
Spannungen – im Kern als spannungsfrei imaginiert.

4.2   Eigenverantwortlichkeit

Die Softwaregestaltungsteams gehen in den Interviews unterschiedlich auf den Aspekt der Eigenverantwortlichkeit ein. Bei der Lernsoftware steht das eigenverantwortliche Lernen der Schüler*innen im Vordergrund. Bei der Schulverwaltungssoftware die Frage, wie die Hoheit der Schule, die eigenen Entscheidungen über
Nutzungsrechte, Klassengrößen und die weitere Organisation der Schule, mit den
gesetzlich verbindlichen Vorgaben, Umfängen und Standards in Einklang gebracht
werden kann.

4.2.1   Lernsoftware: Eigenverantwortung übertragen, nehmen
und missbrauchen
Neben individueller Förderung im Unterricht spielen das eigenverantwortliche und
selbstbestimmte Lernen bei den Gestaltungsteams der Lernsoftware eine Rolle.
Hier geht es zum einen um die Übertragung von Eigenverantwortung für ihr Lernen an Schüler*innen, wie es ein Entwickler beschreibt:

[E]s schreibt ja kein Lehrplan oder irgendwas schreibt ja vor, dass Unterricht so stattfinden muss, wie es aktuell größtenteils stattfindet, ne? Frontal, ähm, sehr strukturiert,
sehr durchgetaktet, äh, sehr, ähm/die Arbeitspakete werden vorgeschnürt, es wird abgearbeitet, es wird gesagt, das ist richtig und das ist falsch. Ähm, so muss Schule ja
nicht sein, ne? Es gibt ja Möglichkeiten, das Ganze offener, selbstbestimmter zu gestalten, Schülern mehr Eigenverantwortung für ihr Lernen zu übertragen, den Lehrer
mehr als Coach zu begreifen, als, ähm, die Lehrkraft, die vorne steht und, äh, instru-
iert, ne? Also von daher denke ich, ist es in den Möglichkeiten/oder in dem Rahmen,
den wir aktuell haben, durchaus möglich, Schule so zu gestalten, dass, ähm, andere
Kompetenzen eher gefördert werden, ähm, als es bisher in der Fläche der Fall ist.
Ähm, ist halt immer die Frage, ob die Lehrpläne da noch ein Stückweit/(…) ja, immer
so die Frage, müssen Lehrpläne entschlackt werden oder können Inhalte nicht auch
anders erarbeitet werden. (..) Ja, müssen Noten, so wie sie stattfinden, äh, gemacht
werden oder gibt es da nicht auch andere Möglichkeiten, äh, der Leistungskontrolle.
(Int_Entw_6_Z. 59–66).

Die aktuelle Schule wird als „sehr strukturiert", „sehr durchgetaktet" beschrieben, mit
einer „vorne" instruierenden Lehrkraft, „Frontal[unterricht]", „vorgeschnürt[en]"
Arbeitspaketen, die „abgearbeitet" und mit „richtig" und „falsch" versehen werden. Die aktuelle Schule wird durch diese Rahmung als für Schüler*innen wenig
selbstbestimmt problematisiert. Eine Lösung ist, „Möglichkeiten" für ein offene-
res, selbstbestimmteres Lernen aufzugreifen, und den Schüler*innen „mehr Eigenverantwortung" für das Lernen zu „übertragen". Lehrkräfte werden zum Coach,
wobei ein Coach als Gegenteil zu einer instruierenden Person entworfen wird. Ein
Bewusstsein für die Herausforderungen der rahmenden Lehrpläne und Noten wird
artikuliert und die Suche nach Lösungen formuliert. Schüler*innenseitige Selbstbestimmung und Eigenverantwortung werden hiermit als selbstverständlich positiv
präsentiert und die „gute Schule" als förderlich hierfür entworfen. Sie werden auch
als etwas artikuliert, das von der Schule oder Lehrkraft an die Schüler*innen übertragen werden kann.

In einem anderen Interview sind es eher die Schüler*innen, die die Eigenverantwortung „nehmen":

Wir müssen jetzt erstmal sagen, allgemein war gedacht, was ich vorhin gesagt hab ja.
Da gibt es ne, ne und dann äh Grundidee, man setzt sich mit den Schülerinnen und
Schülern hin, nimmt den Rahmenlehrplan raus und sagt: „Hör zu, Pflicht ist hm
(nachdenklich), hm (nachdenklich). Und äh in welcher/Was wollt ihr, was zeckt euch
am meisten an, interessiert euch am meisten?" Das nehmen wir mit rein, sodass [wir]
die Gewichtung die Schüler auch mit übernehmen. Dass die Eigenverantwortung für
ihren Lerninhalt nehmen. Und dann, in welcher Weise wir was aufarbeiten, ist dann
sozusagen die zweite Geschichte. Aber, dass die dann aktiv an ihrem Lerngeschehen
teilnehmen können. #00:12:15–2# (Int_GF_3, Pos. 95–99)

In diesem Auszug werden Schüler*innen nicht nur im Unterricht als eigenverantwortlich gedacht, sondern als Mitgestalter*innen der Lernsoftware während der
Entwicklung anvisiert. Sie werden bei diesem Open Educational Resources (OER)
Produkt eingeladen, Verantwortung für die Inhalte zu „übernehmen", mit denen sie
sich später bei der Arbeit mit dem Produkt auseinandersetzen werden. Durch das
angedachte Ziel die Schüler*inneninteressen einzubinden wird implizit auch hier
ein zu wenig eigenverantwortliches Lernen in der Schule als Problem entworfen
und dadurch eine schüler*innenseitige Eigenverantwortung als selbstverständlich
positiv präsentiert.

Auch weitere Softwaregestaltungsteams zielen darauf, Schüler*innen Verantwortung für ihr Lernen zu übertragen:

> „[Es] ist bei [PRODUKT] ja ein Grundproblem, dass es relativ die Verantwortung
> dem Lerner überträgt. Weil wir eigentlich danach verfahren, dass der Lerner selbst
> bewertet, ob das, was er eingegeben hat, richtig ist. [...] Zum einen ist es pädagogisch
> durchaus sinnvoll, dem Lerner diese Verantwortung zu geben, weil das ein relativ
> großer Teil des Lernens ausmacht, die eigene Antwort richtig oder die Bewertung des
> selbst Eingegebenen." (Int_Entw_8_Z. 174–176)

Allerdings wird hier die Verantwortungsübertragung selbst problematisiert. Es ist
sowohl „pädagogisch sinnvoll", wenn Schüler*innen ihre Eingaben selbst bewerten als auch ein „Grundproblem", Schüler*innen relativ viel Verantwortung zu geben. Neben dem pädagogischen Moment liegt die Stärkung der Eigenverantwortung nämlich auch am fehlerhaften System:

> Aber das hat auch tatsächlich den Grund in unseren Daten, also die Daten sind halt
> fix, das heißt, von Verlagen kommen irgendwelche Daten [...]. Die haben da ein rela-
> tiv entwickeltes System dahinter, was ziemlich viele Nutzereingaben als richtig ak-
> zeptiert, aber eben doch nicht alles. Und potenziell haben wir immer noch relativ
> viele falsch-negative Antworten und müssen dem Nutzer einfach die Möglichkeit
> geben zu sagen, „nee, doch, es war richtig." So, aber diese Funktion lässt sich natür-
> lich missbrauchen, da kann man einfach durchgeben und die ganze Zeit sagen, „rich-
> tig, richtig, richtig, richtig", obwohl man das da eingegeben hat. (Int_Entw_8_Z. 176–178)

In diesem Fall ist die Übertragung von Eigenverantwortung in der Nutzung der
Lernsoftware nicht als größeres Ziel von guter Schule formuliert, sondern als prak-
tischer *workaround* für das System, das viele „falsch-negative Antworten" gibt.
Das heißt, die Lernsoftware soll, laut dieser Beschreibung, den Lernenden die
Möglichkeit geben, die Einschätzung des Systems („falsch") zu konterkarieren
(„nee, doch es war richtig"). Problematisiert wird hier nicht, wie oben, dass falsch
und richtig per se extern von Schüler*innen definiert werden, sondern dass die

Lernsoftware die falsche Bewertung der Schüler*innenantworten gibt. Als Lösung wird eine pädagogisch sinnvolle Weise gefunden, die Überwindung des Systems in das Lernen einzubinden. Eine gute Schule ist hier eine, die nicht zu viel Verantwortung an Schüler*innen abgibt, dass sie eine solche Funktion „missbrauchen" könnten.

Eigenverantwortlichkeit beim Lernen wird in unterschiedlichen Problematisierungen eingebunden, die eine gute Schule als die Selbstbestimmung der Schüler*innen bezüglich der Lerninhalte und des Lernens im Unterricht stärkt, aber auch in Grenzen hält, damit sie nicht zu sehr schummeln können. Auf Paradoxien der Eigenverantwortung, zum Beispiel wie die Zuweisung von Eigenverantwortlichkeit gerade diese Eigenverantwortlichkeit gleichzeitig abspricht, gehen wir nach den Auszügen zur Schulverwaltungssoftware ein.

4.2.2   Schulverwaltungssoftware: Eine geteilte Sicht trotz eigenverantwortlicher Schulorganisation

Auch bei der Diskussion darüber, wie Eigenverantwortung in die Konstruktion guter Schule einfließen, kann der Blick auf die Lösungsansätze von Schulverwaltungssoftware hilfreich sein. Primär betrifft dies die Verantwortung über Nutzungsrollen und Zugangsrechte.

> Die Hoheit liegt halt bei dem Schulleiter und wenn er der Meinung ist, er räumt ein, meinetwegen ein[em] informatikaffinen Lehrer dann halt die Berechtigung ein, dass der die Nutzerverwaltung in dem System [hat]. (I_20191028_1XIII_RL_Z. 47)

Die „Hoheit" für die Einräumung der Nutzer*innenberechtigungen wird in diesem Auszug als selbstverständlich („halt") bei der Schulleitung liegend beschrieben. Jede Schule bzw. Schulleitung, die mit dieser Schulverwaltungssoftware arbeitet, soll eigenständig entscheiden, wer welche Rechte erhält und somit wie die Arbeit mit dem System unter dem Schulpersonal verteilt wird. Jedoch sollen Schulen auch bei der Erfüllung ihrer Datenlieferungspflichten gegenüber den Ministerien bzw. Behörden unterstützt werden können, sodass ihre individuelle Arbeitsorganisation, wie beispielsweise das Unterrichten in Kleinklassen nicht zu einer statistischen Hürde wird. Dieses Beispiel beschreibt ein Projektmanager:

> Manche Schulen arbeiten nicht unbedingt KMK kompatibel, sondern sie arbeiten mit Kleinklassen. Und richten sich da so ein und in der Vergangenheit mussten sie sich dann irgendwie für drei Tage im Jahr die Welt […] so hindrehen, dass das KMK kompatibel aussieht, die Statistik übertragen. Und dann alles wieder zurück […] das ist blöd. Das machen wir also nicht, sondern die können das in [SYSTEM] so lassen

wie es ist. Und können dann in ihrer [...] Statistik Meldung das so anpassen. Und
sagen okay das sind doch nicht 27 Klassen, sondern eigentlich nur acht oder so.
(I2_20190725_3III_PM_Z. 13)

Der Projektmanager berichtet hierbei darüber, wie eine Annäherung der gelebten
Praxis der Schulen an die nationalen statistischen Standards – in diesem Fall Richtlinien der KMK – durch Schulverwaltungssoftware stattfinden kann. Gleichzeitig
wird aus seiner Aussage deutlich, dass diese Annäherung nicht immer gleicherma-
ßen erfolgreich umgesetzt werden kann. Manchmal müssen sich die Schulen an die
vorhandenen Standards anpassen, um mit ihnen statistisch „kompatibel" zu sein.
Diese Kompatibilität, die durch Standards erzeugt werden soll, setzt die Anforderungen aus den Ministerien bzw. Behörden an standardisierte, vergleichbare Daten
um, aus ihnen qualitativ hochwertige Datensätze für weitere statistische Analysen
zu erstellen. Problematisiert wird eine Inkompatibilität von – bzw. eine fehlende
Interoperabilität zwischen – zwei Systemen: die eigenständig verantwortete Aufteilung der Klassen in „Kleinklassen" in der alltäglichen Schulorganisation und
Praxis, und die KMK Standards, die eine bestimmte Klassengröße definieren. Dieses Softwaregestaltungsteam entwickelte eine Lösung, um die beiden Systeme miteinander kompatibler zu machen, und so die „blöd[e]" Hindrehung der Welt nicht
mehr notwendig machen. Eine gute Schule ist demnach nicht eine, die sich exter-
nen Standards unterwirft, sondern die mit Hilfe von Softwarelösungen geforderte
Kompatibilität mit statistischen Standards herstellen kann.

Die Standards, an denen sich die Funktionalitäten der Schulverwaltungssoftware orientieren, können unterschiedlichen Ursprung haben. Zum einen bieten die
nationalen Kriterienkataloge wie beispielsweise der KMK-Kerndatensatz eine Orientierung dazu, mit Hilfe welcher Daten eine gute Schule beschrieben und beurteilt
werden kann. Dabei handelt es sich auch um Daten, die für weitere, bundeslandspezifische und nationale statistische Auswertungen verwendet werden. In Bildungsministerien beschäftigen sich üblicherweise die statistischen Referate oder Abteilungen mit solchen Analysen, weshalb auch die Gestaltungsteams der
Schulverwaltungssoftware im engen Austausch mit den statistischen Referaten
stehen. Ein Projektmanager berichtet:

Also da gibt es hier bei uns im Haus [...] das Statistikreferat im Ministerium. Das
definiert sozusagen welche Daten da rein sollen. [...] wir arbeiten dann zusammen
[...]. Dass dann nachher diese Daten dann auch zum Beispiel für bestimmte KMK
Statistiken verwendet [werden können]. Also mit denen arbeiten wir auch sehr, relativ
sehr eng zusammen, meine ich mal. (I_20191028_1XIII_RL_Z. 37)

Die Daten sollen von der heterogenen Praxis der verschiedenen Schulen zu unterschiedlichen Orten, einschließlich des Statistikreferates im Bildungsministerium des Landes sowie der Schulämter und Schulträger fließen (siehe Jarke et al. 2023 in diesem Buch, Kap. „Zur Erfassung und Modellierung der „Hinterbühne" von Datenflüssen: Das Beispiel Unterrichtsausfall"). Der standardisierende Charakter der Schulverwaltungssoftware ist für diverse Prozesse an diesen Orten notwendig. So beschreibt ein Ressortleiter, der mitunter auch die Entwicklung von Schulverwaltungssoftware in einem Bundesland beaufsichtigt, die Relevanz vergleichbarer, einheitlicher Daten für Steuerungsprozesse auf unterschiedlichen Ebenen des Schulsystems:

> [D]ie Schulämter haben Interesse an bestimmten Daten, praktisch für Steuerungsprozesse. Insofern haben wir eine gemeinsame Arbeitsplattform gesucht, wo [wir] sowohl die Schulen als auch das Schulamt […], mit rannehmen, aber auch inzwischen, sage ich mal, auch die Landkreise für bestimmte Zwecke. So dass alle praktisch bei bestimmten Daten genau dieselbe Sicht haben und damit eben auch mit-, wenn man, ja, Informationen oder Wissen daraus ableiten will, auf die gleichen Daten zurückgreift. (I_20200122_1XIII_RL_Z. 194)

Eine Lösung wurde gesucht, die allen beteiligten Institutionen „genau dieselbe Sicht" auf die Daten ermöglicht, damit sie alle für die Erarbeitung von Information oder Wissen auf „die gleichen Daten" Bezug nehmen könnten. Die Problematisierung, die hierbei erscheint, ist die fehlende Vereinheitlichung: unterschiedliche Sichten oder unterschiedliche Daten erschweren, so die hier artikulierte Annahme, die Steuerungsprozesse. Eine gute Schule wird in einer im übergreifenden Sinne verstandenen Interoperabilität eingebettet, das heißt, nicht nur die Kompatibilität der Systeme wird angestrebt, sondern auch „die gleichen" Daten und „dieselbe" Sicht, um gut gemeinsam operieren zu können.

Neben den nationalen statistischen Standards können auch internationale technische Interoperabilitätskriterien angewandt werden, um Vergleichbarkeit der Daten über öffentliche und private Anbieter*innen hinweg zu schaffen. Die geplante Kooperation zwischen einer kommerziellen Firma und einem Bundesland zielt genau darauf ab:

> Natürlich […] versucht man zu vereinheitlichen und wir sind jetzt auch dabei einen einheitlichen Standard zu implementieren, der auch internationalen Anforderungen genügt. Weil es gibt internationale Standards für den Datenaustausch für EdTech Daten. Also von Educationdaten. Da gibt es internationale Standards und so einen Standard implementieren wir gerade in der Hoffnung, dass genau das dann eben einfacher wird, wo wir sagen, okay, das ist aber auch der Standard, der von Microsoft und Google und [andere Plattform] unterstützt wird. Und es wäre super, wenn wir uns einfach an diesen Standard halten könnten. (OI_20210224_16XLIII_GF_Z. 59)

Die Vereinheitlichung als Ziel wird als „natürlich" hervorgehoben; Interoperabilität zwischen Systemen ist zur Selbstverständlichkeit geworden, und technische Standards erscheinen als Lösung auf dem Weg dahin. Problematisiert wird nicht die Standardisierung, sondern die Heterogenität. Dass auch Standards viel Arbeit bedürfen, um erstellt, verhandelt, vereinheitlicht zu werden, und um ihre Beweglichkeit fest zu halten (Easterling 2016; Richter et al. 2021), rückt hier in den Hintergrund. Über die Herausforderungen von „Einzelfällen" bei der Implementierung standardisierter Dokumentation berichten der Projektmanager der Schulverwaltungssoftware in einem Bundesland und der Geschäftsführer des vom Land beauftragten kommerziellen Unternehmens in einem gemeinsamen Interview:

> Wir haben Workshops mit Schulen gemacht, die uns ihre, ich sage mal offenen Einzelfälle oder wo sie der Meinung waren, die Statistik zählt hier falsch alle mitgeteilt haben und dann haben wir uns mit denen gemeinsam angeguckt, was macht hier am meisten Sinn und haben das letzten Endes programmieren lassen. Und sind jetzt auf einem Stand, wo ich sagen würde, die zählt zu 99 Prozent korrekt. Es gibt immer noch Sonderfälle, die wir vielleicht noch nicht beachtet habe. Wenn die dann auftauchen, beachten wir sie auch, aber wir sind bei einer sehr, sehr guten Quote, was das angeht. (OI_20210224_2X_RL_Z. 27)

> Und jetzt kann man natürlich auch sagen, natürlich will man immer 100 Prozent haben. Das letzte ist dann halt oft 50 Prozent der Arbeit und irgendwann muss man sich fragen, es geht ja bei dieser zentralen Auswertung immer letzten Endes um einen Trend. Ja? […] Und wenn wir jetzt auf 99,5 Prozent sind und die letzten 0,5 Prozent, sagen wir noch nicht […] deklariert sind, wie das zählen soll, dann ist das aus meiner Sicht jetzt […] auch nicht so tragisch, weil wir haben jedenfalls die Möglichkeit echte Aussagen zu treffen und darauf kommt es an. (OI_20210224_16XLIII_GF_Z. 28)

Bei Standardisierungsversuchen können selten alle Einzel- oder Sonderfälle berücksichtigt werden. Besonders komplexe Fälle der Datenverarbeitung oder „Ausreißer" können bei der Softwaregestaltung nicht antizipiert werden. Solche Ergebnisse der eigenständigen Arbeit an spezifisch situierten Schulen mit ihren besonderen Schüler*innen und Lehrkräften widersprechen den üblichen Erfahrungen der Mehrheit schulischer Akteur*innen bzw. die Erfassung dieser Daten. Diese Diskussion zwischen zwei Leitungen der verpartnerten Entwicklungsteams illustriert wie eine endgültige Standardisierung als unmöglich verworfen wird und welche Strategien bei der Gestaltung der Schulsoftware dafür entwickelt werden, um mit diesem Spannungsverhältnis umzugehen. Problematisiert wird ein Perfektionismusanspruch bzw. das Bestreben, vollkommen alles – „natürlich will man immer 100 Prozent" – akkurat deklarieren zu können. Eine Lösung ist, auf möglichst viele „Einzelfälle" einzugehen, und bei den immer noch nicht erfassten Fällen, das,

was als größeres Ziel entworfen wird („Trends") zu fokussieren. Für eine gute
Schule gilt es hiernach, auch diese größeren Trends im Blick zu haben und zu erkennen, dass die eventuell für sie wichtigen Einzelfälle, die außergewöhnlichen
Momente ihrer in eigener Regie verantworteten Arbeit (0,5 Prozent) ausmachen,
als Teil einer „echten Aussage" auf aggregierte Ebene nicht integriert sein müssen.

4.2.3 Eigenverantwortung: Reflexion der durch Problematisie-
rungen entworfene Schule

Die Eigenverantwortung – ob bei Schüler*innen oder Schulleitungen – wird, wie
die Auszüge zeigen, als hohes Gut verhandelt. Lernsoftware wird als eine Möglichkeit beschrieben, den Schüler*innen Eigenverantwortlichkeit für ihr eigenes Lernen zu übertragen, bzw. ihnen den Weg zu ebnen, diese Eigenverantwortung zu
übernehmen. Bei der Schulverwaltungssoftware wird die Selbstverständlichkeit
von der Heterogenität der schulischen Organisationspraktiken mit der Selbstverständlichkeit der Notwendigkeit der Standardisierung zusammengebracht. Werden
diese Softwarelösungen mit den dabei entstehenden Problematisierungen zusammen betrachtet, entwerfen sie das, was als „gute Schule" imaginiert wird. Wie im
vorherigen Abschnitt sind diese Vorstellungen nie ganz spannungslos, also stellen
wir sie auch hier in einer „sowohl-als-auch" Weise vor. Die gute Schule wird als
Ort der Selbstbestimmung und Autonomie konstruiert und sie wird als sich den
extern gegebenen Standards unterordnend entworfen.

(1) *Eine gute Schule verantworte ihre Organisation selbstständig, ist aber auch in*
regionalen, nationalen und internationalen Standardisierungsprozessen einge-
bunden. Software auf Verwaltungs- und Administrationsebene zielt darauf, für
Nutzer*innen in Schulen und Ministerien bzw. Behörden, ein möglichst akku-
rates Bild von Schulrealität in einem Bildungssystem zu zeigen. Damit dies
gelingt, sollen einige individuelle Merkmale, wie beispielsweise eine Berücksichtigung der Klassenstrukturen, in Software wiedergefunden werden können. Aber die Schulen in Deutschland verfügen über einen hohen Grad an Eigenverantwortung für ihre Organisationsprozesse. Dadurch können nicht alle
Nutzungsszenarien vorgeschrieben werden, sondern es wird den Schulleitungen eine Entscheidungsflexibilität eingeräumt. Gleichwohl trägt Schulverwaltungssoftware per se zu einer Standardisierung der Organisations- und Verwaltungsprozesse bei. Somit können Prozesse über Organisationen und Länder
hinweg kompatibel, interoperabel und vergleichbar werden. Im Umgang damit
werden von Softwareentwicklungsteams unterschiedliche Strategien angewendet, welche auf die priorisierten Bedürfnisse ihrer unterschiedlichen Zielgruppen eingehen.

(2) *Eine gute Schule überträgt Schüler*innen die Eigenverantwortung, auch wenn sie durch die Übertragung gerade diese Eigenverantwortlichkeit untergräbt.* Eine zentrale Paradoxie der Eigenverantwortung in formalen Institutionen wie Schule ist, dass sobald sie übertragen, zugewiesen oder vergeben wird, sie den Schüler*innen abgesprochen wird, und nicht mehr *Eigen*verantwortung bzw. *Selbst*bestimmung sein kann (Nullmeier 2005). Werden Lehrkräfte zu Coaches, verschwindet die disziplinierende Funktion der Schule nicht, sondern sie verschiebt sich von der Instruktion zu der Responsibilisierung und Aktivierung, in der die Eigenverantwortung zu einer lehrer*innenseitig formulierten Erwartung wird, die erfüllt werden „muss" (Burman 2016). Spannungen entstehen hierbei zudem, wenn die Schule zu Eigenständigkeit erziehen möchte, die Software allerdings diese Selbstständigkeit voraussetzt (siehe auch Macgilchrist et al. 2023 in diesem Buch, Kap. „Adaptive Lernsoftware oder adaptierende Lehrkräfte? Das Ringen um Handlungsspielräume"). Eine Fluchtlinie zu Alternativen, die hier nur angerissen werden kann, spielt mit den Worten „Ver-Antwort-ung" oder „Ver-Antwort-lichkeit", um die These zu entfalten, dass wir immer in Antwort auf andere agieren, das heißt, dass Selbstbestimmung, Eigenverantwortung und Autonomie konstitutiv soziale, reziproke, kollektive Verhältnisse sind (Haraway 2016; Hark 2021, S. 199; Rössler 2017). Eigenverantwortung muss in diesem Verständnis nicht nur individuell, sondern kann kollektiv wahrgenommen werden (Nullmeier 2006, S. 176).

(3) *Eine gute Schule strebe eine möglichst vollständige Datenerfassung an.* Die Interviewpartner*innen artikulieren an einigen Stellen in den Interviews eine Sicht auf Daten – als unvollständig, heterogen, *noisy*, beweglich und kontextualisiert – die dem Verständnis von Daten in den *critical data studies*, an die sich dieser Band anschließt (siehe Breiter & Bock; in diesem Buch, Kap. „Datafizierte Gesellschaft | Bildung | Schule"), ähnelt. Wenn, beispielsweise, eine zentrale Auswertung darauf zielt, Trends zu identifizieren, dann müssen die Daten einer Einzelschule nicht notwendigerweise genau deklariert werden. Sind 0,5 Prozent in einer Statistik wenige Fälle oder wenige Vorkommnisse im Schulalltag (zum Beispiel eine Lehrstunde, die vom 30. eines Monats auf den 2. Tag des darauffolgenden Monats verschoben wird und nun korrekt abgerechnet werden muss) für die Schule identifizierbar und eventuell wichtig anzuerkennen, sind sie für die aggregierte zentrale Auswertung nicht relevant. An anderen Stellen in den Interviews wird das Ziel artikuliert, genau „dieselbe" Sicht an verschiedenen schulsteuerungsrelevanten Orten zu sehen und auf „die gleichen" Daten zugreifen zu können. Das Streben nach Genauigkeit und Vollständigkeit, um die gute Arbeit über Schulen und weiteren Institutionen möglichst reibungslos zu gestalten, besteht also auch weiterhin. In der Forschung zu *critical data studies*

sowie in feministischen Forschungsansätzen wird dieses Ausklammern der „Ausreißer" und Einzelfälle jedoch kritisch betrachtet. Es wird betont, dass insbesondere bereits marginalisierte Praktiken und/oder Personen als Einzelfälle betrachtet, als „Anderes" („*other*") deklariert und ohne weitere Behandlung als abgeschlossen und nicht weiter relevant markiert werden können. So können beispielsweise systemische Probleme als Einzelfälle versteckt werden (Bowker und Star 1999; D'Ignazio und Klein 2020).

Im akademischen Diskurs zu Bildungsorganisation, -verwaltung und -steuerung, werden Individualisierung – und die damit einhergehende Eigenverantwortung bzw. Selbstbestimmung oder Autonomie – und Standardisierung oftmals als gegenüberliegend verstanden. Einerseits werden die heterogenen, individuellen Praktiken und gelebten Erfahrungen in den Schulen, die von Softwarehersteller*innen und politischen Akteur*innen versprochen werden, analysiert (Selwyn 2020). Andererseits werden die unterschiedlichen Standards in Form von Steuerungsinstrumenten, Curricula und Qualitätsevaluationen untersucht, die als Kriterien zur Kategorisierung der Bildungspraktiken und zur Präsentation der daraus entstehenden Ergebnisse benutzt werden können (Bradbury 2019). Wie die oben aufgeführten Beispiele zeigen, entstehen Standardisierungsanforderungen oftmals in bildungspolitischen, Bildungssteuerungs- und Bildungsentwicklungsvorhaben (Brüggemann 2021; Förschler 2021; Hartong und Nikolai 2021; Schildkamp et al. 2017). Standardisierende Funktionen der Schulverwaltungssoftware gehen über die üblicherweise diskutierten Implikationen der Standardisierung der Bildung – zum Beispiel durch Leistungstests – hinaus und greifen in Steuerungsprozesse der Schulorganisation ein. Schulische Akteur*innen, die sich diesen Prozessen widersetzen und zum Beispiel eigene, von den Standards abweichende Not- und Übergangslösungen entwickeln, werden nicht mehr lediglich als Nutzer*innen verstanden, sondern erhalten weitere Verantwortlichkeiten (engl. Accountability; Gorur und Dey 2021; Hartong 2021). Die Eigenverantwortlichkeit, die von der Lern- und Schulverwaltungssoftware ermöglicht bzw. im Einklang mit den übergreifenden Standards gebracht werden soll, ist damit nicht nur eine Antwort auf die (erhobenen oder imaginierten) Anforderungen aus den Schulen, ihren heterogenen Lern- und Steuerungspraktiken gerecht zu werden, sondern auch ein Instrument der Plattform- oder Software-Governance.

Eine gute Schule, so die Schlussfolgerung hier, wird als eine imaginiert, die sich eigenverantwortlich organisiert bei gleichzeitiger Einbettung in Standardisierungen, die Schüler*innen die Eigenverantwortung überträgt und somit auch unterminiert, und die eine möglichst vollständige – wenngleich keine 100 Prozent vollständige – Datenerfassung anstrebt.

5   Diskussion und Fazit

Interviews mit Softwaregestaltungsteams können leicht verführen. Die Gesprächspartner*innen sind, in unseren Erfahrungen, sympathische Personen, die sich oft
aus politischer oder ethischer Überzeugung entschieden haben, im Bildungsbereich zu arbeiten – statt Software für Recht, Wirtschaft o. ä., zu entwickeln und
vertreiben. Wo Tom L. Lynch vor zehn Jahren noch fordert, dass „[c]ompanies and
philanthropic groups should have to articulate clearly how the software-powered
technologies they promote put the goals of pedagogy before those of profit and
ideology" (2015, S. 26), können unsere Interviewpartner*innen heute mit Überzeugung die pädagogischen und organisatorischen Vorteile und Ziele ihrer Schulsoftware präsentieren. Sie artikulieren, wie gerade ihre Software hilfreiche Lösungen („*pain relievers*") für die Probleme („*pains*") von Schulen anbietet.
Gleichzeitig sind diese Vorteile und Ziele mit den Idealen (wir könnten schreiben:
„Ideologien") ihrer Zeit verwoben.

> When researching the often-exuberant promises that accompany new technologies
> and new forms of computational media, we navigate the seas between the Scylla of
> pure description (or worse: naïve celebration), and the Charybdis of all too easy de-
> construction or critiques of others' ideology. (Bachmann 2021, S. 15)

Um in diesen Gewässern zu navigieren, hat dieses Kapitel eine Herangehensweise
gewählt, die die Komplexität und Widersprüchlichkeit der Lösungen und damit
einhergehenden Problematisierungen der Interviewpartner*innen für Lernsoftware
und Schulverwaltungssoftware versucht zu verstehen. Ziel war, Elemente der impliziten und expliziten Entwürfe für eine „gute Schule" herauszuarbeiten: Welche
Probleme sollen aus Sicht der Softwaregestaltungsteams von ihrer Software gelöst
werden, und wie wird dabei eine gute Schule imaginiert?

Zwei zentrale Problematisierungen wurden identifiziert, die sowohl bei
Lernsoftware zum Einsatz im Unterricht als auch bei Schulverwaltungssoftware
zur Unterstützung der Administration der Schulen thematisiert wurden: Erstens
werden schulische Akteur*innen als überfordert entworfen. Sie werden belastet.
Sie werden nicht entsprechend ihrer Potenziale gefördert. Eine Lösung ist, dass
Lern- und Schulverwaltungssoftware Schüler*innen, Lehrkräfte, Mitarbeitende
der Bildungsministerien und weitere schulbezogene Akteur*innen entlasten soll.
Die gute Schule, die beim Sprechen über diese Problematisierungen und Lösungen
hervorgebracht wird, ist eine, die Schüler*innen individuell fördert, Lehrkräften
eine komfortable und effiziente Arbeit ermöglicht, und Wissens- und Sorgearbeit
zwischen Software und Lehrkraft aufteilt. Zweitens wird ein schulischer

Ausgangspunkt entworfen, in dem die Eigenverantwortlichkeit der Schüler*innen vom System Schule blockiert wird und in dem die Eigenverantwortlichkeit der Schulen mit ihren Datenlieferpflichten nicht kompatibel ist. Eine Lösung hierfür ist, dass die Lern- und Schulverwaltungssoftware Schüler*innen die Eigenverantwortung übertragen, und Schulen im Gefüge der Standardisierungen bei ihrer Eigenverantwortung nicht behindern soll. Die gute Schule, die hierbei entworfen wird, ist eine, die individuellen Schüler*innen die Eigenverantwortung überträgt, die sich selbstständig organisiert bei gleichzeitiger Akzeptanz der allgemeineren Standards, und die eine möglichst vollständige Datenerfassung anstrebt.

Software, so unser Ausgangspunkt, prägt die Handlungsoptionen im schulischen Alltag. Die datenintensive, adaptive Lernsoftware und die datenerfassende Schulverwaltungssoftware, deren Entwicklung hier im Fokus standen, entwerfen Ideen einer guten Schule, die performative Effekte auf die Praktiken in Schule haben, welche als solche nicht deterministisch zu definieren ist. Aber, die Prioritäten und das pädagogische bzw. organisationale Verständnis der Gestaltungsteams werden in die Software eingeschrieben, und rahmen Optionen für das Handeln der schulischen Akteur*innen. Diese Optionen eröffnen bestimmte Entwicklungspfade für die Schule der Zukunft und schließen andere Wege aus.

Die bei der Lernsoftware anvisierte Schule fokussiert, beispielsweise, stark auf einzelne Schüler*innen und Lehrkräfte. Die hierbei entworfene „gute Schule" orientiert sich hier, auf den ersten Blick, eher an Individuen als an Klassengemeinschaften, kollegiale Zusammenarbeit oder kollektive Solidarität. Dieser Fokus auf das Individuum ist in der Bildungsforschung bisher – als neoliberale/kapitalistische Flexibilisierung, Individualisierung und Responsibilisierung des Bildungssystems bzw. der Gesellschaft – kritisch analysiert worden. Wir möchten hier allerdings weder digitale Bildungstechnologien „naiv" zelebrieren noch eine, wie Bachmann schreibt „too easy deconstruction or critiques of others' ideology", betreiben, sondern die Verwobenheit dieser Individualisierung mit Kollektivität, die in diesem Beitrag auch sichtbar wird, hervorheben: Gerade durch die kollektive Produktion von Milliarden von Datenpunkten, kann eine adaptive Lernsoftware Angebote für das, was die Anbieter als individualisiertes oder personalisiertes Lernen bezeichnen, machen. Gerade durch die intensivierte Unterstützung von Schüler*innen im gemeinschaftlichen Klassenraum – das heißt, die politische und solidarische Sorgearbeit der Lehrkräfte – die fast alle Interviewpartner*innen betonen, kann Lernsoftware für individuelle Schüler*innen produktiv werden. Gerade die Aussage der Softwaregestaltungsteams, dass sie eine Lösung für überforderte Lehrkräfte anbieten wollen, sollte Entscheidungsträger*innen, die sich mit Strukturen und Systemen befassen, erneut auf die sozioökonomischen Probleme, die eine solche Überforderung verstärken, aufmerksam machen.

Insbesondere die bei der Schulverwaltungssoftware anvisierte „gute Schule" thematisiert die reibungslose Zusammenarbeit über System- und Organisationsgrenzen hinweg, die mit Schule zu tun haben. Auch diese Vorstellung einer reibungslosen, glatten, problemlosen, einfachen, effizienten Arbeits- und Lebensweise, die durch Software ermöglicht werden soll und die Welt als möglichst reibungslos statt konfliktreich und brüchig vorstellt, ist kritisch analysiert worden – sowohl in wissenschaftlichen Studien als auch in Serien wie *Black Mirror*. Wir möchten hier allerdings die Momente hervorheben in der die Softwaregestaltungsteams auch auf Brüchigkeit und Spannungen verweisen. Die akkurate Erfassung der Daten ist nicht nötig und sollte gar nicht angestrebt werden. Wo früher jede Organisation, ob Schule, Schulamt, Schulträger oder Bildungsministerium nach unterschiedlichen Logiken arbeitete, scheint sich heute nur die Schule allen anderen anpassen zu müssen. Wenn die Software nun dazu dient, diesen Organisationen eine geteilte Sicht auf die gleichen Daten zu ermöglichen, bringt sie sie zusammen, aber eröffnet gerade dadurch neue Möglichkeiten für spannungsreiche Kommunikation – über diese Daten, die nun alle sehen können. Die Schulverwaltungssoftware soll unterstützen, dass nicht eine Organisation (insbesondere die Schule) ihre Praktiken auf den Kopf stellen muss, um die Logiken, Standards und Erwartungen einer anderen Organisation (insbesondere die Ministerien) erfüllen zu können. Niedrigschwellig werden *workarounds* und Lösungen gefunden, damit die Heterogenität zwischen Bildungsorganisationen gerade durch die Vereinheitlichung und Standardisierung nicht zu einheitlich wird.

Problematisierungen zeigen auf, welche Prioritäten aktuell die Arbeit mit Software für Schulen rahmen und in Schulen performativ werden können. Die Analyse der Interviews in diesem Beitrag zielte darauf, die verschiedenen Spannungen und Möglichkeiten „innerhalb" dieser Problematisierungen sichtbar zu machen, die, wenn sie „auf diese Weise" gelesen und vollzogen werden, eine vielleicht unerwartete (kollektive, solidarische, spannungsreiche) Wirkkraft auf schulische Wirklichkeit entfalten könnten.

Noch expliziter können wir über alternative Fluchtlinien spekulieren, in der andere Entwicklungsweisen von schulbezogener Software vollzogen werden. Hier wären zum Beispiel nutzerorientierte oder menschzentrierte Ansätze der Softwaregestaltung zu erwähnen, die die Rahmung von Problemen, die eine Software lösen soll, immer vom jeweiligen Nutzungs- bzw. Anwendungskontext her denken. Nutzerzentrierte Softwaregestaltung stellt etwa den Fokus auf den Nutzungskontext einer Software (Kubicek et al. 2019). Akteur*innen, zum Beispiel Lehrkräfte oder Schulleitungen, werden jedoch primär in ihrer Beziehung zu einer Software verstanden. Das heißt, sie werden ausschließlich als Nutzende von Software definiert; Beziehungen, Interessen und Praktiken, die nicht im Kontext der Softwarenutzung stehen, werden ausgeblendet. Ansätze der menschzentrierten Softwaregestaltung wollen hingegen den „gesamten Menschen" in den Blick nehmen. Wie dies gelingen kann, zeigen partizipative Ansätze zur Softwaregestaltung, die in iterativen Schritten, die *pains* und *gains* der schulischen Akteur*innen viel intensiver bearbeitbar machen, als bei derzeit üblichen Entwicklungspraktiken (z. B. Costanza-Chock 2020; Ehn 2008; Muller 2007). Wichtig ist hierbei der Fokus auf der gemeinsamen Exploration und Definition eines Problems, das gelöst werden soll. Es können dann gemeinsam Lösungen entwickelt werden, die nicht unbedingt nur technischer Natur sind (Light und Akama 2014).

Aus der Analyse dieses Beitrags entstehen eine Reihe von Fragen für zukünftige Forschung: Inwieweit beziehen Gestaltungsteams Nutzer*innen in die Entwicklung ein? Wer trägt wann die Verantwortung für das Design? Was ändert sich beim Produkt, wenn partizipative Elemente verstärkt werden, damit die Lösungen der Software auf von zukünftigen Nutzer*innen artikulierten, komplexen, kontextualisierten Problembeschreibungen antworten? Welche Nutzer*innen erhalten aktuell eine Stimme beim Entwicklungsprozess, und welche Implikationen hätte eine breitere Einbindung diverser Nutzer*innen auf die Konstruktion der „guten Schule", die in zukünftiger Software eingeschrieben werden würde? Darüber hinaus besteht weiterhin ein großer Bedarf an Forschung, die die Entscheidungsprozesse während der Arbeitsprozesse (statt durch Interviews) beobachtet und analysiert: Wie werden, zum Beispiel, Entscheidungen in der Praxis darüber getroffen, welche Daten erhoben werden sollen oder welche Daten von wem einsehbar sind (z. B. Beyer und Holtzblatt 1999)?

Insgesamt zeigt dieser Beitrag, basierend auf Interviews mit Softwaregestaltungsteams zwei Problembündel, die aus Sicht der Softwaregestaltungsteams von der Software gelöst werden sollen: schulische Akteur*innen sollen entlastet werden, und ihre Selbst- bzw. Eigenverantwortung soll gestärkt werden. Dabei wird eine „gute Schule" auf den ersten Blick als individualisierend imaginiert. Beim näheren Hinsehen – durch die qualitative Analyse der Interviews in diesem Beitrag – werden Spannungen erkennbar, die komplexere Prozesse bei der Softwareentwicklung sichtbar machen. Wir sehen dabei die Vision eines effizienten, reibungslosen, interoperablen, entlasteten, eigenverantwortlichen, vollständigen Lernens und Arbeitens mit Daten in der guten Schule der Zukunft, die durch Schulsoftware ermöglicht werden soll. Aber diese imaginierte Schule wird „auch" in den Fluchtlinien der Interviews als sozial, kollektivverantwortlich, reibungsvoll, lückenhaft und belastend entworfen. Diese Spannungen, so die Schlussfolgerung dieses Beitrags, sind keine Probleme, die behoben werden sollen, sondern markieren die komplexen, situierten, *messy* Praktiken im Alltag der Schule, die produktive und gemeinsame Möglichkeiten der Zusammenarbeit offenhalten.

Literatur

Agar, M. (2006). Culture: Can you Take it Anywhere?: Invited Lecture Presented at the Gevirtz Graduate School of Education, University of California at Santa Barbara. *International Journal of Qualitative Methods*, *5*(2), 1–16. https://doi.org/10.1177/160940690600500201

Atenas, J., Beetham, H., Bell, F., Cronin, C., Vu Henry, J., & Walji, S. (2022). Feminisms, technologies and learning: Continuities and contestations. *Learning, Media and Technology*, *47*(1), 1–10. https://doi.org/10.1080/17439884.2022.2041830

Bacchi, C. (2012). Why Study Problematizations? Making Politics Visible. *Open Journal of Political Science*, *2*(1), 1–8. https://doi.org/10.4236/ojps.2012.21001

Bacchi, C., & Goodwin, S. (2016). *Poststructural Policy Analysis: A Guide to Practice*. Palgrave Macmillan. https://doi.org/10.1057/978-1-137-52546-8_3

Bachmann, G. (2021). The Promise of the Promise – The Dynamic Medium Group in Oakland, California. In C. Ernst & J. Schröter (Hrsg.), *(Re-)Imagining New Media: Techno-Imaginaries around 2000 and the case of „Piazza virtuale" (1992)* (S. 15–30). Springer Fachmedien. https://doi.org/10.1007/978-3-658-32899-3_3

Bellmann, J. (2015). Symptome der gleichzeitigen Politisierung und Entpolitisierung der Erziehungswissenschaft im Kontext datengetriebener Steuerung. *Erziehungswissenschaft*, *26*(50), 45–54.

Berge, A., Johansson, E., Bjervås, L.-L., Sigurdadottir, I., & Puroila, A.-M. (2018). Discourse of Efficiency: Conflicting Values in Educators' Talk About Everyday Practices in the Cloakroom. In E. Johansson, A. Emilson, & A.-M. Puroila (Hrsg.), *Values Education in Early Childhood Settings* (Bd. 23, S. 297–311). Springer International Publishing. https://doi.org/10.1007/978-3-319-75559-5_18

Berger, S., & Moser, U. (2020). Adaptives Lernen und Testen. *journal für lehrerInnenbildung*, *20*(1), 42–52. https://doi.org/10.35468/jlb-01-2020_03

Beyer, M., & Holtzblatt, K. (1999). Contextual design. *Interactions*, *6*(1), 32–42. https://doi.org/10.1145/291224.291229

Biesta, G. (2013). *The beautiful risk of education*. Paradigm Publishers.

BITSTEPS GmbH. (2020, August 22). *Digitale Schule. Interaktives Lernen überall und jederzeit* [Produkt-Website]. bitsteps.de. https://bitsteps.de/branchen-2/digitale-schule/

Bowker, G. C., & Star, S. L. (1999). *Sorting things out: Classification and its consequences*. MIT Press.

Bradbury, A. (2019). Datafied at four: The role of data in the 'schoolification' of early childhood education in England. *Learning, Media and Technology*, *44*(1), 7–21. https://doi.org/10.1080/17439884.2018.1511577

Breiter, A., & Hepp, A. (2018). The Complexity of Datafication: Putting Digital Traces in Context. In A. Hepp, A. Breiter, & U. Hasebrink (Hrsg.), *Communicative Figurations. Transforming Communications – Studies in Cross-Media Research*. (S. 387–405). Cham.

Breiter, A., & Jarke, J. (2016). Datafying education: How digital assessment practices reconfigure the organisation of learning. *Communicative figurations working paper | No. 11*, *11*, 1–15. https://doi.org/10.13140/rg.2.1.2565.9280

Breiter, A., & Lange, A. (2019). Die digitale Schulverwaltung. In H. H. Lühr, R. Jabkowski, & S. Smentek (Hrsg.), *Handbuch Digitale Verwaltung* (S. 330–342). Kommunal- und Schulverlag.

Britzman, D. P. (2009). *The very thought of education: Psychoanalysis and the impossible professions.* State university of New York press.

Brüggemann, C. (2021). Datenbasiertes Bildungsmanagement als Steuerungsversprechen der Regionalisierungspolitik im Bildungswesen. *Zeitschrift für Pädagogik, 67*(3), 338–352. https://doi.org/10.3262/ZP2103338

Bulger, M. (2016). *Personalized Learning: The conversations we're not having.* https://datasociety.net/pubs/ecl/PersonalizedLearning_primer_2016.pdf

Burman, E. (2016). Knowing Foucault, knowing you: 'Raced'/classed and gendered subjectivities in the pedagogical state. *Pedagogy, Culture & Society, 24*(1), 1–25. https://doi.org/10.1080/14681366.2015.1057215

Charmaz, K., & Thornberg, R. (2021). The pursuit of quality in grounded theory. *Qualitative Research in Psychology, 18*(3), 305–327. https://doi.org/10.1080/14780887.2020.1780357

Childers, S. M. (2014). Promiscuous Analysis in Qualitative Research. *Qualitative Inquiry, 20*(6), 819–826. https://doi.org/10.1177/1077800414530266

Costanza-Chock, S. (2020). *Design justice: Community-led practices to build the worlds we need.* The MIT Press.

Couldry, N., & Hepp, A. (2017). *The Mediated Construction of Reality.* Polity.

Das Deutsche Schulportal. (o.J.). Dossier – Wie kann der Einsatz digitaler Medien den Unterricht verbessern? [Blog]. *Das Deutsche Schulportal.* https://deutsches-schulportal.de/dossiers/wie-kann-der-einsatz-digitaler-medien-den-unterricht-verbessern/

Denker, B., Horn, N., & Vallée, T. (2021). *Datenschutz und digitale Schule. Impulse zur Entlastung und Unterstützung von Schulen.* (Forum Bildung Digitalisierung e. V., Hrsg.). Forum Bildung Digitalisierung e. V.

Design Council. (2019, Oktober 29). *What is the framework for innovation? Design Council's evolved Double Diamond* [Blog]. Design Council. https://www.designcouncil.org.uk/news-opinion/what-framework-innovation-design-councils-evolved-double-diamond

D'Ignazio, C., & Klein, L. F. (2020). Seven intersectional feminist principles for equitable and actionable COVID-19 data. *Big Data & Society, 7*(2), Advance online publication. https://doi.org/10.1177/2053951720942544

Easterling, K. (2016). *Extrastatecraft: The power of infrastructure space.* Verso.

Eder, S., Mikat, C., & Tillmann, A. (Hrsg.). (2017). *Software takes command: Herausforderungen der „Datafizierung" für die Medienpädagogik in Theorie und Praxis.* kopaed. https://www.gmk-net.de/wp-content/uploads/2018/12/gmk53_eder_mikat_tillmann.pdf

edjufy GmbH. (o.J.). *edjufy – Die Software für Ihre Schule* [Produkt-Website]. edjufy.com. https://www.edjufy.com/de/die-software-fuer-ihre-schule

Edwards, R. (2011). Translating the Prescribed into the Enacted Curriculum in College and School. *Educational Philosophy and Theory, 43*(s1), 38–54. https://doi.org/10.1111/j.1469-5812.2009.00602.x

Edwards, R. (2015). Software and the hidden curriculum in digital education. *Pedagogy, Culture & Society, 23*(2), 265–279. https://doi.org/10.1080/14681366.2014.977809

Ehn, P. (2008). Participation in Design Things. *Proceedings of the Tenth Conference on Participatory Design.* ODC 2008, Bloomington, IN.

Eynon, R. (2013). The rise of Big Data: What does it mean for education, technology, and media research? *Learning, Media and Technology, 38*(3), 237–240. https://doi.org/10.1080/17439884.2013.771783

Floyd, C. (1989). Softwareentwicklung als Realitätskonstruktion. In W. M. Lippe (Hrsg.), *Software-Entwicklung. Informatik-Fachberichte* (Bd. 212, S. Advance online publication). Springer. https://doi.org/10.1007/978-3-642-74872-1_1

Förschler, A. (2021). Der wachsende politische Einfluss privater (EdTech-)Akteure im Kontext digitaler Bildungsbeobachtung und -steuerung. *Zeitschrift für Pädagogik, 67*(3), 323–337. https://doi.org/10.3262/ZP2103323

Foucault, M. (1983). *Conclusion: Discourse & Truth, Problematization of Parrhesia – Six lectures given by Michel Foucault at the University of California at Berkeley, Oct-Nov. 1983* [Online-Repositorium]. Michel Foucault, Info. https://foucault.info/parrhesia/foucault.DT6.conclusion.en/

Gapski, H. (Hrsg.). (2015). *Big Data und Medienbildung: Zwischen Kontrollverlust, Selbstverteidigung und Souveränität in der digitalen Welt.* kopaed.

Gorur, R. (2014). Towards a Sociology of Measurement in Education Policy. *European Educational Research Journal, 13*(1), 58–72.

Gorur, R., & Dey, J. (2021). Making the user friendly: The ontological politics of digital data platforms. *Critical Studies in Education, 62*(1), 67–81. https://doi.org/10.1080/1750848 7.2020.1727544

Graeber, D. (2018). *Bullshit Jobs: A theory.* Allen Lane.

Grek, S. (2009). Governing by numbers: The PISA 'effect' in Europe. *Journal of Education Policy, 24*(1), 23–37. https://doi.org/10.1080/02680930802412669

Groff, J. S. (2017). *Personalized Learning: The State of the Field & Future Directions.* Center for Curriculum Redesign. https://curriculumredesign.org/wp-content/uploads/PersonalizedLearning_CCR_May2017.pdf

Haraway, D. J. (2016). *Staying with the trouble: Making kin in the Chthulucene.* Duke University Press.

Hark, S. (2021). *Gemeinschaft der Ungewählten: Umrisse eines politischen Ethos der Kohabitation: ein Essay* (Erste Auflage, Originalausgabe). Suhrkamp.

Hartong, S. (2016). Between assessments, digital technologies and big data: The growing influence of 'hidden' data mediators in education. *European Educational Research Journal, 15*(5), 523–536. https://doi.org/10.1177/1474904116648966

Hartong, S. (2021). The power of relation-making: Insights into the production and operation of digital school performance platforms in the US. *Critical Studies in Education, 62*, 34–49. https://doi.org/10.1080/17508487.2020.1749861

Hartong, S., & Förschler, A. (2019). Opening the black box of data-based school monitoring: Data infrastructures, flows and practices in state education agencies. *Big Data & Society, 6*(1), Advance online publication. https://doi.org/10.1177/2053951719853311

Hartong, S., Hermstein, B., & Höhne, T. (Hrsg.). (2018). *Ökonomisierung von Schule? Bildungsreformen in nationaler und internationaler Perspektive* (1. Auflage). Beltz Juventa.

Hartong, S., & Nikolai, R. (2021). Warum es unabdingbar ist, Dateninfrastrukturen in der Bildungssteuerung stärker kritisch in den Blick zu nehmen. *Zeitschrift für Pädagogik, 67*(3), 317–322.

Ideland, M., Jobér, A., & Axelsson, T. (2021). Problem solved! How edupreuers enact a school crisis as business possibilities. *European Educational Research Journal, 20*(1), 83–101. https://doi.org/10.1177/1474904120952978

Jarke, J., & Breiter, A. (2021). Die Schule als digitale Bewertungsfiguration?: Zur Soziomaterialität von Algorithmen und Daten. *MedienPädagogik: Zeitschrift für Theorie und Praxis der Medienbildung*, *44*, 140–159. https://doi.org/10.21240/mpaed/44/2021.11.01.X

Jarke, J., & Macgilchrist, F. (2021). Dashboard stories: How narratives told by predictive analytics reconfigure roles, risk and sociality in education. *Big Data & Society*, *8*(1), Advance online publication. https://doi.org/10.1177/20539517211025561

Krämer, S. (Hrsg.). (1998). *Medien, Computer, Realität: Wirklichkeitsvorstellungen und Neue Medien* (1. Aufl). Suhrkamp.

Krypczyk, V., & Bochkor, O. (2018). *Handbuch für Softwareentwickler*. Rheinwerk Verlag.

Kubicek, H., Gerhard, U., & Jarke, J. (2019). Users First – Nutzerzentrierung in der digitalen Verwaltung. In H.-H. Lühr, R. Jabkowski, & S. Smentek (Hrsg.), *Handbuch Digitale Verwaltung* (S. 359–388). KSV Verwaltungspraxis. https://doi.org/10.5771/9783748905226-359

Law, J. (2004). *After method: Mess in social science research*. Routledge.

Lawn, M. (2013). *The Rise of Data in Education Systems: Collection, visualization and use*. Symposium Books.

Lewrick, M. (2018). *Design Thinking: Radikale Innovationen in einer digitalisierten Welt*. C.H. Beck.

Light, A., & Akama, Y. (2014). Structuring Future Social Relations: The Politics of Care in Participatory Practice. *PDC '14: Proceedings of the 13th Participatory Design Conference*, 151–160. http://dx.doi.org/https://doi.org/10.1145/2661435.2661438

Lury, C. (2020). *Problem spaces: How and why methodology matters*. Polity Press.

Lynch, T. L. (2015). *The Hidden Role of Software in Educational Research: Policy to Practice*. Routledge. http://www.taylorandfrancis.com/books/details/9781138807297/

Macgilchrist, F. (2017). Backstaging the teacher: On learner-driven, school-driven and data-driven change in educational technology discourse. *Culture-Society-Education*, *12*(2), 83–103. https://doi.org/10.31235/OSF.IO/4UKQJ

Macgilchrist, F. (2019). Cruel optimism in edtech: When the digital data practices of educational technology providers inadvertently hinder educational equity. *Learning, Media and Technology*, *44*(1), 77–86. https://doi.org/10.1080/17439884.2018.1556217

Macgilchrist, F. (2023). Diskurse der Digitalität und Pädagogik. In S. Aßmann & N. Ricken (Hrsg.), *Bildung und Digitalität. Analysen – Diskurse – Perspektiven*. Springer VS.

Macgilchrist, F., Ott, M., & Langer, A. (2014). Der praktische Vollzug von „Bologna". Eine ethnographische Diskursanalyse. In M. Nonhoff, E. Herschinger, J. Angermüller, F. Macgilchrist, M. Reisigl, J. Wedl, D. Wrana, & A. Ziem (Hrsg.), *Diskursforschung. Ein interdisziplinäres Handbuch*. (S. 725–745). Transcript.

Meseth, W., Proske, M., & Radtke, F.-O. (2012). Kontrolliertes Laissez-faire. Auf dem Weg zu einer kontingenzgewärtigen Unterrichtstheorie. *Zeitschrift für Pädagogik*, *58*(2), 223–242.

Milan, S. (2020). Techno-solutionism and the standard human in the making of the COVID-19 pandemic. *Big Data & Society*, *7*(2), Advance online publication. https://doi.org/10.1177/2053951720966781

Morozov, E. (2013). *To save everything, click here: The folly of technological solutionism* (First edition). PublicAffairs.

Muller, M. J. (2007). Participatory design: The third space in HCI. In *The Human-Computer Interaction Handbook* (S. 1087–1108). CRC Press.

Nullmeier, F. (2005). Paradoxien der Eigenverantwortung. *Zes Report, 10*(1), 1–4.
Nullmeier, F. (2006). Eigenverantwortung, Gerechtigkeit und Solidarität – Konkurrierende Prinzipien der Konstruktion moderner Wohlfahrtsstaaten? *WSI Mitteilungen, 59*(4), 175–180.
Osterwalder, A., Pigneur, Y., Bernarda, G., & Smith, A. (2014). *Value proposition design: How to create products and services customers want*. John Wiley & Sons.
Ozga, J. (2011). *Fabricating Quality in Education: Data and Governance in Europe* (1. Aufl.). Routledge. https://www.taylorfrancis.com/books/9780203830741
Rabenstein, K. (2010). Förderpraktiken im Wochenplanunterricht: Subjektivationsprozesse von Schülern zwischen Selbstständigkeitsanforderungen und Hilfebedürftigkeit. *Sozialer Sinn, 11*(1), 53–77. https://doi.org/10.1515/sosi-2010-0104
Ramiel, H. (2019). User or student: Constructing the subject in Edtech incubator. *Discourse: Studies in the Cultural Politics of Education, 40*(4), 487–499. https://doi.org/10.108 0/01596306.2017.1365694
Richter, C., Raffel, L., & Allert, H. (2021). Towards a Closer Look at the Pipes and Joints of Educational Data Infrastructures: A Technogenetic Analysis of the Experience API. *Seminar.net, 17*(2), Advance online publication. https://doi.org/10.7577/seminar.4232
Rössler, B. (2017). *Autonomie: Ein Versuch über das gelungene Leben*. Suhrkamp.
Schildkamp, K., Poortman, C., Luyten, H., & Ebbeler, J. (2017). Factors promoting and hindering data-based decision making in schools. *School Effectiveness and School Improvement, 28*(2), 242–258. https://doi.org/10.1080/09243453.2016.1256901
Selwyn, N. (2014). Data entry: Towards the critical study of digital data and education. *Learning, Media and Technology, 40*(1), 64–82.
Selwyn, N. (2020). 'Just playing around with Excel and pivot tables' – The realities of data-driven schooling. *Research Papers in Education, 37*(1), 95–114. https://doi.org/10.108 0/02671522.2020.1812107
Sennett, R. (1998). *Der flexible Mensch: Die Kultur des neuen Kapitalismus* (M. Richter, Übers.; 9. Aufl). Berlin-Verlag.
Weich, A., Deny, P., Priedigkeit, M., & Troeger, J. (2021). Adaptive Lernsysteme zwischen Optimierung und Kritik: Eine Analyse der Medienkonstellationen bettermarks aus informatischer und medienwissenschaftlicher Perspektive. *MedienPädagogik: Zeitschrift für Theorie und Praxis der Medienbildung, 44*, 22–51. https://doi.org/10.21240/mpaed/44/2021.10.27.X
Williamson, B. (2015). Governing software: Networks, databases and algorithmic power in the digital governance of public education. *Learning, Media and Technology, 40*(1), 83–105. https://doi.org/10.1080/17439884.2014.924527
Williamson, B. (2016). Digital education governance: Data visualization, predictive analytics, and 'real-time' policy instruments. *Journal of Education Policy, 31*(2), 123–141. https://doi.org/10.1080/02680939.2015.1035758
Williamson, B. (2017). *Big data in education: The digital future of learning, policy and practice* (1st edition). SAGE Publications.
Winkler, H. (1997). *Docuverse*. Boer.
Wrana, D. (2015). Zur Analyse von Positionierungen in diskursiven Praktiken. Methodologische Reflexionen anhand von zwei Studien. In S. Fegter, F. Kessl, A. Langer, M. Ott, D. Rothe, & D. Wrana (Hrsg.), *Erziehungswissenschaftliche Diskursforschung. Empirische Analysen zu Bildungs- und Erziehungsverhältnissen* (S. 123–141). Springer VS.

Zakharova, I., & Jarke, J. (2022). Educational technologies as matters of care. *Learning, Media and Technology, 47*(1), 95–108. https://doi.org/10.1080/17439884.2021.2018605

Zakharova, I., Jarke, J., & Breiter, A. (2022). Affinity spaces as an analytical lens for attending to temporality in critical data studies: The case of Covid-19-related, educational Twitter communication. In A. Hepp, J. Jarke, & L. Kramp (Hrsg.), *New perspectives in critical data studies. The Ambivalences of Data Power.* (S. 345–369). Palgrave.

Adaptive Lernsoftware oder adaptierende Lehrkräfte? Das Ringen um Handlungsspielräume

Felicitas Macgilchrist, Sieglinde Jornitz, Ben Mayer und Jasmin Troeger

Zusammenfassung

Viele Hoffnungen, aber auch Kritik richten sich auf und an neue kommerzielle Akteure im Schulsystem. Was Anbieter von Software für den Unterricht konzipiert haben, tritt oftmals in eine Spannung zu dem, wie Lehrkräfte die Software einsetzen wollen. Der Beitrag lässt nun die Anbieter einer bestimmten Software, hier: *System|X* und Lehrkräfte, die diese in ihrem Unterricht verwenden, in der Analyse aufeinandertreffen. Durch die Relationierung von Aussagen zu den drei Aspekten der Leistungsdifferenzierung, Fehlertoleranz und Belohnung zeigt sich

F. Macgilchrist (✉)
Leitung der Abteilung Mediale Transformationen am Leibniz-Institut für Bildungsmedien I Georg-Eckert-Institut, Braunschweig, Deutschland; Professorin an der Georg-August-Universität, Göttingen, Deutschland
E-Mail: macgilchrist@gei.de

S. Jornitz · B. Mayer
Wissenschaftliche*r Mitarbeiter*in, DIPF I Leibniz-Institut für Bildungsforschung und Bildungsinformation, Frankfurt am Main, Deutschland
E-Mail: s.jornitz@dipf.de; b.mayer@dipf.de

J. Troeger
Wissenschaftliche Mitarbeiterin, Universität Paderborn, Paderborn, Deutschland; ehemalige wissenschaftliche Mitarbeiterin am Leibniz-Institut für Bildungsmedien I Georg-Eckert-Institut, Braunschweig, Deutschland
E-Mail: jasmin.troeger@uni-paderborn.de

131

ein Ringen um den jeweiligen Handlungsspielraum. In den Interviews deutet sich an, wie die Ziele der Anbieter durch den Einsatz im kontextspezifischen Unterricht weitgehend adaptiert werden. Diese Adaption geschieht durch die Orientierung der Anbieter an der eigenständigen Nutzung durch Schüler*innen, die aber herausgefordert wird durch die Einbettung der Lernsoftware in das soziale, materielle, körperliche, sprachliche und symbolische Gefüge des Unterrichts. Lehrkräfte und Anbieter ringen um die Möglichkeit, im Unterricht vermitteln zu können. Insgesamt identifiziert der Beitrag eine „vermittelte Vermittlung", in der die Software vermittelt, wie die Lehrkräfte vermitteln können und die Lehrkräfte vermitteln, wie die Software vermitteln kann. Sowohl Lernsoftware als auch Lehrkräfte zeigen sich in einem bestimmten Sinne als adaptiv bzw. adaptierend. Schule und Unterricht werden, so die Implikation, neu konfiguriert, wenn diese vermittelte Vermittlung zu neuen Entscheidungen in der Alltagspraxis führt.

Schlüsselwörter

Lernsoftware · Softwareentwickler*innen · Leitfadeninterviews · Leistung · Fehlertoleranz · Digitalisierung

1   Einleitung

„Deutsche Schulen hinken digital hinterher", Lehrkräfte bleiben „in der digitalen Steinzeit verhaftet", „Spiele in Lern-Apps: harmlos oder Süchtigmacher?" (z. B. Frohn 2020; Münchner Merkur 2021; Süddeutsche Zeitung 2020) – in Schlagzeilen wie diesen werden Lehrkräfte mitunter als technologisch aus der Zeit gefallen und digitale Spiele als gefährlich eingestuft. Es wird selten in öffentlichen Diskursen über die Geschichte und Aktualität der didaktisch-pädagogisch reflektierten Entscheidungen einzelner Lehrkräfte, digitale Medien nicht einzusetzen oder in kreativer Weise für ihre Schüler*innen zu adaptieren, berichtet (Cuban 1986). Bildungspolitische, praxisnahe und mediale Diskussionen über Lernsoftware sind noch weitgehend durch eine binäre *what works*-Logik der Chancen und Risiken bzw. der Vor- und Nachteile strukturiert (Macgilchrist 2022/i. E.), die auch in wissenschaftlichen Debatten vorhanden sind, zum Beispiel in den Themenbereichen und Zielen führender internationaler Zeitschriften wie *Computers & Technology* oder *Journal of Comp uter-Assisted Learning*. Gleichzeitig wächst die forschungsbasierte Kritik an gegenwärtiger (proprietärer) Lernsoftware bzw. an Lernplattformen, da sie beispielsweise die Kommerzialisierung des öffentlichen

Schulwesens vorantreiben, durch *gamification* eine Wettbewerbsorientierung und datengetriebene Selbstoptimierung im Unterricht verstärken oder durch radikal behavioristische Lerntheorien die Autonomie der Schüler*innen einschränken (z. B. Jornitz und Macgilchrist 2021; Knox et al. 2020; Parreira do Amaral et al. 2019; Selwyn 2012; Watters 2021; Weich et al. 2021).

In diesem Beitrag treten wir sowohl von einem Interesse an *what works*, als auch von der Kommerzialisierungskritik zurück, um anhand von Interviews Spannungen und Ambivalenzen nachzuzeichnen, die zwischen Konzeption und Einsatz einer Lernsoftware sichtbar werden. Im Kern geht es darum, die Entscheidungen nachzuzeichnen, die bei der Entwicklung und dem Einsatz von Lernsoftware gemacht werden, die unterschiedlichen Begründungen für diese Entscheidungen zu eruieren, und sie in ein Verhältnis zueinander zu setzen.[1] Wir analysieren Interviews mit den Anbietern[2] einer Mathematik-Lernsoftware – die wir hier *System|X* nennen – und mit Lehrkräften aus einer DATAFIED-Projektschule, die diese Software in ihren Klassen einsetzen. Durch diese Verschränkung von Reflexionen über die Entwicklung und den Einsatz werden zentrale Annahmen, wie sie in den oben zitierten Schlagzeilen stecken, hinterfragbar. Statt technisch unversierter Lehrkräfte werden in diesem Beitrag „adaptierende Lehrkräfte" sichtbar, die den Einsatz unterschiedlicher Softwareprodukte für ihre Schüler*innen, vor allem für diejenigen Schüler*innen, für die Schule eine Herausforderung ist, an die spezifische Situation des Unterrichts anpassen und sich so ihre Handlungsräume erhalten und mit der Software gestalten. Statt süchtigmachender gamifizierter Elemente im Mathematikunterricht wird in diesem Beitrag eine adaptive Software sichtbar, die in der Konzeption der Anbieter von möglichst allen Schüler*innen gleichermaßen eigenständig genutzt werden soll. Ziel des Beitrags ist aber auch, die kritische Forschungsliteratur – die die Lernsoftware als Produkt und die Versprechungen der Werbematerialien intensiv analysiert – durch Perspektiven aus der Praxis der schulischen Akteur*innen und der Softwareentwicklung zu ergänzen. Wir gehen dabei den jeweiligen Handlungsmöglichkeiten nach, die von den Anbietern der Software einerseits und den Lehrkräften als „Nutzer*innen" andererseits für sich reklamiert werden und gegebenenfalls in einer Spannung zueinander stehen. Eine solche verschränkte Perspektive kann, so die erste These dieses Kapitels, die postulierte Wirkkraft einzelner Lernsoftwareprodukte aufweichen und in einen anwendungs- und entwicklungsbezogenen Kontext stellen. Sie weist auf die Unbestimmtheit und

---

[1] Wir danken Paul Prinsloo für die Anregung, diese drei Elemente zusammenzudenken.

[2] Da die Interviews mit Männern durchgeführt wurden, werden wir im Beitrag durchgehend von Anbietern sprechen und das Substantiv nicht gendern.

messiness (Unordentlichkeit), die für den Einsatz von Software in Lernkontexten konstitutiv ist (Allert und Richter 2020; Law 2004). Die Analyse zeigt, so die zweite These des Kapitels, wie die Spannungen in diesem spezifischen Kontext dargestellt werden. Es wird zu zeigen sein, wie sich ein Ringen um Handlungsmöglichkeiten vonseiten der Anbieter und der Lehrkräfte entfaltet. Zentral dabei ist, dass die Gestaltung der Lernsoftware an der eigenständigen Nutzung orientiert ist; die Praxis im Klassenraum allerdings die Software in die Texturen des sozialen Miteinanders einflechtet.

Nach einer Verortung des Spannungsfeldes, wie es dem Verhältnis der Interviewpartner entspringt, der Methodologie und des empirischen Materials dieses Kapitels werden drei Aspekte näher analysiert, die sowohl in den Interviews mit dem Softwareanbieter als auch in den Interviews mit Lehrkräften hervorgehoben wurden. Es geht hierbei erstens um den für die aktuelle Diskussion über gutes Lehren und Lernen in zunehmend heterogenen Schulklassen zentralen Aspekt der *Leistungsdifferenzierung*. Für das Unterrichten bedeutet dies, wie Lerninhalte und -ziele so differenziert gestaltet werden, dass die Leistung aller Schüler*innen steigt. Zweitens geht es um den Aspekt der *Fehlertoleranz*, eine Praxis, die in den Werbematerialien[3] von *System|X* priorisiert wird und auf eine lange Geschichte in der Erziehungswissenschaft zurückblicken kann (Bollnow 1959; Suoranta et al. 2022). Zentral ist dabei, wie Schüler*innen darin unterstützt werden können, zu verstehen, dass Fehler notwendig sind und sie daraus lernen können. Drittens wenden wir uns dem Aspekt der *Belohnung* zu und damit einem Thema, das oft mit datengetriebener Lernsoftware in Verbindung gebracht wird, vor allem im Kontext der *gamification*. Wir verstehen unter „datengetrieben" „solche Systeme, die Daten als Grundlage für die Erstellung oder Anpassung von Inhalten nutzen. Es geht also nicht um eine technikdeterministische Behauptung, dass das Vorhandensein von Daten die Nutzung oder Entwicklung der Systeme ‚treibt'" (vgl. Weich et al. 2021, S. 24). Das heißt, es geht um die Frage, wie Schüler*innen durch die Lernsoftware belohnt werden und wie sich die Lehrkräfte zu diesem Element positionieren.

In der Analyse dieser drei Aspekte steht die Relationierung der jeweils unterschiedlichen Akzentuierung im Fokus, wie sie in den Interviews mit dem Entwicklungs- und Vertriebsteam des *System|X* und den es einsetzenden Lehrkräften einer Gesamtschule artikuliert wird. Es wird so ein Ringen um Handlungsräume sicht-

---

[3] Im DATAFIED Projekt anonymisieren wir dieses System so weit wie möglich, unter anderem weil wir weder Werbung für, noch Kritik an spezifischen Produkten durchführen möchten und weil der Beitrag darauf zielt, abstrakte Einsichten aus der spezifischen Analyse zu ziehen. Aus diesem Grund werden hier keine Quellen für Zitate oder Verweise auf die Werbematerialien etc. des System|X genannt.

bar, die wir zum Schluss mit Blick auf die gegenwärtige und zukünftige Konstruktion der datafizierten Schule reflektieren.

1.1   Über das Spannungsfeld zwischen Entwicklung und Einsatz einer Lernsoftware

Die Analyse stützt sich auf Interviews mit zwei Vertretern des $System|X$ und zwei Lehrkräften einer Gesamtschule, die das $System|X$ in ihrem Unterricht in je einer 5. Klasse nutzen. Die Interviews mit den Vertretern des $System|X$ wurden 2019/2020 geführt, während die Interviews mit den Lehrkräften im Februar 2021 stattfanden. Jedes Interview dauerte ca. eine Stunde. Im Fokus der Auswertung standen die Reflexionen unserer Interviewpartner über zentrale Aspekte der Software, mit Blick auf den von der Entwicklerseite anvisierten bzw. von den Lehrkräften verwirklichten pädagogisch-praktischen Einsatz im Unterricht. In unserem Datensatz aus vier Interviews treffen also der jeweilige Anspruch und die Selbstpositionierung der Anbieter sowie der Lehrkräfte aufeinander. In der Tradition der qualitativen Forschung bietet der Beitrag vertiefte Einblicke in Erzählungen und Artikulationen, die zu einer breiteren Reflexion über das Ringen um das, was als „guter Unterricht" gilt, anregen möchte.

Die Entwicklerperspektive ist gerade deshalb aufschlussreich, weil sie die Positionierung – in der sozialen Situation eines Interviews – zu Zielen, Priorisierungen, Vorstellungen über Einsatz, Werte, Normalisierungen und Nutzungsversprechen (siehe Beitrag Troeger et al. 2023 in diesem Buch, Kap. „Digital ist besser!? – Wie Software das Verständnis von guter Schule neu definiert") analysierbar macht (Wrana 2015). Die Interviewpartner der Softwarefirma artikulieren, wie diese Perspektive zum Teil in die Software eingeschrieben wird, das heißt, durch welche Funktionen, Designelemente oder Aufgaben die artikulierten Ziele etc. in der Praxis ankommen sollen. Die Interviews mit den Lehrkräften zeigen dagegen, was bei diesen Lehrkräften in der Praxis ankommt, wie sie welche Elemente einsetzen, wogegen sie sich entscheiden und wie sie sich die Lernsoftware in ihrem spezifischen Kontext für ihre spezifischen Schüler*innen zu eigen machen.

Um diese Artikulationen über die potenziellen Wirkweisen der Lernsoftware in der Praxis zu analysieren, ohne deterministische Annahmen über eine lineare oder kausale Wirksamkeit von Software auf Praxis in die Analyse zu übernehmen, arbeiten wir in diesem Beitrag mit einem Verständnis von Lernsoftware als Medien, die eine „Wirkkraft" entfalten. Sybille Krämer fasst dies folgendermaßen: „Medien übertragen nicht einfach Botschaften, sondern entfalten eine Wirkkraft, welche die Modalitäten unseres Denkens, Wahrnehmens, Erfahrens, Erinnerns und Kommunizierens prägt" (1998, S. 14).

Lernsoftware, um die Aussage für diesen Beitrag zu spezifizieren, prägt demzufolge das Geschehen im Unterricht, aber sie lenkt es nicht (z. B. Hepp 2012). Ähnlich argumentieren zum Beispiel kultur- und sozialanthropologische Studien zur eigensinnigen Aneignung von Medien, die dichte Beschreibungen von Umdeutungen, Umnutzungen und den komplexen, widerspenstigen Medienpraktiken, die stets in spezifischen Kontexten und Situationen stattfinden, erstellen (Ginsburg et al. 2002; Postill 2021). Die grundlegende methodologische Annahme, die wir aus diesen Arbeiten aufgreifen, ist, dass die Wirkkraft jeder Technologie sich im Kontext und mit den jeweiligen Aktivitäten wandelt (Spitulnik 2002, S. 349).

1.2 System|X[4]

Bei dem, was wir hier *System*|X nennen, handelt es sich um eine Mathematik-Lernsoftware, die so programmiert wurde, dass sie in allen Bundesländern in Deutschland und in allen Klassenstufen der Sekundarstufe I einsetzbar ist und somit die jeweils gültigen Fachcurricula berücksichtigt. *System*|X versteht sich als eine adaptive Software, mit der Schüler*innen möglichst selbstständig – und das heißt ohne weitere Unterstützung der Lehrer*innen – mathematische Aufgaben bearbeiten können. Das Wort „adaptiv" wird in der aktuellen Lernsoftware-Landschaft vielfach verwendet, mit je unterschiedlicher Schwerpunktsetzung (z. B. Bulger 2016). Als gemeinsamer Nenner lässt sich herausarbeiten, dass es sich um eine Lernsoftware handelt, die darauf zielt, sich automatisch, das heißt, technisch gesteuert, an die Bedürfnisse jedes*r einzelnen Lernenden anzupassen. Der Schwierigkeitsgrad einer Mathematikübung soll sich dem „Leistungsniveau" der Lernenden anpassen, das heißt, Lernende erhalten Übungen, Aufgaben, Rückmeldungen etc., die ihrem Niveau entsprechen sollen. Dafür werden Daten der Lernenden ausgewertet, von einfacheren Erfassungen – ob Eingaben falsch oder richtig sind, um automatisch angepasstes Feedback zu geben (hierzu gehört *System*|X) – bis hin zu Auswertungen mithilfe von maschinellem Lernen.

Kern des *System*|X bilden themenspezifische Aufgaben, die als Übungssets bzw. Aufgabenreihen zugänglich gemacht werden. Dabei ist die Plattform so entwickelt, dass sie dezidiert in der Schule bzw. für den Schulunterricht verwendet werden kann. Das heißt, sie ist nicht für den Nachmittagsmarkt als Nachhilfeangebot ge-

---

[4] Die Beschreibung von System|X wurde im März 2022 angefertigt und gibt den zu diesem Zeitpunkt gültigen Stand der Lernsoftware wieder. Lernsoftware wird in einem laufenden Prozess weiterentwickelt und verändert somit immer wieder Aussehen und Funktionen. Dieser Aspekt ist für pädagogische Settings eine eigene Schwierigkeit.

dacht, sondern wurde als unterstützendes, didaktisches Instrument für Lehrer*innen im Unterricht entwickelt. Für die Schüler*innen sind nicht alle Aufgaben eines Sets einsehbar, sondern immer nur die jeweils aktuelle. Die Reihenfolge der Aufgaben eines Sets wird mit jedem neuen Aufruf neu erstellt, sodass diese keinem didaktischen Aufbau folgen. Die Lösung der Aufgaben muss entweder aus vorgegebenen Antworten ausgewählt (*multiple choice*) oder selbstständig eingegeben werden; nicht möglich ist es, Rechenwege einzugeben. Von jeder Aufgabe aus sind zudem Hilfestellungen in Form von Tipps zugänglich. Diese können über einen Button gesondert aufgerufen werden. Dabei nehmen die Texte teilweise jedoch nicht spezifisch auf die jeweilige Aufgabe Bezug, sondern erläutern das jeweilige Thema, zu dem die Aufgabe gehört. Hat der*die Schüler*in eine Antwort eingegeben, wird diese auf ihre Richtigkeit geprüft. Sowohl bei der richtigen Lösung als auch bei der falschen wird die jeweils richtige Lösung samt des Rechenweges angezeigt. Am Ende des Sets erfolgt eine Auswertung nach Punkten, die sich wiederum zu Münzen und Sternen summieren. Alle diese Werte sind vom System festgelegt und von der Lehrkraft nicht veränderbar. *System|X* unterscheidet dabei zwischen drei verschiedenen Aufgabensets:

1) Das Aufgabenset als Test, der jedem Themenkapitel vorgeschaltet ist. Mit diesem Test soll geprüft werden, ob das Kapitel gegebenenfalls sogar übersprungen werden kann.
2) Das Aufgabenset als „Test zum Vorwissen", mit dem geprüft wird, ob die Schüler*innen die notwendigen Kenntnisse für die Aufgaben des Kapitels haben.
3) Das Aufgabenset als Übungsaufgaben mit dem jeweiligen thematischen Schwerpunkt.

Neben diesen fachlichen Aufgaben bilden die Dashboards für Schüler*innen und Lehrer*innen ein Spezifikum der Lernsoftware (Jarke und Macgilchrist 2021). Die Dashboards des *System|X* zeigen die Auswertung der jeweiligen Aufgaben nach bestimmten Kategorien. So werden die von den einzelnen Schüler*innen noch nicht bearbeiteten Aufgaben angezeigt, Aufgaben mit den meisten Fehlern in der Klasse, die Anzahl der erreichten Sterne und Münzen sowie die bereits erledigten Aufgaben. Mit mehreren Klicks auf die jeweilige Kategorie können sich die Lehrkräfte bis zur einzelnen Aufgabe durchklicken. In der Darstellung arbeitet *System|X* mit farblicher Codierung von Balkendiagrammen sowie mit Prozentangaben und Zahlen als Punktangaben oder Anzahl von Aufgaben (Pollmanns et al. 2022).

Adaptiv ist das *System|X* dahingehend, dass auf der Grundlage der jeweiligen Vortests zum Vorwissen Schüler*innen Hinweise gegeben werden, welche Themen sie wiederholen sollten. Die Dashboardübersichten geben wiederum den Lehrer*innen Hinweise darauf, welche Aufgaben oder Aufgabensets erneut verarbeitet werden sollten oder welche erfolgreich bearbeitet wurden.

Mit dem *System|X* liegt demnach eine fachliche Software vor, die mit ihrem direkten Rückmelde- und Bewertungssystem die Schüler*innen dazu animiert, weitere Aufgaben zu bearbeiten und über jederzeit zugängliche Tipps versucht, Hilfestellungen für das Lösen von Aufgaben an die Hand zu geben. Auffällig ist, dass alle Aufgaben und Hilfestellungen textlich oder grafisch dargeboten werden; in der Plattform sind keine Video- und Audiodateien oder Animationen integriert, die gegebenenfalls noch auf eine andere Art und Weise den mathematischen Gegenstand darstellen und erklären.

System|X wird deutschlandweit in Schulen eingesetzt und in anderen Sprachen weltweit verkauft. Laut Angaben des Anbieters wird es derzeit von über 400.000 Schüler*innen in Deutschland genutzt. Es wird in diesem Beitrag sowohl als spezifischer, kontextgebundener Fall, als auch exemplarisch für die Arbeit mit Lernsoftware im Unterricht, insbesondere für adaptive Systeme, die zunehmend verbreitet sind (Berger und Moser 2020; Weich et al. 2021), verhandelt. Im Folgenden stellen wir die Ergebnisse unserer Analyse in den drei Aspekten der Leistungsdifferenzierung, der Fehlertoleranz und des Belohnens dar.

2 Leistungsdifferenzierung durch *System|X*

Softwareprogramme wie *System|X* haben den Anspruch, für eine möglichst große Nutzer*innengruppe einsetzbar und skalierbar zu sein. Sie sind demzufolge oft nicht auf eine einzige Schulstufe und auf eine einzige Schulform ausgerichtet, weil es über die digitalen Systeme möglich zu sein scheint, in einer einzigen Softwareumgebung mehreren Zielgruppenanforderungen bzw. Leistungsniveaus zu entsprechen. *System|X* richtet sich demzufolge an alle Schulstufen und Schularten der Sekundarstufe.

Aus den Interviews mit den Vertretern von *System|X* lässt sich der Anspruch herausarbeiten, der mit der Software verfolgt wird. Dieser erstreckt sich sowohl auf das Schulsystem als Ganzes als auch auf den Unterrichtsprozess im Besonderen. Die Anbieter priorisieren, dass mit *System|X* der Leistungssteigerung des Schulsystems zugearbeitet wird, denn:

> Wenn man in der Breite des Schulsystems die Leistung steigern will, muss man dem Lehrer ein Tool an die Hand geben, was ihn von Arbeit befreit und es befreit ihn von Arbeit, wenn die Schüler selbstständiger lernen können. (Int_GF_2, Z. 168–171)

Der Interviewpartner charakterisiert *System|X* als etwas, das den Schüler*innen ermöglicht, selbstständiger zu arbeiten, sodass die Lehrenden mehr Zeit im Unterricht haben. Dieses Mehr an Zeit wiederum kommt dem gesamten Schulsystem zugute. Wichtig ist hier, dass das selbstständige Lernen der Schüler*innen einerseits als Voraussetzung gekennzeichnet wird, das heißt, als etwas, über das die Schüler*innen bereits verfügen müssten, um den Lehrer*innen zu der Zeitersparnis zu verhelfen. Andererseits wird diese Voraussetzung aber an das „Tool", welches das selbstständige Lernen zugleich herstellt, gebunden. Der Interviewpartner hat das Große und Ganze im Blick, wenn er konstatiert:

> [W]ir können zur Chancengerechtigkeit oder Chancengleichheit beitragen. Ja? Und dieses durch eben Personalisierung des Lernens, ja? Dass jeder in seinem Tempo, äh, mit seiner, mit der Unterstützung, die er braucht, gefördert durch den Lehrer, dem wir Freiräume geben, sich entwickeln kann. (Int_GF_2, Z. 367–371)

Damit koppelt er die Chancengerechtigkeit und Chancengleichheit an den jeweils individualisierten Unterricht; dieser wiederum kann nur von den Lehrenden umgesetzt werden, wenn sie die Zeit erhalten, sich tatsächlich einzelnen Schüler*innen zuzuwenden. Es bleibt unscharf, ob die Unterstützung durch die Lehrkraft erfolgt oder durch *System|X*, das personalisiert auf den*die es benutzende*n Schüler*in eingehen kann. Grundsätzlich wird hier eine Pädagogik skizziert, die sich am Entwicklungsverlauf des*der Einzelnen orientiert und zugleich von der Vielfalt dieser Entwicklungen ausgeht. In einem solchen Szenario stehen sich Software und Mensch nicht gegenüber, sondern sind wechselseitig aufeinander bezogen. Dabei ist es diesem Vertreter von *System|X* wichtig, dass die Software gerade auch benachteiligten Schüler*innen zugutekommt. In seinem Sinne sind es: „Die [Kinder], die keine Eltern haben, die das im Zweifelsfall am Wochenende oder am Nachmittag oder am frühen Abend kompensieren können." (Int_GF_2, Z. 1205–1207). Denn es sei problematisch, „dass wir hier so viele Bildungsverlierer produzieren im Schulsystem, dass wir so viele Menschen, junge Menschen, die viel Potenzial haben, gar nicht entsprechend ihres Potenzials fördern" (Int_GF_2, Z. 387–389).

Mit viel Emphase stellt der Interviewpartner heraus, *System|X* helfe genau den Kindern, die zu wenig Unterstützung erfahren und denen das Schulsystem diese gewähren sollte. Dazu liefere *System|X* einen Beitrag. Dieser liegt jedoch laut Interviewpartner nicht darin, dass sich die Software explizit an die Schüler*innen richtet, die Lernschwierigkeiten haben und hierzu eine spezifische digitale Hilfe anbietet. Sondern eher liegt der Beitrag von *System|X* darin, alle Schüler*innen selbstständiger bzw. im eigenen Tempo arbeiten zu lassen und dabei die Lehrperson von ihren Aufgaben im Unterricht zu entlasten (siehe Beitrag Troeger et al. 2023 in diesem Buch, Kap. „Digital ist besser!? – Wie Software das Verständnis von guter Schule neu definiert").

Wie dies geschieht oder geschehen könnte, zeigen die Interviews mit einem Lehrer und einer Lehrerin einer DATAFIED Projektschule. Sie unterrichten beide je eine 5. Klasse einer Sekundarschule, die die Lehrerin als „kulturell vielseitig" (OI_120221_S5/L2, Z. 77) charakterisiert. Die in dem Bundesland regelmäßig stattfindenden Lernstandserhebungen haben der Lehrerin zurückgemeldet, dass sie „wirklich eine sehr matheschwache {leise} Klasse habe" (OI_120221_S5/L2, Z. 80). Damit liegt nun genau eine solche Klasse vor, für die sich die Entwickler im Interview stark machen. Doch wie setzt die Lehrerin *System|X* ein? Sie stellt zunächst heraus, dass „gerade bei uns an der Schule (.) ähm kommen nicht alle Schüler damit zurecht" (OI_120221_S5/L2, Z. 17 f.). Und begründet dies damit, dass die Handhabung für die Schüler*innen im Gegensatz zu anderen ihr bekannten Lernprogrammen nicht einfach sei. Sie führt aus:

> Wenn man bei [*Alternativsystem|A*] einfach Kästchen anklicken kann, dann muss man bei [*System|X*] zum Beispiel Strecken einfügen. (.) Und ähm man muss erst auch unten das Tool wechseln. Also man muss dann auf die Hand gehen, um dann eine Strecke zu verlängern oder zu korrigieren. (OI_120221_S5/L2, Z. 32–36)

Sie berichtet, dass bei *System|X* für die Beantwortung von Aufgaben nicht nur aus einem Set an vorgegebenen Aufgaben ausgewählt und das richtige Ergebnis angeklickt, sondern selbst die Antwort eingegeben werden muss, was zum Beispiel hier bedeutet, Strecken digital zu zeichnen. Dies gelingt anders als mit Stift und Papier nur in einem für die Lehrerin umständlichen Verfahren, bei dem verschiedene Dinge beachtet werden müssen. Ihr Beispiel für die Schwierigkeit des Einsatzes von *System|X* bezieht sich also zunächst nicht auf die Aufgaben selbst, sondern auf die Art und Weise der Handhabung, das heißt, wie Schüler*innen ihre Antworten in *System|X* eingeben.

Der interviewte Lehrer – auch er unterrichtet eine (andere) 5. Klasse – stellt fest: „Und bei den, ähm ich sag mal, sehr leistungsschwachen Schülern hab ich gemerkt, dass *System|X* äh große Schwierigkeiten bereitet" (OI_100221_S5/L1, Z. 55–57). Diese liegen vor allem darin, dass die Schüler*innen „sowieso sprachlich Schwierigkeiten haben. Dann sind {Räuspern} natürlich auch noch mit Fachbegriffen bestückt. Während Material zum Beispiel wie im {lauter} Förderheft arbeitet sehr viel noch mit bildlichen Darstellungen, ähm …" (OI_100221_S5/L1, Z. 87–89).

Das heißt, der Lehrer beobachtet auch hier weniger mathematische Schwierigkeiten als solche, die im Lesen liegen. Da aber in *System|X* die schriftliche Form das dominierende Element ist, ist es nach Einschätzung des Lehrers gerade für die „leistungsschwachen" Schüler*innen schwer, mit *System|X* zu arbeiten. Sein Beispiel des Förderheftes macht darauf aufmerksam, wie didaktisch verschieden Unterrichtsmaterialien aufbereitet sein können und gerade eine didaktische Form, die mit Bildern arbeitet, gegebenenfalls das Fachliche vermitteln hilft, auch wenn Fachbegriffe noch nicht bekannt sind.

Doch was bedeutet dies laut den Interviewpartner für den konkreten Einsatz in den Klassen? Die Lehrerin gibt an, dass sie $System|X$ im fortgeschrittenen Unterricht einsetzt:

> Vor allem, wenn die Schüler zu dem Themenbereich schon einfache Aufgaben bearbeitet haben, (.) ähm setze ich $System|X$ nochmal als (...) {lauter} Wiederholung ein auch, um auch mit schwierigeren Aufgaben äh (...) zurechtzukommen. (OI_120221_S5/L2, Z. 13–16)

Dem entspricht, wie der Lehrer seinen Einsatz beschreibt:

> Dann (.) ähm ist für mich $System|X$ tatsächlich auch eine Differenzierung mehr auch nach oben. [...] Und dann ähm als zusätzliche Differenzierung, wenn die Schüler fertig sind, eine Aufgabe in $System|X$, um da nochmal wirklich gezielt zu üben wirklich. Also nicht jetzt, um das Thema neu einzuführen, sondern um das, was sie gerade eben gemacht haben, nochmal auf einer anderen (.) ähm Niveaustufe nochmal anzuwenden. (OI_100221_S5/L1, Z. 27–35)

Beide verweisen auf die Nutzung von $System|X$ für die leistungsstarken Schüler*innen und zwar als Wiederholung der bereits durchgearbeiteten Themen und Aufgaben. Allerdings hebt der Lehrer hervor, dass es sich dabei nicht um eine Wiederholung von ähnlichen Aufgaben handelt, sondern die Schüler*innen sollen sich mit $System|X$ „nochmal auf einer anderen [...] Niveaustufe nochmal zuzuwenden". Das heißt, selbst für die „leistungsstarken" Schüler*innen seiner Klasse bedeuten die Aufgaben in $System|X$ eine höhere Schwierigkeitsstufe. Nun könnte konstatiert werden, dass sich $System|X$ entgegen der Einschätzung der Entwickler gerade nicht für den Einsatz bei als leistungsschwach geltenden Schüler*innen eignet. Doch beide Lehrkräfte setzen ja weiterhin $System|X$ ein; gegebenenfalls entgegen der Vorstellungen der Entwickler. Denn ließen deren bereits analysierte Aussagen die Möglichkeit zu, dass gerade die „Leistungsstarken" mit $System|X$ selbstständig lernen und die Lehrer*innen sich dann ohne $System|X$ den „Leistungsschwachen" zuwenden könnten, so entstand bei den Lehrpersonen der Eindruck, $System|X$ gerade auch bei den Schüler*innen einzusetzen, die mit Mathematik Schwierigkeiten haben – doch in dieser Einschätzung wurden sie enttäuscht. Stattdessen berichtet die Lehrerin davon, dass $System|X$ ihr die:

[...] Möglichkeit [bietet], ähm (...) differenziert zu arbeiten, indem ich zwei Arbeitsblätter zum Beispiel erstelle. Eins für die Schüler, wo ich weiß, äh die müssen wirklich an den Grundlagen gerade mal üben. Die brauchen vielleicht auch noch ein bisschen andere Aufgaben, (.) ähm einfachere Aufgaben. (OI_120221_S5/L2, Z. 99–102)

Sie fügt enthusiastisch hinzu: „Ähm ich genieße es, mit den Büchern zu arbeiten, mir Ideen da rauszuholen und ähm meine Arbeitsblätter selbst zu gestalten" (OI_120221_S5/L2, Z. 192 f.). Das heißt, für sie ist *System|X* ein guter Fundus, aus dem sie sich bedient, um die für ihre Klasse angemessenen Aufgaben herauszuholen, nicht aber um auf die vorgegebenen Aufgabensets zurückzugreifen. Anders als die Anbieter erwarten, will die Lehrerin weiter alle Schüler*innen unterrichten – nur mit verschiedenen, das heißt, dem jeweiligen Leistungsniveau entsprechenden Aufgaben, die sie selbst zusammenstellt. Und auch der Lehrer berichtet von dieser Art der Nutzung:

(.) Ähm und dann hab ich tatsächlich anfangs ganz viel in diesen Büchern gestöbert und hab gesehen, da gibt's zusammengestellte Übungen. Und habe die dann aufgegeben. (.) Und späte-r, ähm nach ein paar Wochen, hab ich dann äh dieses... die Möglichkeit entdeckt, selber Arbeitsblätter zu erstellen. Und das hab ich dann für mich als äh sinnvoller empfunden, weil ähm ich das besser auf meine Schüler zuschneiden konnte. (OI_100221_S5/L1, Z. 134–139)

Er beschreibt seinen Umgang mit *System|X* als Entdeckung und Entwicklung: Als ihm bewusst wurde, dass er nicht an die vorgegebene Aufgabenfolge gebunden ist, sondern diese auch selbst zusammenstellen kann, nutzte er diese Funktion. Er begründet dies wie seine Kollegin damit, dass er so die Aufgaben „besser auf [s]eine Schüler zuschneiden" kann. Gerade der personalisierte Zuschnitt von *System|X*, mit dem für das Produkt geworben wird, wird von beiden Lehrpersonen nicht erkannt oder genutzt. Sie sehen sich weiterhin in der Funktion genau diese Aufgabe, die sie auch als „Differenzierung" beschreiben, selbst leisten zu wollen.

Die Analyse der Interviews zum Themenkomplex der (Leistungs-)Differenzierung zeigt die unterschiedliche Pointierung durch die Anbieter einerseits und die Lehrkräfte andererseits. Die Vertreter des *System|X* betonen, dass sie die Lehrkräfte unterstützen, sich differenzierter den Schüler*innen zuwenden zu können, indem die Adaptivität des *System|X* einem Teil der Klasse ermöglicht, selbstständig an den Aufgaben zu arbeiten und so Freiräume für die Arbeit der Lehrkräfte entstehen. Aber nur wenige Anmerkungen der Lehrer*innen beziehen sich dezidiert auf diese Differenzierungsmöglichkeit des *System|X*. Stattdessen behaupten sie ihre pädagogische Eigenständigkeit und stellen sich nicht außerhalb des Prozesses zwischen Schüler*in und Software. In dieser Nutzung wird das *System|X* zu einem Steinbruch an didaktischen Ideen, aus dem sie sich bedienen, ohne sich gänzlich an die Logik desselben auszuliefern.

Wo es um Leistung und Differenzierung geht, beschreiben die Interviewpartner hier jeweils, wie sie ihre Handlungsräume so gestalten, damit sie Handlungsräume für andere eröffnen. Die Lernsoftware für Lehrkräfte und Schüler*innen; die Lehrkräfte für Schüler*innen. Die Anbieter kartieren das deutsche Bildungssystem als ihr Handlungsfeld. Um die Lernsoftware für ihren spezifischen Kontext im jeweiligen Unterricht zu adaptieren, brechen die Lehrkräfte diese Perspektive durch eine nahe Sicht auf die sozialen, körperlichen, sprachlichen Relationen in ihren Klassen sowie Aspekte ihrer jahrelang eingeübten professionellen Praxis.

3   Fehlertoleranz

Ein wichtiger Aspekt bei der Programmierung von Lernsoftware ist die Prüfung und Rückmeldung zu eingegebenen Antworten. Wie die Rückmeldung zu bearbeiteten Aufgaben erfolgt und wie die Schüler*innen bei falschen Antworten geleitet werden, zu der richtigen Lösung zu gelangen, ist somit für die Entwicklung und für den jeweiligen Einsatz von Lernsoftware im Unterricht zentral. Wird dieser Umgang mit Fehlern von den Lehrkräften im sozialen Miteinander des Unterrichtens eingeübt und gehört daher zum Handlungsfeld von Erziehung und Sozialisation unter den spezifischen Bedingungen der Schule, so tritt nun mit einem digitalen Medium wie dem *System|X* etwas Neues hinzu, das selbst eine Art des Umgangs mit fehlerhaft bearbeiteten Aufgaben vorgibt. In den Interviews beschreiben die Entwickler ihre Prioritäten bei diesen Rückmeldungen, und die Lehrkräfte geben darüber Auskunft, wie sie das System zu ihrem Handlungsfeld positionieren. Es werden so die jeweiligen konzipierten und für die Praxis vorgesehenen Handlungsräume zur Sprache gebracht.

Sowohl die Lehrkräfte als auch die Anbieter betonen im Interview, den Schüler*innen vermitteln zu wollen, dass es in Ordnung sei, Fehler zu machen. So führt einer der Entwickler aus:

Aber wenn man es [*System|X*] einmal eingesetzt hat und mitbekommt, was für Hilfestellungen wir geben, was für Feedback und Tipps und Tricks und eben WISSENSlücken, dass man in seinem eigenen Tempo arbeiten kann. Und dass, wenn man Fehler macht, [*System|X*] nicht sagt: „Och, ey, Alter, das habe ich dir doch schon dreißigmal erklärt. Bist du eigentlich zu doof, das zu verstehen?" Sondern dass wir es IMMER wieder sagen: „Ist NICHT schlimm. Guck mal hier." Wissenslücken zur Verfügung stellen, nochmal Tipps geben. Ähm dann ist das was, was die Schüler gerne machen, lieber als im Buch oder lieber als mit PDFs zu arbeiten. (Int_Entw_3, Z. 207–214)

System|*X* wird – anthropomorphisierend – als geduldiges und beruhigendes Element präsentiert; es reagiert nicht genervt oder beleidigend, wenn ein Sachverhalt oft wiederholt werden muss. Stattdessen versichert es, dass es „nicht schlimm" ist, „wenn man Fehler macht". Es lädt ein, noch einmal hinzugucken und es bietet „Hilfestellungen" in Form von „Tipps" und „Wissenslücken" an. Im Interview wird so *System*|*X* mit der Karikatur einer ungeduldigen und genervt agierenden Person verglichen, aber auch mit Büchern und PDFs, die stumm bleiben und keine Rückmeldung zu den Fehlern geben können.

Ähnlich beschreiben auch die Lehrkräfte, dass sie vermitteln wollen, dass Fehler nicht schlimm sind. Auf die Frage, wie sie den Schwierigkeiten der Schüler*innen begegnet, antwortet die Lehrerin:

Hm ich begegne ihnen insofern, dass ich sage, es ist nicht schlimm, etwas falsch zu haben. (.) U-nd ic-h frag die Schüler zurzeit auch im Fernunterricht häufig, kannst du mir ein Foto oder einen Screenshot davon schicken? (.) Die Schüler machen ganz häufig Screenshots mittlerweile schon von selbst, wenn sie etwas richtig oder etwas falsch haben, so dass ich dann nochmal genau das Problem angucken kann. (.) Ähm (…) es ist nicht immer verkehrt, was die Schüler machen. Das sind häufig nur so ganz kleine (.) Kleinigkeiten, die da vielleicht fehlen, wo das Programm dann aber auch schon sagt, nee, (.) das ist so nicht richtig. Ähm und da spreche ich dann einfach mit den Schülern auch drüber. (OI_120221_S5/L2, Z. 54–61)

Die Lehrerin antwortet, dass sie ihrer Klasse versichert, dass es nicht schlimm sei, etwas falsch zu machen. Das Wort „Fehler" taucht in diesem Abschnitt nicht auf, sondern „etwas falsch", „davon", „fehlen", „so nicht richtig", „drüber". Sie schaut sich „genau" die Stelle an, an der etwas falsch war, zum Beispiel während der pandemiebedingten Schulschließungen anhand der Screenshots, die Schüler*innen ihr schicken. Die Lehrerin beschreibt, dass sie so sieht, dass es oft nur kleine Aspekte einer Aufgabe sind, die nicht korrekt eingegeben werden, aber das System dies dennoch als Fehler anzeigt. Wo der Vertreter des *System*|*X* von Hilfestellungen und Tipps spricht, das heißt, ein Input zum Problem vonseiten des Systems erfolgt, bringt die Lehrkraft sich selbst aktiv ein: Sie spricht mit den Schüler*innen über die jeweilige Aufgabe oder Stelle. Für sie ist dieses Sprechen „einfach"; es liegt nahe. Das Sprechen könnte ebenfalls Hilfestellungen und Tipps bedeuten, aber es könnte auch auf ein Nachfragen hinweisen. Die Lehrerin könnte so mit der Schülerin in einen Dialog über den angezeigten Fehler treten; sie könnte die Schülerin zum Nachdenken darüber bringen. In diesem Auszug vergleicht also die Lehrerin die Rückmeldung zu Fehlern durch das *System|X* nicht mit stumm bleibenden Büchern und PDFs, sondern mit ihrem eigenen Tun. Sie sieht, dass *System|X* nur eine Rückmeldung geben kann, ob etwas richtig oder falsch ist, während sie als Lehrperson differenzierter auf das Spezifische der Antwort oder den Lösungsweg eingehen kann. Wo das System die Aufgabe als Ganzes betrachtet, identifiziert die Lehrkraft aus dieser Perspektive Teilaspekte der Aufgabe und der Schülerin.

Sowohl in den Interviews mit den Anbietern als auch in denen mit den Lehrkräften wird ein geteiltes Verständnis für Fehler als notwendiger Schritt beim Lernen artikuliert: Fehler zu machen oder etwas falsch haben, ist aus beiden Perspektiven „nicht schlimm". Ziel ist es, diese Toleranz für Fehler den Schüler*innen zu kommunizieren, sodass sie weiter lernen. Die Vergleichsebene für beide ist allerdings unterschiedlich: Aus Entwickler*innenperspektive reagiert das System mehr auf einzelne Schüler*innen als statische Bücher oder PDFs. Das technische System teilt nie Ungeduld, Frustration oder Schroffheit, die Personen bei wiederholten Fehlern zeigen können, mit. Aus Lehrer*innensicht ist die Reaktion des Systems allerdings zu stumpf. Es geht weniger differenziert als die Lehrkraft auf einzelne Aufgabenbereiche oder Schüler*innen ein. Gerade diese Sichtweisen ziehen sich durch die weiteren Erzählungen zum Umgang mit Fehlern aus beiden Perspektiven.

Ein Interviewpartner von *System|X* nimmt explizit Stellung zu der Kritik der Lehrkraft – ohne diese gehört zu haben:

> Bei uns auf der Website sind Videos [für Lehrkräfte bzw. Kund*innen], da kann man sich es angucken, wie es funktioniert. Also das ist dann nicht, ähm, einfach die Aussage richtig, falsch oder das ist die Lösung, sondern dass es erklärt, warum. (Int_ GF_2, Z. 217–220)

Auch der weitere Interviewpartner vom *System|X* betont, es gehe nicht nur um richtig oder falsch, sondern auch um Erklärungen.

> Und ähm deswegen ist UNSER Ansatz eher, dass wir sagen, VIDEOS sind super, um in ein Thema reinzuführen, ja? Und auch GERNE zwischendrin nochmal, um sich vielleicht nochmal eine andere Sichtweise anzugucken. Aber die FEHLER, die muss der Schüler machen. Das heißt, der setzt sich bei uns hin, kriegt eine Aufgabenstellung und dann fängt der an zu arbeiten. Dann gibt der halt was EIN. Und [*System|X*] sagt ihm: „Nee, [Max], das ist falsch. WEIL Punkt, Punkt, Punkt, Punkt." Er kriegt einen Tipp, er kriegt einen Lösungsweg angezeigt, der ihm erklärt, speziell auf seine Eingabe bezogen, warum das jetzt falsch ist. Und was er hätte anders machen können. So. Und durch dieses Fehlermachen und sich dann die, die Lösungswege und das Feedback anzugucken oder die Hilfestellung, fängt er an, das zu verstehen. (Int_ Entw_3, Z. 522–532)

Die Warum-Frage wird hier betont. Das System ist so programmiert, nicht nur richtig oder falsch anzugeben – wie andere Mathematikprogramme auf dem Markt – sondern eine Erklärung dafür anzubieten, warum die Eingabe nicht richtig war. Diese Erklärung wird durch Feedback, Lösungswege oder andere Hilfestellungen gegeben. Das System, so der Anbieter an anderer Stelle, soll Schüler*innen „auf jede Eingabe eine didaktisch sinnvolle Rückmeldung" (Int_GF_2, Z. 129–130) geben. Es wird jeder Aufgabenstand „anschaulich mit den Werten der Aufgabe erklärt, falls die Anregungen und Feedbacks nicht reichen" (Int_GF_2, Z. 130–131). Gerade durch „dieses Fehlermachen" und die Erkundung des Feedbacks sollen Schüler*innen die Aufgaben und Lösungen verstehen können.

Auch hier werden also Fehler als notwendiger Schritt beim Lernen betrachtet. Das Lernen findet dann durch die Auseinandersetzung mit dem *Input* zum jeweils spezifischen Fehler statt. Adaptiv ist hier das automatisierte Angebot der spezifischen Hilfestellung, die zu diesem Fehler passt. Mit dem neuen Wissen wenden Schüler*innen sich der nächsten Aufgabe zu.

> Und mit dem Wissen geht er dann in eine Übungsserie, die genau eine bestimmte Kompetenz vermittelt, in die nächste Aufgabe rein und kann das Wissen anwenden. Und wenn dann eine Übungsserie zu Ende gerechnet wurde, und es sind noch Fehler drin, dann ist tatsächlich häufig eine Motivation bei den Schülern da, dass sie nochmal rechnen. (Int_GF_2, Z. 220–224)

Das Wissen um die richtige Lösung, das Schüler*innen sich an bereits gelösten Aufgaben erarbeitet haben, können sie nun für die neue Übungsserie verwenden. *System|X* bietet in diesem Sinne ein Hin- und Herpendeln zwischen Input und Anwendung. Wenn die Schüler*innen im System sehen, dass nicht alles richtig (grün) gelöst wurde, so berichtet der Anbieter, dass sie „häufig" motiviert sind, die Übungsserie noch einmal zu rechnen oder eine andere desselben Themas, um am Ende weniger Fehler zu sehen. Die sofortige Sichtbarkeit der Fehler – anders als bei Büchern oder statischen PDFs – erhöht aus dieser Sicht die Motivation, am Thema dran zu bleiben. Das System zielt für die Anbieter auf das eigenständige Lernen der Schüler*innen.

> Und, äh, in dieser Kombination von, äh, ähm, individuellen Rückmeldungen, den Hinweisen darauf, welche Fehlvorstellungen man grade hat und wie man überwinden kann und dem individuellen Lernpfad, erreicht man, dass Schüler nicht in Sackgassen kommen und dass sie eigenständig lernen können. Diese Eigenständigkeit ist aber natürlich nur eine, äh, Ergänzung zu den Aktivitäten des Lehrers, niemals ein Ablösen. (Int_GF_2, Z. 129–134)

Der Fokus liegt auf einzelnen Lernenden, die „individuelle Rückmeldungen" auf ihre spezifischen, mathematischen „Fehlvorstellungen" erhalten und dadurch „eigenständig lernen" können. Diese Eigenständigkeit wird „nur" als „Ergänzung" zur Lehrkraft bestimmt. Dabei werden weder die „Aktivitäten" der Lehrkraft im Interview näher spezifiziert, noch die Art und Weise der Hilfestellung, die eine Lehrkraft in Ergänzung zu $System|X$ anbieten kann, identifiziert.

Die Lehrkräfte selbst beschreiben hingegen verschiedene Konstellationen, in denen ihre differenzierten Blicke auf die Eingaben im Mathematikprogramm notwendig waren, um die Art des Fehlers zu erkennen und mit den Schüler*innen zu bearbeiten. So erwähnen sie, beispielsweise, die erwartbaren Vorkenntnisse der Schüler*innen.

Ähm da tatsächlich äh muss ich [$System|X$] loben. Äh es gibt ja quasi auf der auf der Überblicksseite so eine äh Top fünf fehlerhafte Aufgaben. Und da, genau, seh ich zum Beispiel, bei der einen Übung ähm äh hatte ich jetzt ein Beispiel, da hat das nicht ein einziger Schüler äh geschafft. (.) Und da hab ich festgestellt, oh, da gabs einen Begriff, ähm den hatte ich quasi übersehen. Den konnten sie noch gar nicht kennen. (OI_100221_S5/L1, Z. 369–375)

Der Lehrer nutzt die programminterne Übersicht über die „Top fünf fehlerhafte[n] Aufgaben", um zu erkennen, dass in einer Übung ein Fachbegriff verwendet wird, den die Klasse noch nicht kennengelernt hat. Die Übersicht hilft ihm zu erfassen, dass die Aufgabe wegen notwendiger Vorkenntnisse für diese Schüler*innen unlösbar war. Ähnlich erwähnt die Lehrerin eine Situation, in der ihre „wirklich stärkste Schülerin" „verzweifelt" auf sie zukam und berichtete, dass sie den Begriff aus dem Vorwissentest nicht kenne und die Aufgabe nicht lösen könne. Daraufhin habe die Lehrerin den Vorwissentest genauer angeschaut und gemerkt, dass er „wirklich das Wissen der Schüler einfach so überstiegen" habe (OI_120221_S5/L2, Z. 121 f.), sodass sie nun nicht mehr mit den Vorwissentests arbeitet.

Beide Beispiele deuten auf die genaueren Kenntnisse hin, über die Lehrkräfte im Hinblick auf ihre Lerngruppen verfügen, als dies bei einem System, das deutschlandweit für Schüler*innen entwickelt wurde, möglich ist. Wo die Lehrerin erwartet, dass der Vorwissentest auf einem angemessenen Niveau für die Altersgruppe angeboten wird, hatte der Lehrer den Begriff „übersehen". Einsetzbar ist in beiden Fällen das System bei diesen Schüler*innen nur nach Einschätzung der Lehrkraft zur Angemessenheit der Fachbegriffe und des Niveaus.

Die Lehrkräfte nutzen auch ihr lerngruppenspezifisches Einschätzungsvermögen, um Fehler als mögliche motorische Probleme oder Probleme beim Umgang mit Computern und Software zu identifizieren.

{zeigt mit dem Cursor auf die Linie, die falsch gezogen wurde} Und dass es hier
komplett richtig ist, (.) aber dass der hier vielleicht nicht auf den anderen Punkt noch
gezogen werden konnte. (.) Da finde ich es jetzt gut, dass (.) hm [*System*|*X*] {lauter}
Gelb gegeben hat, sozusagen als fast richtig. (…) Ja. (.) Aber ich kann mir auch vor-
stellen, dass es ein, ein motorisches Problem war. (.) Und nicht, dass es Unkenntnis
über die Aufgabenstellung war. (OI_120221_S5/L2, Z. 813–818)

Mit Bezug auf konkrete Aufgaben beschreibt die Lehrerin, wie ein Schüler die
Aufgabe „fast richtig" beantwortet habe. Sie findet gut, dass das System die Eingabe mit Gelb markiere, also nicht gleich in Rot etwas anzeige, auch wenn es nicht
richtig sei. Sie sucht nach einem Grund, warum die Aufgabe nicht korrekt abgeschlossen wurde und findet ihn in den „motorischen" Schwierigkeiten des Schü-
lers, die Linie zu ziehen. Hier zeigt sich noch einmal der Unterschied in der Beurteilung zwischen Lehrkraft und System. Das System selbst kann nicht einschätzen,
ob ein Fehler ein mathematischer Fehler oder eine Fehlvorstellung ist oder ob ein
motorisches Problem bei der Handhabung der Maus oder bei den Fingerbewegun-
gen auf dem Bildschirm vorliegt. Die Lehrerin kann auf den Kontext blicken und
setzt die fehlerhafte Aufgabe ins Verhältnis zu der anderen Aufgabe, die dieselben
mathematischen Kenntnisse verlangt und „komplett richtig" gelöst wurde. Dagegen haben andere Fehler ihren Grund in der Handhabung des Geräts und nicht der
Software.

Da passiert was und, oh Gott, dann, Frau L2, ich habe was gemacht, und (.) ähm ….
Da wissen sie auf einmal nicht mehr weiter. Und sie können das Problem auch nicht
lösen, indem sie einmal auf Zurück klicken. Das können einige, das können auch ähm
ein paar mehr Schüler, aber es können nicht alle. Gerade, wenn wir auch ähm … (..)
Ja, es sind nicht nur die Kinder mit Förderstaten, es sind viele Kinder, die einfach
dieses … äh diesen Umgang auch (.) mit äh Onlineprogrammen (.) noch nicht so
verinnerlicht haben. (OI_120221_S5/L2, Z. 267–276)

Die Lehrerin betont, dass einige Schüler*innen gut mit den Geräten umgehen können, aber andere – und nicht nur Schüler*innen mit besonderem Förderstatus –
noch nicht gelernt haben, wie sie sich selbst zu einem früheren Punkt oder einer
vorherigen Information oder Aufgabe zurücksetzen können. Um das Mathematikprogramm selbstständig nutzen zu können, müssten sie auf einer Metaebene gelernt haben („verinnerlicht haben"), wie sie selbstständig mit Computern, Apps
und Webseiten umgehen können. Aber Selbstständigkeit ist noch nicht bei der 5.
Klasse gegeben, sondern als Ziel gesetzt.

Und wir wollen sie ja zur Selbstständigkeit erziehen. (.) Deswegen, wenn ich zum
Beispiel im Präsenzunterricht (.) mit [*System*|*X*] gearbeitet hab, dann hab ich meinen

> Schülern auch den Hinweis gegeben, hey, schau dir doch mal da das Beispiel an. (.) Das bekommst du ganz einfach, indem du da raufklickst. (.) Das haben die Schüler auch gemacht. (.) Das Problem ist halt, dass sie auch zum Teil noch nicht genau lesen. (...) Und ähm die Schüler sind (.) noch nicht s-o (.) dabei, dass sie sich das auch zweimal oder dreimal durchlesen. (.) Gerade auch sprachschwache Schüler haben vielleicht mit der Fachsprache dann auch (ein Problem). (...) Ähm (.) das war wirklich ähm (.) Mühe, das einmal einzuführen {leise} bei uns in der Klasse. (OI_120221_S5/L2, Z. 477–485)

Ein Teil der Arbeit der Mathematiklehrerin besteht – ganz im Sinne der fächerübergreifenden digitalen Kompetenz der KMK Strategie (KMK 2016) – darin, in die Computerhandhabung einzuführen. Sie weist die Schüler*innen darauf hin, wo geklickt werden muss, um sich ein Beispiel anzuschauen und stützt sie darin, die Handhabung der Software „ganz einfach" hinzubekommen. Diese Handhabung ist allerdings im *System|X* direkt mit Fachwissen verknüpft. Dieses Fachwissen wird im *System|X* über Texte zugänglich gemacht, die gelesen, eventuell sogar zwei- oder dreimal durchgelesen werden müssen, um sie als Hilfestellung nutzen zu können. Diese Schwierigkeiten bei der textbasierten Form der Hilfestellung merkt die Lehrkraft an:

> Ähm oft ähm hapert es tatsächlich, auch wenn es um Mathe geht, tatsächlich an der Sprache. Ähm also ich-h äh nutze zum Beispiel parallel auch die App *[Alternativsystem|A]*. Und wenn ich jetzt zum Beispiel dies ... das {lauter} Einsteigerniveau von *[Alternativsystem|A]* und *System|X* vergleiche, ähm (.) basiert ähm *System|X* ... die Erklärungen erstmal deu- sind deutlich textbasiert. (OI_100221_S5/L1, Z. 71–75)

Weil die Erklärung in dieser adaptiven Lernsoftware „deutlich textbasierter" als bei vergleichbarer (nicht-adaptiver) Software sei, „hapert" es bei einigen Schüler*innen. Rekurrierend auf die langjährige Forschung zur Bedeutung von Sprache für alle Fächer, inklusive der Mathematik, beschreiben beide Lehrkräfte die Herausforderung für einige Schüler*innen, wenn Erklärungen, Feedback und weitere Hilfestellungen – auch beim „Einsteigerniveau" – durch schriftliche Texte erfolgen.

Insgesamt beschreibt der Lehrer, wie die Nutzung dieser Lernsoftware bei Schüler*innen, die Mathematik in der Schule als Herausforderung erleben, demotivierend wirken kann.

> Ähm tatsächlich, ähm die etwas lernschwächeren Schüler, die ich angesprochen habe, die haben, (.) wenn ich dann doch mal sage, ähm (.) ne, jetzt ist eine Aufgabe in *System|X* äh quasi eine Übung für dich, sind sie {lauter} teilweise ein bisschen demotiviert, weil sie die ... ähm das Feedback halt kriegen, dass sehr viel falsch ist. (.) Ähm und dann erscheint ja auch oft äh, ne, also quasi äh der, der rote Smiley. (OI_100221_S5/L1, Z. 272–277)

Der Lehrer hebt hervor, dass sie symbolische Rückmeldung eines rot-gefärbten Smileys dazu führe, dass Schüler*innen, die nicht als leistungsstark gelten, „teilweise ein bisschen demotiviert" werden. Der Lehrer drückt es vorsichtig aus, nur „teilweise" und „ein bisschen", aber demotivierend zu wirken ist das Gegenteil des Zieles des Anbieters.

Als Resümee dieses Abschnitts zum Umgang mit Fehlern kann festgehalten werden, dass sowohl Softwareanbieter als auch Lehrkräfte Fehler als notwendigen Schritt beim Lernen hervorheben. Beide beschreiben sich selbst als fehlertolerant. Aus ihrer Sicht versichern sie sowohl technisch als auch persönlich den Schüler*innen, dass es nicht schlimm sei, etwas falsch gelöst zu haben. Dennoch entfaltet sich ein Ringen um die Handlungshoheit über die Vermittlung dieser Fehlertoleranz. Das System wird vom Anbieter als unterstützend positioniert, zeigt aber rote Smileys, wenn die Antworten falsch sind, was von der Lehrkraft als demotivierend beschrieben wird, vor allem bei Schüler*innen, die Mathematik – oder das fachliche Lernen insgesamt – als Herausforderung erleben, die als lernschwach gelten oder Schwierigkeiten beim Lesen der textbasierten Hilfestellungen haben. Die Selbstständigkeit wird aus Anbietersicht durch die adaptive Plattform gefördert. Von den Lehrkräften wird sie dagegen als Zukunftsziel gesehen, das es noch zu etablieren gilt. Wird ein Vergleich zu potenziell ungeduldigen Lehrkräften oder statischen und damit nicht-responsiven Büchern und PDFs gezogen, wird eine individualisierte, geduldige Feedback gebende Software hervorgebracht. Aber in einem alternativen Vergleich zu adaptierenden Lehrkräften, die ihre Schüler*innen kennen und auf sie eingehen, erscheint das Feedback unpräzise, manchmal demotivierend und die Einschätzung der (mathematischen und sprachlichen) Vorkenntnisse fehlerhaft. Insgesamt zielt *System|X* darauf, eigenständig Rückmeldungen zu Eingaben zu geben, die das System als Fehler identifiziert hat, um die Schüler*innen beim Lernen zu unterstützen. Diese Fehler können jedoch aus Sicht der Lehrkräfte im Unterrichtskontext so vielfältige – nicht nur mathematische bzw. kognitive – Bezüge haben, dass die Lehrkräfte sich als essenziell für die Fehleridentifikation und die Vermittlung von Feedback einschreiben.

4   Belohnen

Lernsoftware beschränkt sich meist nicht nur auf die Rückmeldung von richtigen und falschen Antworten, sondern vergibt Punkte, die sich zu höheren Symbolwerten akkumulieren können. Das heißt, Lernsoftware „belohnt" die Schüler*innen selten allein nur mit dem Verstehen der Sache (Gruschka 2019). Gleichwohl stehen die Punkte und Symbolwerte in einer Beziehung zum Unterrichtsgegenstand, denn sie sollen angeben, wie gut die Schüler*innen die Aufgaben beherrschen. Dieses Beherrschen wird nun in Punkten oder Symbolwerten ausgedrückt, was neben den Noten ein weiteres Element im Unterricht einführt. Zugleich versucht diese Art der Rückmeldung, die meist nicht von den Lehrer*innen verändert werden kann, sondern fest in das System einprogrammiert ist, eine Nähe zu Videospielen herzustellen, bei denen die Komplexität mit jedem über Punkte oder andere Symbolwerte zu erreichenden höheren Level und damit auch der Reiz des Spieles steigt. Die Vor- und Nachteile und Wirkkraft dieser als *gamification* bekannten Prozesse sind vielfach diskutiert worden: Als Vorteil werden, unter anderem, die Motivationseffekte hervorgehoben (z. B. Luria et al. 2021). Als Nachteil wird zum Beispiel die Stärkung der Konkurrenz unter Schüler*innen durch die Sichtbarkeit des jeweiligen Erfolgs oder Versagens betont (z. B. Buck 2017). Weitere Studien verweisen auf die Verstärkung des Behaviorismus in Schule und Unterricht durch digitale Belohnungssysteme (Watters 2021) oder analysieren, wie spielerische Belohnungselemente in Lernsoftware spezifische, sozio-emotionale Verhaltensweisen normalisieren und verstärken (Williamson 2017). In diesem Beitrag interessieren uns, wie eingangs beschrieben, vor allem die Spannungen bei den sozio-technischen Praktiken der Belohnungen: Wie funktioniert Belohnen in und mit *System|X*? Wie beschreiben Anbieter und Lehrkräfte in den Interviews, wer wen wofür belohnt und warum? Welche Überlappungen und Spannungen entstehen zwischen den jeweiligen Beschreibungen?

In *System|X* werden für jede Aufgabe Punkte vergeben, die sich zu einer Gesamtpunktzahl eines Aufgabensets summieren. Diese akkumulieren sich zu Münzen und diese wiederum zu Sternen. In den Interviews berichten die Softwareanbieter von positiven Rückmeldungen der Lehrer*innen zum Belohnungssystem in *System|X*. Sie beschreiben Lehrende, die es durch die Punkte, Münzen und Sterne schaffen,

> [...] ihre ganze Klasse, äh, zu mobilisieren, indem sie, äh, sagen, ähm, ich zähle an, ich guck mal, wie viel Sterne ihr gesammelt habt. Und dann gibt es ganz viele Schüler, die solange die Aufgabenserien wiederholen, und wie gesagt, mit immer neuen Werten, heißt, das ist kein Auswendiglernen, das ist wirklich ein toller Übungseffekt, bis sie einen Stern haben. (Int_GF_2, Z. 914–919)

In dieser Darstellung des Anbieters tritt durch die Sterne einerseits die Klasse als Team in Erscheinung, aber andererseits auch der*die einzelne Schüler*in, der*die nun durch die Sterne zum Üben im Sinne eines mehrfachen Bearbeitens der Aufgaben nahezu überlistet wird. In diesem Verständnis spornt das System die Einzelnen und indirekt auch die Klasse an, die Aufgaben so lange zu wiederholen, bis der höchste Symbolwert erreicht wird. Im weiteren Interview führt der Anbieter aus, was mit den Sternen getan werden könnte. Seine Vorschläge sind auf den Eintausch der erlangten Münzen und Sterne gerichtet:

> Du als Lehrer könntest natürlich sagen, wer zehn Sterne gesammelt hat, das ist schon echt schwer, der kriegt dann einmal hausaufgabenfrei. Oder es gibt halt auch Schulen, die sagen halt, wer so und so viel Sterne gesammelt hat, der darf sich im Sekretariat ähm (-) äh ein Gimmick abholen, die haben dann einen/ eine, eine Baseballkappe von der Schule oder es gibt dann ein Hoodie von der Schule, KEINE Ahnung, was die da so alles haben. (-) Äh oder eben man bindet die Leh/ die Eltern mit ein und sagt den, den Eltern: Guckt doch mal regelmäßig drauf. Und wenn dein Kind so und so viel Sterne oder Münzen gesammelt hat, (-) dann wäre doch eine schöne Belohnung, dem Kind einen Kinogutschein zu schenken. (Int_Entw_3_Z. 757–765)

Er gibt sich nicht mit dem bloßen Erreichen der Symbolwerte in *System|X* zufrieden, sondern will diese entweder als Tauschobjekt in der Schule oder im Elternhaus verstanden wissen. Wie üblich bei Belohnungssystemen liegt damit die Belohnung für das Erreichen nicht in den Aufgaben und damit im Verstanden-Haben der Sache selbst, sondern bedarf der Befriedigung eines anderen Bedürfnisses. *System|X* lagert allerdings auch dieses weitere Bedürfnis aus der Lernsoftware aus: Das Sammeln von Sternen und Münzen schaltet zum Beispiel kein Spiel und keine erweiterten Features wie Avatargestaltungsmöglichkeiten innerhalb von *System|X* frei. Stattdessen liegt die Belohnung hier als „Gimmick" oder als „Kinogutschein", also als etwas, was Kindern außerhalb der Schule Freude machen könnte. Im Gewähren von Hausaufgabenfreiheit werden nicht nur die einzelnen Schüler*innen belohnt, sondern sichtbare „Gewinne" können unter Schüler*innen verglichen werden. Grundsätzlich ist *System|X* so gestaltet, dass die Nutzung dieser Symbolwerte nicht in der Hand von *System|X* liegt, sondern in den Entscheidungsspielraum der Lehrkräfte oder Eltern gelegt wird: „wir sagen: ‚Das, das musst du, lieber Lehrer, entscheiden, wie du das einsetzt, ja?'" (Int_Entw_3, Z. 825–826).

Im Falle der beiden von uns interviewten Lehrpersonen werden die Sterne und Münzen eher zurückgewiesen. Die Lehrerin ist der Ansicht, dass Symbolwerte als Rückmeldung oder Belohnung für geleistete Aufgaben eher in die Grund- als in die Sekundarschule passen. Sie führt im Interview aus:

> Ein Belohnungssystem wie Münzen, wie man häufig in der Schule hat, so hier, das sind die Sternchen-Schüler, die immer irgendwie sich einen Sticker aussuchen dürfen, haben wir in der weiterführenden Schule nicht mehr. […] Ich denke, dass *System|X* ein Programm ist, das besser in der Sekundarstufe angesiedelt ist. Und da frag ich mich, warum man denn dieses Münzsystem noch braucht? (.) Wenn man aber von dem Programm dafür (.) keinen Mehrwert hat wie in [*Alternativsystem|A*], dass Spiele freigeschaltet werden. Was äh von selbst ein viel größerer Antrieb und eine größere Motivation für die Schüler ist. (OI_120221_S5/L2, Z. 906–918)

Für sie ist ein solches Belohnungssystem inadäquat für eine weiterführende Schule, weil es auf das bloße Sammeln von Münzen und Sternen begrenzt sei und sie dies eher als eine kindliche Art und Weise betrachtet, das Schüler*innensein zu belohnen. Denn „welchen Nutzen haben die Münzen, außer zu sagen, hey, du hast die und die Aufgaben alle schon geschafft, bearbeitet" (OI_120221_S5/L2, Z. 895 f.). In dieser Perspektive wird von ihr erneut als Gegenmodell ein bekanntes alternatives Mathematiklernprogramm eingebracht. Bei diesem *Alternativsystem|A* werden auch Symbolwerte erzielt, die dort aber innerhalb des Systems für etwas anderes, nämlich außerunterrichtliche Videospiele eingetauscht werden können. Aus ihrer Sicht seien Sternchen und Münzen als Sammelobjekte für Grundschulkinder „noch" genug, aber ältere Schüler*innen wollten diese gegen etwas eintauschen, woran sie Freude haben. Dementsprechend kommentiert die Lehrerin auf eine eigene Art und Weise die Erfahrungsberichte der Anbieter. Sie selbst nutzt die spezifischen Symbolwerte des *System|X* nicht; verweist darauf, dass sie bereits Belohnungssysteme in der Klasse etabliert habe, die anderen Zwecken dienen. Es handelt sich um solche, „wo (.) der Zusammenhalt der Klasse gestärkt wird, (.) wo ich gucke, hat die ganze Klasse das und das geschafft?" (OI_120221_S5/L2, Z. 905 f.). Das heißt, außerhalb der Lernsoftwarenutzung positioniert sie sich positiv zu Belohnungssystemen, die sie unterstützen, die Klasse als Team zu formieren: Diese dienen einem dezidiert erzieherischen Ziel, nämlich der Herstellung einer Klassengemeinschaft; nicht primär dem Lernfortschritt des*der einzelnen Schüler*in.

Anders der Lehrer. Dieser berichtet davon, dass die Schüler*innen sich an der vom System zurückgemeldeten Punktzahl orientiert und dies auch als Ansporn genommen haben, „weil sie natürlich dann nochmal schauen können, äh ich mach vielleicht eine Übung nochmal, äh weil ich will da unbedingt die hundert Prozent schaffen. Ähm also das war auf jeden Fall ein Anreiz, ja" (OI_100221_S5/L1, Z. 219–222). Er konnte beobachten, dass Schüler*innen seiner Klasse, die Systemrückmeldungen als Hinweis interpretiert haben, Aufgaben erneut zu machen, um sie letztendlich vollständig richtig zu lösen. Dass dies so angenommen wurde, liegt nach Ansicht des Lehrers an Erfahrungen mit anderen Programmen:

Ähm ich g- ich glaube, es ist ein Faktor tatsächlich, weil ähm sie das natürlich auch aus anderen Apps kennen, die wir eingeführt haben, generell dieses, dieses Feedback-System mit Sternen, Münzen, äh Smileys ist ja je, je nach Programm unterschiedlich, aber es ist halt ein, ein sofortiges Feedback. Ähm (.) und (.) viel--e (.) viele meiner Schüler sind dann, ich weiß nicht, nicht unbedingt in einem Wettbewerbgedanken mit der Klasse, aber auch so ein bisschen mit sich selber (.) so, okay, äh ich versuche es nochmal. (OI_100221_S5/L1, Z. 228–234)

Er hebt hervor, dass die Münzen ein direktes Feedback den Schüler*innen geben, das sie bereits von anderen Plattformen kennen. Mit einem „natürlich" weist er auf die zunehmende Normalisierung von solchen Belohnungssystemen in der Schule hin. Auch er macht auf die doppelte Funktion im Hinblick auf die Klasse und auf die einzelnen Schüler*innen aufmerksam. Er weist die Erwartung, die Sterne und Münzen würden den Wettbewerbscharakter unter Schüler*innen verstärken, zurück, aber lässt noch Raum für diese Möglichkeit – „nicht unbedingt", „so ein bisschen".

Sterne, Münzen und weitere spielerische Belohnungselemente sind zur Selbstverständlichkeit bei Lernsoftware, Apps oder Plattformen geworden. *System|X* verfügt wie jede Lernsoftware über Bewertungssysteme, die oftmals als Belohnungssysteme konzipiert sind. Es trägt damit ein System in den Unterricht hinein, das, auch wenn es früheren Belohnungsmöglichkeiten ähnlich sein mag, nicht von den Lehrkräften selbst erstellt wurde und das, wie im Fall von *System|X*, auch nicht von diesen angepasst und verändert werden kann. In diesen Auszügen betonen alle Interviewpartner*innen die sozialen Prozesse, die durch die Belohnung in Gang gesetzt und am Laufen gehalten werden, statt der einschlägigen Outcomes oder Erfolgsmeldungen. Es geht darum, die Klasse zu mobilisieren, weiter zu üben – nicht darum, erfolgreich abzuschließen; die Klassengemeinschaft zu stärken – nicht darum, die Konkurrenz zu stärken – und sich selbst in ein Verhältnis zu den eigenen Leistungen zu setzen, um sich zu verbessern – nicht darum, besser zu sein als andere Schüler*innen.

Gleichzeitig stehen die Positionierungen zu dem, was belohnt wird und wie belohnt wird, in Spannung zueinander. Die Anbieter stellen die Belohnungsstruktur als grundsätzlich motivierend dar. Sie verorten die Belohnungssysteme aktiv als Anreize im Unterricht, die zur Lösung des nächsten Aufgabensets motivieren. Die Lernsoftware setzt dabei fest, *was* belohnt werden soll. Die Anbieter geben dann den Lehrkräften die Entscheidungshoheit darüber, wie mit den Sternen und Münzen umgegangen wird. Die Lehrkräfte erweitern allerdings den ihnen von der Lernsoftware zugewiesenen Handlungsspielraum, in dem sie die grundsätzlicheren Entscheidungen aufgreifen, was überhaupt belohnt werden soll und warum. Dies schließt zum Teil die Ablehnung des angebotenen Münzsystems ein und schafft eine Etablierung alternativer Belohnungssysteme mit anderen Prioritäten. Dennoch sehen die Lehrkräfte auch durchaus, dass der Wettbewerbsgedanke, vor allem im Wettbewerb mit sich selbst, zu einem Wiederholungseffekt führt, den sie positiv bewerten. Auffällig ist, dass die Anbieter nicht thematisieren, in welchem Verhältnis diese Belohnungsstruktur der Software zur bestehenden in der Schule und im Unterricht steht. Gerade diese soziale Kontextualisierung nehmen die Lehrkräfte in den Interviews vor.

5 Reflexion und Fazit

Dieses Kapitel ging anhand von Interviews mit Anbietern von adaptiver Lernsoftware und Lehrkräften, die diese Software im Unterricht einsetzen, der Frage nach, welche Spannungen und Ambivalenzen zwischen Konzeption und Einsatz einer Lernsoftware sichtbar werden. Die Interviewpartner*innen positionierten sich zu Handlungsräumen, die durch die Lernsoftware vorstrukturiert, erwartet, ergriffen, umgewandelt oder zurückgewiesen werden. Diese Spielräume wurden im Hinblick auf die drei Aspekte der Leistungsdifferenzierung, der Fehlertoleranz sowie des Belohnens näher bestimmt. In diesem Abschnitt reflektieren wir, erstens wie das Ringen um Handlungsspielraum mit einer Spannung zwischen Eigenständigkeit und sozialer Einbettung einhergeht und zweitens wie „neue" Formen der vermittelten Vermittlung die Frage adressieren, ob – und wenn ja, wie – Schule mit adaptiver Software und Plattformen neukonfiguriert wird.

Erstens zieht sich über die drei Aspekte ein Ringen um die Handlungsräume bei der Adaption der Software. Unsere erste These war abstrakt: Durch die unterschiedlichen Handlungsräume, die die Anbieter der Lernsoftware und Lehrkräfte für sich selbst reklamieren und sich gegenseitig zuweisen, wird sichtbar, wie jede postulierte Wirkung eines adaptiven Lernsoftwareprodukts durch den adaptierenden Einsatz in spezifischen, situierten, sozialen Unterrichtskontexten irritiert und unterbrochen wird. Unsere zweite These spezifizierte diese Beobachtung mit Blick auf eine Spannung, die sich um Eigenständigkeit und soziale Einbettung dreht, die beim Ringen um Handlungsspielraum durchgehend artikuliert wird. Die Anbieter beschreiben *System|X* als adaptiv. Sie kontextualisieren es im gesamten deutschen Bildungssystem. Ihre Überlegungen betreffen alle Schüler*innen. In diesem (übergreifenden) Kontext wird die eigenständige Nutzung durch Schüler*innen priorisiert – wenngleich die Anbieter betonen, dass *System|X* die Lehrkräfte nicht ablösen soll. Die Lehrkräfte beschreiben sich selbst als adaptierend. Sie kontextualisieren *System|X* in den Texturen der alltäglichen Praxis im Unterricht, in der eine eigenständige Nutzung immer schon auch sozial ist. Ihre Überlegungen betreffen ihre Schüler*innen. In diesem (situierten) Kontext wird die Einbettung der Lernsoftware im sozialen, materiellen, körperlichen, sprachlichen, symbolischen Gefüge des Unterrichts priorisiert.

Diese Spannung zwischen Eigenständigkeit und sozialer Einbettung wird sichtbar, wenn das Team von *System|X* in seinen Beschreibungen große Ziele betont, wie Chancengerechtigkeit und Chancengleichheit, ein hohes Maß an Fehlertoleranz und die Mobilisierung der ganzen Klasse durch unterschiedliche Belohnungssysteme, die mit der Adaptivität verwirklicht bzw. zumindest unterstützt werden sollen. Gerade eine adaptive Lernsoftware, so diese Sicht, die allen Schüler*innen in Echtzeit individuell Rückmeldung und Hilfestellungen geben kann und die eigenständige Arbeit erleichtert, könne schulischen Erfolg unterstützen. In den Aussagen der Lehrkräfte wird dagegen eher die soziale Situation hervorgehoben. Der Einsatz von *System|X* erscheint als chancenungerecht oder -ungleich, wenn die Lehrer*innen Eigenständigkeit eher als ein pädagogisches Ziel, denn als eine Voraussetzung betrachten. Die Komplexität der Leistungsdifferenzierung, die im Einzelfall demotivierende Visualisierung von Fehlern durch das System und die Notwendigkeit, alternative Belohnungsstrukturen zu etablieren, zeigen, wie essenziell das soziale Gefüge des Unterrichtens ist. In ihrer Nutzung der Lernsoftware für die ihnen bekannten Schüler*innen wird der vom System bereit gestellte Handlungsraum der Software weniger wichtig, weil sie ihn sich über ihre eigenen Einsatzszenarien selbst kreieren und darüber dann Differenzierung, Fehlertoleranz und Belohnung zur Geltung bringen und an ihre Person koppeln.

Die zweite Reflexion betrifft die Aufgabe der Vermittlung und die potenzielle Neukonfiguration von Schule. Das Unterrichten mit Lernsoftware bewegt sich hier zwischen zwei viel besprochenen Polen: Diese Lehrkräfte sind nicht den digitalen Systemen ausgeliefert (Lankau 2015; Lembke und Leipner 2016). Aber sie positionieren ihre professionelle Praxis auch nicht als von jeder Technik autonom im Sinne eines „Primats des Pädagogischen", in dem die pädagogische Entscheidung vor – und unabhängig von – der Entscheidung für eine Technik steht (BMBF 2016; KMK 2016). Sie positionieren sich selbst als adaptierend. Innerhalb der Verwobenheit von Lernsoftware, Schüler*innen und der lehrer*innenseitigen kontextualisierten Einschätzung von Schüler*innen adaptieren sie den Einsatz der Software für ihre Klasse (z. B. Fawns 2022).

Aus was besteht eine potenzielle neue Konstruktion der Schule in Bezug auf (adaptive) Lernsoftware? Um die (Neu-)Konstruktion von Schule theoretisch zu fassen, schlagen wir eine Reflexion des Vermittlerbegriffs vor.[5] Die Interviews beschreiben je unterschiedlich, wer was für wen vermittelt. Die Lehrkräfte verorten sich selbst als Vermittler zwischen Lernsoftware und Schüler*innen. Sie positionieren sich nicht im Sinne einer Fremdbestimmung, bei der sie mechanisch unveränderbare Inhalte übertragen, sondern im Sinne der kreativen Verarbeitung bzw.

---

[5] Der Begriff des*r Vermittlers*in wird von uns im Sinne der Bildungs- und Medientheorie verwendet, also im Sinne des*rjenigen, der*die die pädagogisch-didaktische Funktion der Vermittlung übernimmt, nicht aber im Sinne eines *intermediary* (Vermittlers), wie er in der Akteur-Netzwerk-Theorie verwendet wird. Dort sind intermediaries eher auf Übertragung und auf wiederholbare, vorhersagbare, „uneventful events" und sogenannte outcomes ausgerichtet (im Gegensatz zu den unvorhersagbaren, komplexen, fließenden und widerspenstigen *mediators*).

der eigensinnigen Aneignung: Die Lehrkräfte greifen die von *System|X* angebotenen Aufgaben und Erklärungen auf und adaptieren sie für den Alltag ihres Unterrichtens. Sie interpretieren die Fehlermeldungen des Systems an die Schüler*innen um, als motorische statt kognitive Aspekte. Sie etablieren eigene Belohnungsstrukturen. Vermittlung ist hier die klassische Kernaufgabe des Lehrens, um Lernen zu ermöglichen.

Die Anbieter verorten dagegen in erster Linie die Lernsoftware als Vermittlerin zwischen Lerninhalten und Schüler*innen. Die Lehrkraft wird von Arbeit befreit, wenn die Software die Vermittlerrolle übernimmt. Das System versichert den Schüler*innen, dass Fehler in Ordnung sind. Durch die programmierte Personalisierung kann – so die Implikation – *System|X* die Lerninhalte angepasst an die Leistung der einzelnen Schüler*innen vermitteln. Die Lehrkräfte werden vor allem in ihrer Funktion der Förderung (der „leistungsschwächeren" Schüler*innen) oder Umsetzung (wie Sterne umzutauschen sind) statt derjenigen der Vermittlung – von Inhalten, von gemeinschaftsorientierten Kompetenzen – definiert. So wird die Aufgabe des Förderns von derjenigen des Vermittelns getrennt und unterschiedlich auf Maschine und Akteur*innen verteilt.

Das Ringen um Handlungsspielraum zeigt sich also auch als ein Ringen um die Möglichkeit zu vermitteln. Zugleich kann medientheoretisch eine klare Trennung der Vermittler*innen nicht standhalten: Wenn wir annehmen, dass Medien sich „in den Prozess der Vermittlung mit ein[schreiben]", dann „bedingen [sie] diesen und haben einen Einfluss darauf was in, mit und durch Medien zur Erscheinung kommt" (Burckhardt 2015, S. 28). In diesem Sinne deutet die Analyse in diesem Beitrag auf die „vermittelte Vermittlung" im Alltag des Einsatzes von adaptiver Lernsoftware, das heißt, die Software vermittelt, wie die Lehrkräfte vermitteln können, und die Lehrkräfte vermitteln, wie die Software vermitteln kann. Die Neukonfiguration von Schule durch Lernsoftware entsteht, wenn neue Entscheidungen und Reflexionen über diese vermittelte Vermittlung in kleinen, alltäglichen Momenten des Schulalltags entstehen.

Mit Blick auf die Herausforderungen des Einsatzes soll insgesamt deutlich geworden sein, wenn Lehrkräfte ein Lernsystem nicht einsetzen – oder nicht so einsetzen, wie es die Anbieter anvisieren – es nicht nur daran liegt, dass sie, wie im Eingangszitat, in der „digitalen Steinzeit" verhaftet bleiben, sondern dass sie gegebenenfalls gut begründen können, warum sie anders agieren. Sowohl Lernsoftware als auch Lehrkräfte zeigten sich hier in einem bestimmten Sinne adaptiv bzw. adaptierend.

Literatur

Allert, H., & Richter, C. (2020). Learning Analytics: Subversive, regulierende und transaktionale Praktiken. In S. Iske, J. Fromme, D. Verständig, & K. Wilde (Hrsg.), *Big Data,
Datafizierung und digitale Artefakte* (Bd. 42, S. 15–35). Springer Fachmedien. https://
doi.org/10.1007/978-3-658-28398-8_2

Berger, S., & Moser, U. (2020). Adaptives Lernen und Testen. *journal für lehrerInnenbildung, 20*(1), 42–52. https://doi.org/10.35468/jlb-01-2020_03

Bollnow, O. F. (1959). *Existenzphilosophie und Pädagogik: Versuch über eine unstetige
Form der Erziehung*. Kohlhammer Verlag.

Buck, M. F. (2017). Gamification von Unterricht als Destruktion von Schule und Lehrberuf.
In *Vierteljahrsschrift für wissenschaftliche Pädagogik* (Bd. 93, Nummer 2, S. 268–282).

Bulger, M. (2016). *Personalized Learning: The conversations we're not having*. https://data-
society.net/pubs/ecl/PersonalizedLearning_primer_2016.pdf

Bundesministerium für Bildung und Forschung (BMBF) (Hrsg.). (2016). *Bildungsoffensive
für die digitale Wissensgesellschaft. Strategie des Bundesministeriums für Bildung und
Forschung*. Bundesministerium für Bildung und Forschung.

Burckhardt, M. (2015). *Digitale Datenbanken: Eine Medientheorie im Zeitalter von Big
Data* (1. Auflage). Transcript. https://www.transcript-verlag.de/media/pdf/fc/91/1e/
oa9783839430286.pdf

Cuban, L. (1986). *Teachers and machines: The classroom use of technology since 1920*.
Teachers College Press.

Fawns, T. (2022). An Entangled Pedagogy: Looking Beyond the Pedagogy – Technology
Dichotomy. *Postdigital Science and Education*, Advance online publication. https://doi.
org/10.1007/s42438-022-00302-7

Frohn, P. (2020, Juli 27). Digitalkompetenz an Schulen: Prähistorische Digitalkenntnisse
gefährden den Arbeitsmarkt von morgen. Wirtschaftswoche.de. https://www.wiwo.de/
politik/deutschland/digitalkompetenz-an-schulen-praehistorische-digitalkenntnisse-
gefaehrden-den-arbeitsmarkt-von-morgen/26040372.html.

Ginsburg, F. D., Abu-Lughod, L., & Larkin, B. (Hrsg.). (2002). *Media worlds: Anthropology
on new terrain*. University of California Press.

Gruschka, A. (2019). *Erziehen heißt Verstehen lehren: Ein Plädoyer für guten Unterricht*. 2.
erw. und aktualisierte Aufl. Reclam.

Hepp, A. (2012). Mediatization and the 'molding force' of the media. *Communications,
37*(1), 1–28. https://doi.org/10.1515/commun-2012-0001

Jarke, J., & Macgilchrist, F. (2021). Dashboard stories: How narratives told by predictive
analytics reconfigure roles, risk and sociality in education. *Big Data & Society, 8*(1),
Advance online publication. https://doi.org/10.1177/20539517211025561

Jornitz, S., & Macgilchrist, F. (2021). Datafizierte Sichtbarkeiten: Vom Panopticon zum
Panspectron in der schulischen Praxis. *MedienPädagogik: Zeitschrift für Theorie und
Praxis der Medienbildung, 45*, 98–122. https://doi.org/10.21240/mpaed/45/2021.12.21.X

Knox, J., Williamson, B., & Bayne, S. (2020). Machine behaviourism: Future visions of
'learnification' and 'datafication' across humans and digital technologies. *Learning, Media and Technology, 45*(1), 31–45. https://doi.org/10.1080/17439884.2019.1623251

Krämer, S. (1998). *Medien, Computer, Realität: Wirklichkeitsvorstellungen und Neue Medien* (1. Aufl). Suhrkamp.

Kultusministerkonferenz (KMK) (Hrsg.). (2016). *Bildung in der digitalen Welt. Strategie der Kultusministerkonferenz.* Sekretariat der Kultusministerkonferenz. https://www.kmk.org/fileadmin/Dateien/pdf/PresseUndAktuelles/2018/Digitalstrategie_2017_mit_Weiterbildung.pdf

Lankau, R. (2015). Das Lernen verlernen? Digitale Medien und Unterricht. *Pädagogische Korrespondenz, 52,* 42–58. https://doi.org/10.25656/01:14860

Law, J. (2004). *After method: Mess in social science research.* Routledge.

Lembke, G., & Leipner, I. (2016). *Die Lüge der digitalen Bildung: Warum unsere Kinder das Lernen verlernen* (2. Auflage 2016). Redline Verlag.

Luria, E., Shalom, M., & Levy, D. A. (2021). Cognitive Neuroscience Perspectives on Motivation and Learning: Revisiting Self-Determination Theory. *Mind, Brain, and Education, 15*(1), 5–17. https://doi.org/10.1111/mbe.12275

Macgilchrist, F. (2022). Diskurse der Digitalität und Pädagogik. In S. Aßmann & N. Ricken (Hrsg.), *Bildung und Digitalität. Analysen – Diskurse – Perspektiven.* Springer VS.

Münchner Merkur. (2021, Juni 24). Spiele in Lern-Apps: Harmlos oder Süchtigmacher? Merkur. https://www.merkur.de/leben/spiele-in-lern-apps-harmlos-oder-suechtigmacher-zr-90813563.html

Parreira do Amaral, M., Steiner-Khamsi, G., & Thompson, C. (Hrsg.). (2019). *Researching the Global Education Industry: Commodification, the Market and Business Involvement* (1st ed. 2019). Palgrave Macmillan. https://doi.org/10.1007/978-3-030-04236-3

Pollmanns, M., Kabel, S., Jornitz, S., Mayer, B., Griewatz, H.-P., Leser, C., & Hünig, R. (2022). Wie (angehende) Lehrpersonen über Unterricht nachdenken bzw. Nachdenken sollen. Professionalisierungstheoretische Analysen. In I. Kunze & C. Reintjes (Hrsg.), *Reflexion und Reflexivität in Unterricht, Schule und Lehrer:innenbildung.* (S. 58–76). Klinkhardt Verlag.

Postill, J. (2021). *The effects of media practices* [Konferenz-Website]. EASA Media Anthropology Network E-Seminar. https://easaonline.org/downloads/networks/media/66p.pdf

Selwyn, N. (2012). *Education in a digital world: Global perspectives on technology and education.* Routledge.

Spitulnik, D. (2002). Mobile machines and fluid audiences: Rethinking reception through Zambian radio culture. In F. D. Ginsburg, L. Abu-Lughod, & B. Larkin (Hrsg.), *Media worlds: Anthropology on new terrain* (S. 337–354). University of California Press.

Süddeutsche Zeitung. (2020, September 29). Pisa-Auswertung: Deutsche Schulen hinken digital hinterher. Süddeutsche Zeitung. https://www.sueddeutsche.de/bildung/bildung-pisa-auswertung-deutsche-schulen-hinken-digital-hinterher-dpa.urn-newsml-dpa-com-2 0090101-200929-99-755973

Suoranta, J., Teräs, M., Teräs, H., Jandrić, P., Ledger, S., Macgilchrist, F., & Prinsloo, P. (2022). Speculative Social Science Fiction of Digitalization in Higher Education: From What Is to What Could Be. *Postdigital Science and Education, 4*(2), 224–236. https://doi.org/10.1007/s42438-021-00260-6

Watters, A. (2021). *Teaching machines.* The MIT Press.

Weich, A., Deny, P., Priedigkeit, M., & Troeger, J. (2021). Adaptive Lernsysteme zwischen Optimierung und Kritik: Eine Analyse der Medienkonstellationen bettermarks aus informatischer und medienwissenschaftlicher Perspektive. *MedienPädagogik: Zeitschrift für Theorie und Praxis der Medienbildung, 44,* 22–51. https://doi.org/10.21240/mpaed/44/2021.10.27.X

Williamson, B. (2017). Decoding ClassDojo: Psycho-policy, social-emotional learning and persuasive educational technologies. *Learning, Media and Technology, 42*(4), 440–453. https://doi.org/10.1080/17439884.2017.1278020

Wrana, D. (2015). Zur Analyse von Positionierungen in diskursiven Praktiken. Methodologische Reflexionen anhand von zwei Studien. In S. Fegter, F. Kessl, A. Langer, M. Ott, D. Rothe, & D. Wrana (Hrsg.), *Erziehungswissenschaftliche Diskursforschung. Empirische Analysen zu Bildungs- und Erziehungsverhältnissen* (S. 123–141). Springer VS.

Pandemiebedingte Schulschließungen und die Nutzung digitaler Technologien. Welchen Einblick Twitter- und Interviewanalysen geben können

Ben Mayer, Sieglinde Jornitz, Irina Zakharova, Yan Brick und Juliane Jarke

Zusammenfassung

Um besser zu verstehen, vor welchen Fragen und Aufgaben Lehrer*innen in Deutschland in den Schuljahren 2019/2020 und 2020/2021 hinsichtlich des Einsatzes von digitalen Medien standen und mit welchen digitalen Medien Schulen versucht haben, Unterricht auf Distanz zu ermöglichen, stellen wir im

B. Mayer (✉) · S. Jornitz
Wissenschaftliche*r Mitarbeiter*in, DIPF I Leibniz-Institut für Bildungsforschung und Bildungsinformation, Frankfurt am Main, Deutschland
E-Mail: b.mayer@dipf.de; s.jornitz@dipf.de

I. Zakharova
Wissenschaftliche Mitarbeiterin, ifib – Institut für Informationsmanagement Bremen GmbH, Bremen, Deutschland
E-Mail: izakharova@ifib.de

Y. Brick
Studentischer Mitarbeiter, ifib – Institut für Informationsmanagement Bremen GmbH, Bremen, Deutschland
E-Mail: yanbrick@uni-bremen.de

J. Jarke
Professorin für Digitale Gesellschaft, Karl-Franzens-Universität Graz, Graz, Österreich; ehemalige wissenschaftliche Mitarbeiterin am ifib – Institut für Informationsmanagement Bremen GmbH, Graz, Österreich
E-Mail: juliane.jarke@uni-graz.at

© Der/die Autor(en) 2023
A. Bock et al. (Hrsg.), *Die datafizierte Schule*,
https://doi.org/10.1007/978-3-658-38651-1_6

161

Folgenden die Auswertung zweier Datenkorpora vor, die im Rahmen des Verbundprojektes DATAFIED erhoben wurden. Während *Twitter-Tweets* mit dem Hashtag *#twitterlehrerzimmer* und *#twlz* den einen Datenkorpus bilden, umfasst der andere Datenkorpus fünfzehn online geführte Interviews mit sieben Lehrer*innen aus drei Projektschulen. Die Analyse bezieht sich auf drei relevante Zeiträume im Verlauf der pandemiebedingten Schulschließungen: (1) das Frühjahr 2020 kurz nach den ersten Schulschließungen, (2) den Sommer 2020 kurz vor den Sommerferien und (3) um das Frühjahr 2021, also ein Jahr nach den ersten landesweiten Schulschließungen. Die jeweiligen thematischen Schwerpunkte bzw. Interessen variieren und lassen sich für die aufgeführten Zeiträume aufzeigen. Doch ob diese Interessen der Community anders oder gleich jenen der Lehrer*innen in der Praxis der Projektschulen ist, wollen wir versuchen, mit der Zusammenschau beider Datenkorpora zu beantworten.

Schlüsselwörter

Twitter · Leitfadeninterviews · Distanzunterricht · Digitale Bildungstechnologien · Lernsoftware

1 Schulschließungen im Zeichen der Corona-Pandemie. Schule im Distanz-Modus und die Nutzung digitaler Medien

Der Zeitpunkt, zu dem wir dieses Kapitel finalisieren, liegt zwei Jahre nach den pandemiebedingten Schulschließungen. Im Verlauf dieser zwei Jahre haben die Schließungen besonders der Diskussion um digitale Medien im Unterricht nicht nur einen neuen Schub verliehen, sondern dem Bedarf an Digitalisierung in Schulen auch eine erhöhte Dringlichkeit zugewiesen. Schulen sind aufgefordert, Lösungen für eine Beschulung auf Distanz[1] anbieten zu können, deren technischer Kern digitale Technologien bildet. Aber vor allem war in Deutschland sowie in vielen anderen Ländern der Welt nicht nur der Schock während der ersten Schulschließungen in den Schuljahren 2019/2020 und 2020/2021 über die technischen

---

[1] Fickermann und Edelstein 2020; die Autoren diskutieren die Begriffe von Homeschooling, Fernunterricht und Distanzlernen und deren Unangemessenheit für die Lage in Deutschland; aufgrund des Fehlens eines besseren Begriffes haben wir uns für denjenigen des Distanzunterrichts entschieden, weil er die räumliche Dissoziierung von Lehrer*innen und Schüler*innen in den Vordergrund treten lässt.

Versäumnisse groß, sondern auch über die falschen Vorstellungen, dass Schüler*innen als *digital natives* mit den digitalen Medien auch zu Schul- und Lernzwecken selbstverständlich umgehen könnten und Zugänge zu den notwendigen digitalen Geräten besäßen. So stellen Ben Williamson, Rebecca Eynon und John Potter fest:

> *As schools close due to COVID-19 outbreak, and many teachers look to digital means to connect to their students, education policy makers are beginning to realize that the rhetoric around young people is incorrect, and now some young people are excluded from much of their education and their social networks. (Williamson et al. 2020, S. 110)*

Die Corona-Pandemie führte in Deutschland immer wieder zu Schulschließungen mit der zeitgleichen Vorgabe, Unterricht aufrecht zu erhalten (zum Ablauf vgl. Fickermann und Edelstein 2020, S. 10–13). Die Transformation des traditionellen Unterrichts in einen Distanzunterricht stellte Schulen und damit Lehrer*innen und Schüler*innen vor neue Aufgaben. War Unterricht bis dahin an die Präsenz der Beteiligten gebunden, so war er nun coronabedingt durch das Nichtteilen einer gemeinsamen Räumlichkeit (Klassenzimmer, Schule etc.) und damit gegebenenfalls durch die Aufhebung einer koordinierten Zeitlichkeit gekennzeichnet. Unterrichten, das wir als ein Ineinandergreifen von Unterrichten und Aneignen zwischen Lehrer*innen und Schüler*innen bezogen auf einen Unterrichtsgegenstand fassen (Gruschka 2009, 2013; Pollmanns 2019), fand folglich unter anderen Bedingungen statt und musste nun in Distanz organisiert werden (zu Kriterien guten Unterrichts unter den Bedingungen der Pandemie, z. B. Klieme 2020). Das routinierte Handeln von Lehrer*innen konnte somit nicht auf dieselbe Art und Weise weitergeführt und musste hinsichtlich des Zieles, Unterricht zu ermöglichen, neu ausgerichtet werden (Mayer und Jornitz 2022).

Um die räumliche Distanz zu überwinden, wurde auf den Einsatz von digitalen Medien gesetzt. Sie waren das Mittel, um unterrichten zu können oder wenigstens den Kontakt zwischen Lehrer*innen und Schüler*innen zu ermöglichen. Dabei kamen vielfältige digitale Technologien zum Einsatz (Jornitz und Engel 2021), die je verschiedene Möglichkeiten der Kommunikation und Koordination erlaubten, wie zum Beispiel Lernmanagementplattformen, Schul- und Unterrichtsverwaltungssoftware, Software zur Kommunikation in Bild, Ton und Text sowie schulfachspezifische Lernsoftware. Schulen legten eigenständig fest, ob es ein einheitliches schulinternes Konzept für die Nutzung bestimmter Softwareprodukte gab oder ob jede*r Fachlehrer*in dies für sich entscheiden konnte (und musste). In unserem Beitrag zeigen wir, dass die Plötzlichkeit der Schulschließungen und die Notwen-

digkeit der Suche nach digitalen Lösungen für das Fortsetzen des Unterrichts im
Jahr 2020 zu einer großen Heterogenität bei der Verwendung digitaler Technologien führte.

Um besser zu verstehen, vor welchen Aufgaben Lehrer*innen in Deutschland in
den Schuljahren 2019/2020 und 2020/2021 hinsichtlich des Einsatzes von digitalen Medien standen und mit welchen digitalen Technologien Schulen versuchten,
Unterricht auf Distanz zu ermöglichen, stellen wir im Folgenden die Auswertung
zweier Datenkorpora vor, die im Rahmen des Verbundprojektes DATAFIED zur
Analyse der Schulschließungen und Herausforderungen bei Auswahl, Aneignung
und Nutzung digitaler Technologien 2020 und 2021 erhoben wurden. Während
Twitter-Tweets mit dem Hashtag *#twitterlehrerzimmer* und *#twlz* den einen Datenkorpus bilden, umfasst der andere Datenkorpus fünfzehn online geführte Interviews mit sieben Lehrer*innen aus drei Projektschulen.

Twitter-Kommunikation ist in den letzten Jahren zu einem festen Bestandteil
der Forschung im Bildungsbereich geworden. Über die Analyse der *Twitter*-Daten
werden beispielsweise Aspekte des Lehrer*innenberufs, der -Aktivitäten und der
Weiterbildung untersucht (z. B. Britt und Paulus 2016; Carpenter et al. 2020; Carpenter und Krutka 2014; Larsen und Parrish 2019; Tang und Hew 2017; Visser
et al. 2014). Im deutschsprachigen *Twitter* kann der Hashtag *#twitterlehrerzimmer*
und seine Kurzversion *#twlz* als einer der zentralen Kommunikationsräume für
Lehrkräfte verstanden werden (Fütterer et al. 2021; Zakharova et al. 2022). Während der Corona-Pandemie spielte die *Twitter*-Kommunikation der Lehrkräfte über
Bildungsthemen eine wichtige Rolle, da sich dadurch aktiv über „die Frage, was
guter digitaler (Fern-)Unterricht überhaupt ist" (Fütterer et al. 2021, S. 468) ausge-
tauscht, schulübergreifende Zusammenarbeit gestärkt (Blume 2020) und Forderungen an politische Akteure gestellt werden konnten. An diese Forschung knüpfen
wir hier mit unserer Analyse der *Twitter*-Daten im „Affinitätenraum" *#twitterleh-
rerzimmer* an (Zakharova et al. 2022).

Die Interviews hingegen richten sich gezielt auf die Organisationsaspekte des
Unterrichtens, das heißt, auf das Ermöglichen eines Distanzunterrichts. Daher geben diese zum einen Auskunft über Lösungen (oder Maßnahmen) zur Etablierung,
Stabilisierung und Einübung neuer Routinen, um Unterricht auf Distanz zu ermöglichen, zum anderen über das Verständnis von Unterrichten (und damit Unterricht)
und die Herausforderungen bei der Durchführung von Distanzunterricht. Gerade
zur Überwindung der Distanz scheint die Nutzung digitaler Lösungen unausweich-
lich (Abb. 1).

Damit die digitalen Lösungen eingeordnet und verglichen werden können, orientieren wir uns im Folgenden an den Funktionsbereichen, die die jeweils eingesetzte Software bietet. In der Literatur wird Software nach den jeweiligen Funkti-

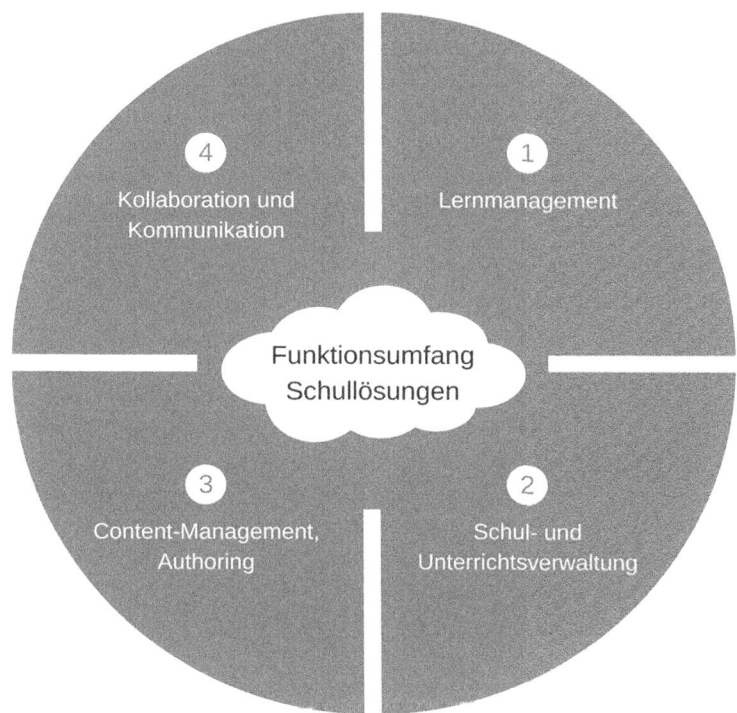

Abb. 1 Funktionsumfang Schullösungen (eigener Nachbau der Grafik in Schmidt 2020 mit Bezug auf mmb Institut GmbH 2019)

onsbereichen unterschieden (mmb Institut GmbH 2019; zitiert in Schmidt 2020). Laut mmb gibt es vier zentrale Funktionsbereiche, mit denen sich Software für Schulen einordnen lässt. Es handelt sich um sogenannte LMS, Schul- und Unterrichtsverwaltungs-, Contentmanagement- und Authoring-Systeme sowie Kollaborations- und Kommunikationssysteme (Schmidt 2020). Nach Rolf Schulmeister (2005) ermöglicht ein Lernmanagementsystem eine Benutzer*innen- und Kursverwaltung und lässt die Vergabe verschiedener Rollen und Rechte unter den Nutzer*innen zu. Die Kursinhalte, Lerngegenstände und Medien sind zudem über einen Browser abrufbar und Kommunikationsmedien sowie Werkzeuge für das Lernen und Notieren sind integriert. Oft kann der Lernverlauf gespeichert werden. Bei Contentmanagementsystemen handelt es sich meist um cloud-basierte Plattformen, über die Schüler*innen und Lehrer*innen Lernmaterialien bereitstellen und abrufen können. Auch lässt sich sogenannter Content anderer Repositorien einbinden (Schmidt 2020). Nach mmb (mmb 2019) sind die Softwareangebote zu Kollaboration und Kommunikation explizit auf die Organisation von Gruppen und gemeinsame Prozesse im Unterricht ausgerichtet. Zu dieser Kategorie zählen auch alle Lösungen, die über *webconferencing*-Software virtuelle Meetings ermöglichen (Schmidt 2020). Andreas Breiter und Angelina Lange (2019) unterscheiden ebenfalls zwischen verschiedenen Arten der Schulinformationssysteme, die die Organisation der schulischen Daten und Abläufe unterstützen sollen. Auch hier wird zwischen Schulmanagement, -verwaltung und Lernmanagement unterschieden, allerdings anders fokussiert. Dabei werden die Schulmanagementinformationssysteme für die Organisation und Analyse der Schuldaten eingesetzt, Schulverwaltungssysteme sollen die Schulen bei „der Organisation des Schulalltags" (Breiter und Lange 2019, S. 4) unterstützen und Informationssysteme für Lernmanagement werden zur Organisation und Steuerung der Lernprozesse eingesetzt. Neben der Funktionsweise sind hier auch Nutzer*innengruppen entscheidend. In der Praxis, wie unsere Analysen im Folgenden zeigen, kann eine Einteilung der Software für Schule nicht trennscharf erfolgen. Wir orientieren uns daher grob an der Einteilung, um die von den Lehrenden in den Interviews genannte Software zu Teilbereichen von Schule zuordnen zu können. Die Klassifizierung (Schmidt 2020) dient als Heuristik für die Identifikation jener Funktionen und digitalen Lösungen, die sowohl in der *Twitter*-Kommunikation als auch in den Interviews zur Sprache kommen.

Beide Datenkorpora wurden zu drei Zeitpunkten erhoben, die für Schulen im Verlauf der Pandemie bedeutsam waren. Es handelt sich dabei (1) um das Frühjahr 2020 kurz nach den ersten Schulschließungen, (2) um den Sommer 2020 kurz vor den Sommerferien und (3) um das Frühjahr 2021, also ein Jahr nach den ersten landesweiten Schulschließungen. Während die Diskussionen, *Tweets* und *Re-Tweets*, die unter dem Hashtag *#twitterlehrerzimmer* und *#twlz* erstellt und verlinkt wurden, schulunspezifisch darüber Auskunft geben, welche digitalen Medien empfohlen wurden, um Schule auf Distanz Wirklichkeit werden zu lassen, ermöglichen es die Onlineinterviews, schul- und lehrer*innenspezifisch darüber Auskunft zu geben, welche digitale Software für ein Unterrichten auf Distanz eingesetzt und wie dies jeweils begründet wurde. Die hieraus gezogenen Erkenntnisse sind je fallspezifisch verortet (Pieper et al. 2014).

Das Besondere an der *Twitter*-Analyse ist, dass die Hashtags *#twitterlehrerzimmer* und *#twlz* eine Lehrer*innen-Community erschaffen, die einen Vorteil im Teilen von „Fundstücken für den Unterricht", dem Nutzen von „Schwarmwissen" (Redaktion Digitale Schule 2020) und der Diskussion aktueller Themen in sich vereinigt. Die dabei auftretenden Häufigkeiten bestimmter Hashtags lassen sich als verstärktes Interesse gegenüber einem Thema interpretieren. Während die Analyse des „Schwarmwissens" seine generalisierbaren Erkenntnisse über die große Zahl generiert, gelangt eine vertiefte strukturtheoretische Analyse über den Einzelfall dazu. Inwiefern über diese nahezu gegensätzliche Generierung von Wissen zu gleichen, verschiedenen oder sich ergänzenden Erkenntnissen gelangt, versucht dieses Kapitel zu eruieren. Für unser Thema stellt sich somit die Frage: Ob das Interesse der *Twitter*-Community anders oder gleich jenem der Lehrer*innen in der Praxis der Projektschulen ist, wollen wir versuchen, mit der Zusammenschau beider Datenkorpora zu beantworten. Im Folgenden werden diese beiden Datensätze analysiert und aufeinander bezogen. Sie ermöglichen es rückblickend, einen Einblick in die akuten Aufgaben und die jeweiligen Bedingungen zu werfen, denen Lehrer*innen im ersten Jahr der Pandemie ausgesetzt waren.

2 Datenkorpus und Analysemethode

Die beiden Datenkorpora wurden zu drei Zeitpunkten erhoben, die für die Schulen je bedeutsame Phasen der Pandemie darstellen. Die erste Phase umfasst das Frühjahr 2020 (März bis April) und damit die Zeit kurz nach den ersten bundeseinheitlichen Schulschließungen vor den Osterferien. Schulen waren das erste Mal mit der Durchführung von Distanzunterricht konfrontiert. Die zweite Phase umfasst den Sommer 2020 (Juni bis Juli) und damit den Zeitraum kurz vor den Sommerferien. Einige Schulen hatten zu dem Zeitpunkt Präsenzunterricht mit Konzepten, wie zum Beispiel der Umsetzung von „geteilten Klassen", wieder aufgenommen. Die Kultusministerkonferenz beschloss am 18. Juni 2020 außerdem, dass nach den Sommerferien der Schulbetrieb wieder regulär fortgesetzt werden sollte (Jungblut 2020). Die dritte Phase umfasst das Frühjahr 2021 (März) und fand damit genau ein Jahr nach den ersten Schulschließungen statt. Diese drei Phasen stellen demzufolge bedeutungsvolle Einschnitte nicht nur der Pandemie dar, sondern auch für die Schulen, die bis zum Erscheinen des Buches nicht zu einem normalen Präsenzunterricht zurückgekehrt sind.

Der Twitter-Datensatz umfasst die Kommunikation der Lehrkräfte unter den Hashtags *#twitterlehrerzimmer* und *#twlz*. Die Hashtags dienen als Schlagworte, mit denen *Twitter*-Nutzer*innen ihre *Tweets* kennzeichnen. *Tweets* mit dem gleichen Hashtag werden verknüpft und sind dadurch auffindbar. *#twitterlehrerzimmer* ist der größte, deutschsprachige Bildungshashtag auf *Twitter*. Die Nutzung solcher Hashtags erlaubt das gezielte Filtern von *Tweets* und eröffnet einen „Affinitätenraum". Unter denjenigen *Twitter*-Nutzer*innen, die den Hashtag nutzen, finden sich nicht nur Lehrkräfte, sondern auch Wissenschaftler*innen, Personen aus Bildungsorganisationen, Bildungspraktiker*innen, Softwarehersteller*innen, Schü-

ler*innen oder Politiker*innen. Auch wenn viele dieser Lehrkräfte durch ihre Vorreiter*innenrolle (Hepp 2016) als Mediencoaches oder Blogautor*innen am
öffentlichen Diskurs teilnehmen, werden im Folgenden ihre *Tweets* nur indirekt
zitiert, um ihre Anonymität zu wahren. Die *Tweets* wurden über die *Twitter*-API
abgerufen und mit der Python Bibliothek *tweepy* gesammelt. Insgesamt wurden für
die ersten Monate der Pandemie (Dezember 2019 bis Juli 2020) 131.394 *Tweets*
und *Re-Tweets* gesammelt und im Frühjahr 2021 (März bis April 2021) 25.417
Tweets. Für die weitere Analyse wurden nur die *Tweets* von aktiven Nutzer*innen
betrachtet, die in jeweiligen Analysezeiträumen der drei hier betrachteten Phasen
mehr als drei Mal im „Affinitätenraum" des *#twitterlehrerzimmer* entweder selbst
Tweets verfasst haben oder von anderen Nutzer*innen erwähnt wurden. Es wurden
nur die *Tweets* analysiert, die von *Twitter*-Nutzer*innen verfasst wurden, welche
wir in einem qualitativen Verfahren als schulische Akteur*innen (Lehrkräfte,
Schulleitungen, etc.) identifizieren konnten (N = 1923). Neben den Accounts der
Nutzer*innen wurden auch weitere Hashtags nach Themen kategorisiert. Um die
Verwendung der digitalen Technologien während der Corona-Pandemie zu erforschen, wurden die zu analysierenden *Tweets* auf die Themen „Bildungstechnologien" und „digitale Bildung", sowie *#bildungabersicher, #bildungsgerechtigkeit,
#schulerfolgsichern, #pädagogikvortechnik, #digitalistnichtegal, #tabletklasse,
#ipadklasse* eingegrenzt. Ähnliche Hashtags wurden zu Themen zusammenge-
fasst: zum Beispiel „Bildungstechnologien" (133 Hashtags, zum Beispiel *#itslear-
ning, #schulcloud*) und „digitale Bildung" (64 Hashtags, zum Beispiel *#digitalebil-
dung, #datenschutz, #smartschool*). Wir analysieren nur die *Tweets*, die von
Lehrkräften verfasst wurden, die Hashtags rund um „digitale Bildung" verwenden
und die stellvertretend für die drei Phasen der pandemiebedingten Schulschließungen stehen: erste Phase, vom 22. März bis 4. Mai 2020 (251 *Tweets*); zweite Phase,
vom 7. bis 21. Juni 2020 (142 *Tweets*) und dritte Phase vom 8. bis 21. März 2021
(428 *Tweets*). Eine induktive qualitative Inhaltsanalyse der *Tweets* wurde unter
Anwendung der Analysesoftware MaxQDA umgesetzt. Einem Tweet konnten
mehrere Codes zugewiesen werden.

   Der zweite Datenkorpus umfasst insgesamt fünfzehn Interviews, die mit sieben
Lehrer*innen von drei DATAFIED-Projektschulen in Bremen, Hessen und Brandenburg geführt wurden. Während im ersten Erhebungszeitraum sieben Interviews
durchgeführt wurden, waren es während der beiden anderen Zeiträume jeweils
vier. Alle befragten Lehrer*innen und ihre Schulen nutzen bereits digitale Medien
für ihren Unterricht. Sie haben diese für ihre jeweiligen Fächer bewusst ausgewählt
und verfügen über Einsatzroutinen. Sie sind also im Gegensatz zu vielen anderen
Lehrer*innen in Deutschland mit dem Einsatz von digitalen Medien im Unterricht
vertraut; wenn auch nicht in dem Umfang, der durch die Schulschließungen not-

wendig wurde. In den Interviews wurden die Lehrenden leitfadengestützt nach dem von ihnen jeweils aktuell durchgeführten Unterricht befragt. Im Zentrum standen dabei Aspekte der Organisation des Unterrichts, die jeweils eingesetzte, digitale Software sowie deren Möglichkeiten und Restriktionen beim Einsatz. Diesen Fragen lag die Hypothese zugrunde, dass sich mit dem Wechsel von Präsenz- auf Distanzunterricht etwas am Verhältnis zwischen Lehrenden und Schüler*innen verändert und sich dies auch in der Nutzung der digitalen Medien zeigt. Die interviewten Lehrer*innen unterrichten verschiedene Jahrgangsstufen und Fächer – von Deutsch, über Mathematik, Englisch, Spanisch zu Sport. Die Interviewdaten wurden inhaltsanalytisch (MaxQDA) und teilweise objektiv-hermeneutisch ausgewertet, um die Spannbreite der verwendeten digitalen Medien aufzuzeigen und Einblicke in die pädagogisch-didaktischen Konzepte und deren Legitimierung zu geben.

Die Gleichzeitigkeit der Erhebungen und die Verschiedenheit der Generierung von Erkenntnissen bilden die Klammern um diese differenten Datenkorpora. Im Folgenden werden wir zeigen, wie sie sich gegenseitig erhellen können. In den Analysen zeigt sich der Spagat, der sich aus den Polen einer digitalen, nichts ortgebundenen Community und der kontext-bezogenen Sicht von Individuen ergibt. Im Folgenden werden wir die Analysen der beiden Datenkorpora nacheinander darlegen, um dann zum Abschluss eine Verbindung zu ziehen.

3   *Twitter* und Bildung: *#twitterlehrerzimmer* als Gegenstand der Forschung

In der Analyse der *Tweets* konnten wir über die definierten Phasen hinweg drei Themen identifizieren, die für die Kommunikation der Lehrkräfte unter dem Hashtag *#twitterlehrerzimmer* relevant waren. Erstens wurden die Wege und Möglichkeiten zum Aufbau der Kommunikation verhandelt, zunächst zwischen Lehrer*innen und Schüler*innen und später schulübergreifend zwischen Lehrkräften. Zweitens tauschten sich die Lehrer*innen bei *Twitter* über die Möglichkeit des kollaborativen Arbeitens aus und entwickelten Strategien dazu. Dabei diskutierten die Lehrkräfte sowohl die notwendige Hard- und Software als auch die Ansätze zur Unterrichtsgestaltung und -durchführung. Drittens thematisieren die Nutzer*innentweets, wie vorhandene Unterrichtsmaterialien auf digitale Lernformate angepasst oder neu erstellt werden können.

3.1 Erste Phase: Unterricht als Überwindung der Distanz durch digitale Medien unter dem Hashtag *#twitterlehrerzimmer*

Noch vor den Osterferien 2020 – meist zum 16. März 2020 – erfolgten die ersten Schulschließungen, was alle Schulen und Lehrer*innen vor die Aufgabe stellte, Lösungen zu finden, um auf Distanz zu unterrichten. Demzufolge stand der Einsatz von digitalen Medien in dieser ersten Phase unter dem Gesichtspunkt der Distanzüberwindung. Für die erste Phase der Schulschließungen zeigen die Tweets der *Twitter*-Analyse, wie diese Distanzüberwindung diskutiert bzw. auf welche Medien verwiesen wurde. Die ersten Wochen der Schulschließungen wurden primär von zwei Themen geprägt: *Herstellung der Kommunikation* und *Förderung des Zusammenhalts* in den Klassen. Zunächst mussten Schulen Kommunikationskanäle außerhalb des Klassenraums aufbauen, um den Kontakt zwischen Lehrer*innen und Schüler*innen zu initiieren und stabilisieren. Dabei diskutierten die Lehrkräfte sowohl über die technischen Möglichkeiten – Geräte sowie Software, wie zum Beispiel Videokonferenzsysteme – als auch über die Ansätze zum Aufbau des kollaborativen Arbeitens, wie etwa Spiele im Onlineformat. Zusätzlich stellten sich die Lehrkräfte gegenseitig Onlineressourcen vor, die die Organisation des kollaborativen Arbeitens unterstützen sollten. Außerdem tauschten sich die Lehrkräfte unter dem Hashtag *#homeschooling* über ihre Erfahrungen in den ersten Wochen der Schulschließungen aus.

(1) Kommunikationskanäle außerhalb des Klassenraums aufbauen
In den *Tweets* wird eine große Bandbreite an Kommunikationssoftware genannt, mit deren Hilfe Lehrer*innen in Kontakt zu ihren Schüler*innen treten können. So werden *Skype, Jitsi, Zoom, BigBlueButton, Discord* und *Instagram Live* genauso genannt wie *MicrosoftTeams (MSTeams)*. Zum Aufbau der Kommunikationswege zwischen den Lehrkräften und ihren Schüler*innen kurz nach den ersten Schulschließungen in Deutschland wurden, laut unserer Analyse, sowohl die synchronen Formate wie Videokonferenzen, als auch die asynchronen Formate wie schriftlicher Austausch verwendet. Die *Tweets* verweisen darauf, dass einige der genannten Kommunikationssoftware bereits in die Lernmanagementsoftware der Schulen integriert war. So war beispielsweise die Plattform *Moodle*, die bereits vor der Pandemie zum Dateiaustausch in den Schulen verwendet wurde, oft mit Plug-ins für *BigBlueButton* oder *Zoom* ausgestattet. Auch verfügten die Lehrer*innen an ihren Schulen bereits über Software zur Kommunikation, die dann „nur" noch für den Distanzunterricht angewendet werden musste. Die Kommunikationsfunktionen der LMS wurden in der ersten Phase der Pandemie von den Lehrkräften teilweise

zum ersten Mal eingesetzt, weshalb sich ihre *Twitter*-Kommunikation auf Fragen und Antworten sowie Problemmeldungen begrenzte. Um jedoch die Kommunikation überhaupt aufbauen zu können, mussten zunächst die Geräte beschafft werden, was ebenfalls für Lehrkräfte auf *Twitter* zum Thema wurde. Diejenigen, deren Schulen beispielsweise bereits über Tabletklassen verfügten, tauschten sich über Probleme beim regelmäßigen Einsatz der Geräte aus.

(2) Über die Möglichkeit des kollaborativen Arbeitens auf Distanz
Des Weiteren wurde die *Twitter*-Kommunikation dadurch bestimmt, dass die Lehrkräfte sich über die Möglichkeiten des kollaborativen Arbeitens austauschten, wie etwa Aktivierungsmethoden oder Spiele für Distanzunterricht. So berichteten mehrere Lehrpersonen darüber, wie und welche Spiele sie in ihren Videokonferenzen anwenden, um die Schüler*innen in ihren Klassen für die weitere Arbeit zu aktivieren oder aufzumuntern. Im *#twitterlehrerzimmer* wurden Ideen und Ansätze für die Herstellung und Förderung der Kollaboration in den Klassen gesucht. Die *Twitter*-Analyse zeigt außerdem eine verstärkte Hinwendung zu Apps, die ihren Ursprung nicht im Bildungsbereich haben. So gaben die Lehrpersonen an, im Unterricht oder für Hausaufgaben Apps zu nutzen, die für das digitale Lernen appropriiert wurden, wie beispielsweise die sogenannten *Screencaster*-Apps zur Aufzeichnung eigener Bildschirminteraktionen oder soziale Medien wie *YouTube, TikTok* und *Instagram*, um Aufgaben und Materialien – zum Beispiel Videos oder Musikstücke – zu erstellen, zu kommunizieren oder zu bearbeiten.

(3) Zurverfügungstellen von Materialien, die für Distanzunterricht geeignet sind
Nachdem Kommunikationskanäle für den Distanzunterricht an den Schulen aufgebaut wurden, tauschten sich die Twitter-Nutzer*innen nun über Lernmaterialien für den Distanzunterricht aus. Manche *Twitter*-Nutzer*innen wiesen darauf hin, dass die Vermittlung der Lerninhalte auf Distanz anders als in Präsenz stattfinden solle. Um diesem Anspruch gerecht zu werden, tauschten die Lehrkräfte unter dem Hashtag *#twitterlehrerzimmer* diverse digitale Ressourcen oder Sammlungen solcher aus. Dabei stellten sich die Nutzer*innen die Ressourcen und deren Sammlungen in Form von Listen sowohl für unterschiedliche Fächer als auch fachunabhängig – mit Auflistung weiterer Software oder Ansätze zur Durchführung des Distanzunterrichts – gegenseitig zur Verfügung. Außerdem betrachteten die Lehrpersonen soziale Medien, zum Beispiel YouTube, als Möglichkeit, mit ihren Lernmaterialien und Aufgaben gleich mehrere Schüler*innen zu erreichen. Beispielsweise berichteten mehrere Lehrpersonen davon, wie sie die von ihnen selbst erstellten Erklärvideos oder Podcasts mit ihren Schüler*innen über soziale Medien teilten.

3.2 Zweite Phase: Aushandlung der Strategien zur Durchführung des Hybridunterrichts im „Affinitätenraum" #twitterlehrerzimmer

Insgesamt wurde die Kommunikation unter dem Hashtag *#twitterlehrerzimmer* in der zweiten Phase (Juni 2020) vom Meinungsaustausch zwischen den Lehrkräften bestimmt. Dabei wurden die Wochen kurz vor den Sommerferien durch Aushandlungen und Strategiefindung in Bezug auf mehrere Themen geprägt. Zum einen teilten die Lehrkräfte ihre Erfahrungen über zahlreiche Veranstaltungen mit, an denen sie teilgenommen hatten und die als Reaktion auf die Herausforderungen der Pandemie in den Monaten zwischen April und Juli organisiert wurden. Mithilfe dieser Veranstaltungen sollten schul- und bundeslandübergreifende Kommunikationskanäle zwischen Lehrkräften hergestellt und gemeinsame Strategien zur Durchführung des Hybridunterrichts ausgearbeitet werden. Zum anderen diskutierten die Lehrkräfte in der zweiten Phase darüber, wie das kollaborative Arbeiten, das in der ersten Phase thematisch wurde, täglich ausgestaltet werden soll. Die Analyse zeigt zudem, dass im Vergleich zur ersten Phase die Erstellung und das Zurverfügungstellen der Lernmaterialien in der *Twitter*-Kommunikation an Bedeutung verloren haben.

(1) Schulübergreifende Kommunikation und Austausch aufbauen
Die auf *Twitter* unter dem Hashtag *#twitterlehrerzimmer* aktiven Lehrkräfte berichteten in der zweiten Phase von Veranstaltungen zu den Themen der digitalen Bildung, wie beispielsweise das Forum Digitalität 2020 und diverse Barcamps, die sowohl innerhalb des Forums als auch außerhalb dieses stattfanden. Ihrer Rolle als Vorreiter*innen der digitalen Bildung entsprechend, nahmen die *#twitterlehrerzimmer*-Nutzer*innen daran mit eigenen Beiträgen teil oder informierten ihre jeweiligen Kollegien über anstehende und vergangene Veranstaltungen sowie ihre Erkenntnisse daraus. Insgesamt wurde in den Veranstaltungen und in der *Twitter*-Kommunikation nach Strategien des Umgangs mit den pandemiebedingten Herausforderungen gesucht, weshalb auch politische Meinungsäußerungen und Forderungen einen wichtigen Teil der zweiten Phase bilden. Beispielsweise äußerten die Nutzer*innen bundeslandspezifische und -übergreifende Forderungen nach politischem Handeln, wie etwa nach mehr Fortbildungen, nach einem grundsätzlichen Wandel hin zu einer „Kultur der Digitalität" (Stalder 2017) und zur Umverteilung der finanziellen Mittel im Rahmen des DigitalPakts Schule zur Bereitstellung von Geldern für bestimmte Softwareprodukte in Schulen in Großbritannien und den USA (z. B. Williamson et al. 2020).

(2) Strategien des kollaborativen Arbeitens auf Distanz
In der zweiten Phase der Pandemie, in der hybride Ansätze des Unterrichtens umgesetzt wurden, stand bei der *Twitter*-Kommunikation im Fokus, wie das individuelle Lernen an die Gegebenheiten eines Distanzunterrichts angepasst werden könnte. Ein Beispiel dafür sind die Kommunikations- und Kollaborationsmöglichkeiten, die Produkte von *Microsoft Office* bieten und die – nach den *Tweets* zu urteilen – in den Schulen am Anfang der Corona-Pandemie aktiv eingesetzt wurden. Neben den Videokonferenzen über *MSTeams* wird im *#twitterlehrerzimmer* auch über das gemeinsame Bearbeiten von Dokumenten mit verschiedenen *Microsoft Office* Anwendungen diskutiert. *Microsoft Office* Produkte wie *MSTeams* stellen ein illustratives Beispiel einer Software dar, welche für andere Märkte als Bildung entworfen, mit dem Distanzunterricht jedoch zunehmend in Schulen genutzt wurden. Dabei standen Problemlösungen und Hilfegesuche bei der Nutzung von *MSTeams* im Vordergrund dieser *Twitter*-Kommunikation.

Wenn in der ersten Pandemiephase die Anwendung der Lernmanagementsysteme durch die Nutzung von eingebetteten Plugins für Videokonferenzsoftware in der *Twitter*-Kommunikation gekennzeichnet wurde, so diskutierten die Lehrkräfte in der zweiten Pandemiephase über ihre Contentmanagementfunktionen. Außerdem zeigt sich, dass Lehrpersonen vor allem Erfahrungsberichte zur Nutzung von *Apple*-Geräten miteinander teilen. Sowohl bei Produkten von *Apple* als auch von anderen Herstellern stehen dabei die Besonderheiten und Probleme bei der Nutzung von Tablets im Vordergrund.

(3) Gestaltung und Verwendung von Lernmaterialien und Ansätzen, die für Distanzunterricht geeignet sind
Neben den Erklärvideos wurden neue Möglichkeiten zur Erstellung von Arbeitsblättern gesucht. So baten mehrere Lehrpersonen über *#twitterlehrerzimmer* um Rat, wie Arbeitsblätter interaktiv gestaltet werden könnten. Die bereits erstellten und gegebenenfalls erprobten Arbeitsblätter wurden dann mit den Kolleg*innen im *#twitterlehrerzimmer* in Form von Vorlagen geteilt.

3.3   Dritte Phase: Vom Distanz- zum Hybridunterricht: Diskussionen über Strategien im *#twitterlehrerzimmer*

Ein Jahr nach den ersten Schulschließungen, im März 2021, wurden in der Öffentlichkeit sowie im „Affinitätenraum" *#twitterlehrerzimmer* Diskussionen über Schulöffnungen geführt. Damit wurden die Lehrenden vor die Herausforderung gestellt, nach der Distanzüberwindung der vorherigen Monate nun die Beispiele guter Praxis aus dem Distanzunterricht auf den Präsenzunterricht zu übertragen und dies nachhaltig für eine Weiternutzung zu sichern.

(1) Kommunikationsstrategien für Distanz-, Hybrid- und Präsenzunterricht entwickeln
Während der ersten Schulschließungen wurden Lehrende mit der Herausforderung konfrontiert, Kommunikation mit ihren Schüler*innen und Kolleg*innen aufzubauen. Ein Jahr später ist es nicht mehr nur der Distanzunterricht, sondern es sind unterschiedliche Formen von Hybrid- und Präsenzunterricht, die die Lehrenden organisieren und durchführen müssen. Hierfür wurden im „Affinitätenraum" *#twitterlehrerzimmer* passende Fortbildungen beworben, wovon einige über soziale Medien wie etwa *TikTok* stattfanden. Auch Möglichkeiten der Kommunikation mit weiteren Akteur*innen wie Schulleitungen und Eltern sowie Erziehungsberechtigten wurden diskutiert, wie etwa über *Moodle*. Des Weiteren waren die unterschiedlichen Videokonferenzsysteme (*Jitsi-Meet, MSTeams, BigBlueButton*) auch im März 2021 ein Bestandteil der Kommunikationsstrategien für alle schulischen Zwecke. In der dritten Phase gab es zudem regen überschulischen Austausch zwischen den Lehrkräften auch außerhalb von *Twitter*. Besonders unter dem Hashtag *#digiatschool* wurde dieser Austausch in den „Affinitätenraum" *#twitterlehrerzimmer* hineingetragen, Erfahrungen geteilt und Diskussionen angeregt. Die betreffende Veranstaltung konzentrierte sich dabei in mehreren Vorträgen besonders auf Themen zur digitalen Schulentwicklung und der konkreten Umsetzung vor Ort, was sich in den *Tweets* widerspiegelte. Daneben fanden auch einige *barcamps* und Weiterbildungen zur Verwendung von LMS, zu digitalen Lernformaten sowie zur Gestaltung von Hybridunterricht statt, an denen Nutzer*innen aus dem Affinitätsraum nicht nur als Teilnehmer*innen, sondern auch als Gestalter*innen aktiv waren.

(2) Kollaboratives Arbeiten im Hybridunterricht organisieren und Ergebnisse nachhaltig sichern
In der dritten Phase im Frühjahr 2021 haben die *#twitterlehrerzimmer*-Nutzer*innen die Schulöffnungen und den damit einhergehenden Hybridunterricht diskutiert. So waren Fragen zentral, wie kollaboratives Arbeiten im Hybridunterricht und hybriden Schulalltag organisiert und dessen Ergebnisse nachhaltig gesichert werden können. Einen großen Teil der Antworten auf diese Fragen beschäftigten sich mit der – für den Zeitpunkt neuen – Datenbank-Funktion von *Moodle*. Diese wurde von den Lehrenden für gemeinsame Arbeiten unter den Kolleg*innen verwendet. Wie der Unterricht und die dafür gewählten Kommunikationsstrategien nachhaltig gesichert werden können, war ein weiteres Diskussionsthema im *#twit-*

terlehrerzimmer. Fragen nach der Ergebnissicherung wurden so auch zur Anwendung von *MS-OneNote* oder *MS-PowerPoint* aufgeworfen. Diese Software wurde hauptsächlich für Kollaboration im Unterricht verwendet. Jedoch diskutierten die Nutzer*innen dabei erneut die datenschutzrelevanten Voraussetzungen für die Verwendung von *Microsoft Office*-Produkten und kritisierten die Vielfalt an unterschiedlichen Vorgaben dazu.

(3) Software für Unterrichtsinhalte
Während in den ersten zwei Phasen die Lehrenden mit der Zurverfügungstellung und Gestaltung der Lernmaterialien beschäftigt waren, so tauschten sich im Frühjahr 2021 *#twitterlehrerzimmer*-Nutzer*innen detailliert über Funktionsweisen unterschiedlicher Software aus, die sie im Unterricht zur Vermittlung oder Veranschaulichung der Inhalte einsetzten. Dabei kam nicht nur Software wie *Padlet* oder *Anton* zur Sprache, sondern auch Anwendungen für virtuelle Realitäten, Text-Konverter, Grafiksoftware und Software zum kreativen Schreiben sowie für die Textgestaltung. Außerdem haben auch die Hersteller von Lernmanagementsystemen wie zum Beispiel *Moodle* ihre Funktionalitäten weiter ausgebaut, um Lehrenden mehr Raum zur Gestaltung der Unterrichtsaufgaben zu ermöglichen. Im „Affinitätenraum" *#twitterlehrerzimmer* lag der Fokus der Nutzer*innen insbesondere auf Funktionen, die interaktive Handlungen ermöglichen – zum Beispiel bei *Moodle* und *MS-PowerPoint*. Insgesamt konnten wir jedoch für die dritte Phase feststellen, dass die Diskussionen über Unterrichtsinhalte und Lernsoftware an Relevanz gegenüber den kollaborativen Funktionen der Lernmanagementsysteme verloren haben. Besonders in der dritten Phase konnten wir einige *Twitter* spezifische Aktivitäten feststellen. So hat ein einziger Account knapp 20 Prozent aller *Tweets* während des Zeitraums der dritten Phase verfasst, von denen wiederum fast die Hälfte aus wiederkehrendem (kommerziellen) Inhalt bestand.

4   Interviewanalysen und die drei Phasen des Distanzunterrichts

Dazu in Kontrast stehen die fünfzehn Interviews, die wir mit sieben Lehrer*innen an drei Projektschulen in Bremen, Hessen und in Brandenburg über den Zeitraum der drei Phasen hinweg geführt haben. Innerhalb des Verbundprojektes bilden die Onlineinterviews einen zusätzlichen Datenkorpus, der zunächst nur dazu dienen sollte, den Kontakt zu den Projektschulen aufrecht zu erhalten. Im Zuge der Pandemie entwickelten sich die Interviews zu einer eigenen Art von Protokoll, in dem die Lehrer*innen darüber Auskunft gaben, was an den Schulen jeweils geschah und wie sie ihr jeweiliges Handeln legitimierten (Hoffmann 2020). Die Interviews wurden zudem mit dem Vorsatz geführt zu erfahren, welche Software Lehrende jeweils einsetzen und inwieweit sie neue Produkte ausprobierten. Dabei war zunächst überraschend, dass an keiner der drei Projektschulen tatsächlich neue Softwareprodukte lizensiert wurden, jedoch einige vorhandene Lizenzen nun überhaupt erstmalig zum Einsatz kamen.

Die Klassifizierung der Software nach Schmidt (2020) dient als Heuristik für die Identifikation jener Funktionen und digitalen Lösungen, die die Lehrer*innen für die Initialisierung und Aufrechterhaltung von Unterricht nennen. Im Vordergrund stand die Frage, welche Fragen und Probleme sich für die Lehrenden zu den drei Zeitpunkten verdichtend stellten, ob sie diese mit Hilfe von Software versuchten zu beantworten und wie sie den Einsatz von Software legitimierten. Im Folgenden stellen wir die Ergebnisse entlang der drei Phasen dar.

4.1 Erste Phase: (Re)Installation von Unterricht

Die Interviews der ersten Phase fanden ca. zehn Tage nach den ersten Schulschließungen Ende März, Anfang April 2020 statt, das heißt, zu einem Zeitpunkt, als die Schulschließungen noch nicht einmal zwei Wochen zurücklagen, die Osterferien vor der Tür standen und nicht zu erahnen war, dass die Pandemie das ganze Jahr und darüber hinaus andauern würde. Demzufolge sind die Interviews auch Zeugnisse, wie an den Schulen Hard- und Software in Gang gesetzt wurden, um überhaupt einen Distanzunterricht zu ermöglichen. Sie geben darüber Auskunft, wie unvorstellbar es zu dem Zeitpunkt war, dass die Pandemiebedingungen sich über einen so langen Zeitraum erstrecken würden.

Aus den sieben Interviews der ersten Phase wird ersichtlich, dass an den drei Projektschulen – im Folgenden S1, S2 und S3 – dasselbe Prinzip eines (Wochen-) Unterrichts installiert wurde, das aus zwei Schritten bestand. Zunächst wurden Aufgaben – meist zu Beginn der Woche – von den Lehrer*innen bereitgestellt, die von den Schüler*innen innerhalb einer bestimmten Frist bearbeitet werden sollten. In einem zweiten Schritt und nach Ablauf der Frist – meist zum Ende der Woche – stellten die Lehrer*innen die Lösungen zu den Aufgaben zur Verfügung, sodass die Schüler*innen selbstständig ihre Bearbeitung überprüfen sollten. In dieser Abfolge wurde pädagogisches Handeln (Gruschka 2013) auf das Bereitstellen von Aufgaben und Lösungen reduziert, wodurch die Vermittlungsbemühungen der Lehrer*innen allein an die didaktisierten Gegenstände, deren Aufgaben etc. delegiert wurden und darin aufgehen mussten. Unterrichten als Handlung der Lehrer*innen fand daher nahezu nicht statt oder wurde allein als digitale Bereitstellung von Arbeitsaufträgen umgesetzt, die von den Schüler*innen von der digitalen Plattform oder per E-Mail abgerufen und bearbeitet werden mussten (Jornitz und Mayer 2021; Mayer und Jornitz 2022). In dieser Konzeption eines fortgeführten Unterrichts erhielten die Lehrer*innen keinen Eindruck von den Aneignungsbemühungen ihrer Schüler*innen (Pollmanns 2019) hinsichtlich des jeweiligen Schulstoffes, da keine Rückmeldungswege etabliert waren. Sie konnten nicht sehen, wie oder gar ob die Aufgaben bearbeitet wurden, da selbst die Schüler*innenarbeiten nicht von ihnen eingesammelt wurden, sondern die Schüler*innen aufgefordert waren, diese mit Hilfe der zeitlich später zur Verfügung gestellten Aufgabenlösungen zu kontrollieren und gegebenenfalls zu korrigieren (z. B. Mayer und Jornitz 2022).

Die für eine solche Konzeption von Unterricht auf Distanz notwendige Software musste demzufolge hauptsächlich die Funktionsbereiche der Kommunikation und des Contentmanagements, das heißt, die Bereitstellung von Unterrichtsmaterial ermöglichen. In allen drei Schulen wurde den Schüler*innen auf diese Art Aufgaben und Lösungen bereitgestellt. Welche Software jedoch verwendet und wie verpflichtend das Konzept umgesetzt wurde, unterschied sich von Schule zu Schule. So hatte die Schulleitung in S3 den *WebUntis*-Messenger für die Nutzung des Distanzunterrichts vorgeschrieben. Das heißt, Lehrer*innen schickten über den Messenger die zu bearbeitenden Aufgaben an die Schüler*innen und lieferten ca. eine Woche später die Lösungen zu den Aufgaben, die von den Schüler*innen dann zur Selbstkontrolle genutzt werden sollten. Des Weiteren war seitens der Schulleitung vorgesehen, dass alle Lehrer*innen einmal in der Woche zu einer bestimmten Zeit eine Stunde für Rückfragen der Schüler*innen via *WebUntis* zur Verfügung standen. Dabei bekräftigte ein Lehrer der S3 die Selbstdarstellung von *WebUntis* als „sichere Alternative zu *WhatsApp*",[2] indem er den Messenger als „[…] sieht aus wie *WhatsApp*" (OI_010420_S3/L2, Z. 124) beschreibt. Die Schule löst sich unter einer solchen Handlungsweise in die jeweiligen Einzelaktivitäten der Lehrenden auf. Sie wenden sich mit *einer* Nachricht an die Klasse; die Nachricht kommt als Einzelnachricht bei der Schülerin, bei jedem Schüler an. Das heißt, auf der Schülerebene gibt es keine Klasse mehr.

In den Schulen S1 und S2 existierten dagegen bereits vor den Schulschließungen LMS. Es handelt sich zum einen um die Software *itslearning* in S1 und die *HPI Schul-Cloud* in S2. Beide Systeme enthalten die nach Schulmeister (2005, S. 11–12, 55) explizierten Kriterien eines LMS. Somit verfügen die beiden Schulen mit dem LMS über einen digitalen Ort, der die Schule repräsentiert. In S2 wurde berichtet, dass in den ersten Tagen der Schulschließungen die *HPI Schul-Cloud* äußerst instabil und für die Lehrer*innen nicht zu erreichen war: „Ja, läuft im Mo-

---

[2] https://www.untis.at/produkte/webuntis-das-grundpaket/messenger.

ment gar nichts mehr" (OI_010420_S2/L2 Z. 39). Zu Beginn musste daher auf andere Software oder Apps ausgewichen werden, die die Lehrer*innen sich selbst suchten, da es keine Vorgabe durch die Schulleitungen gab. L1 aus S2 stellte beispielsweise Materialien, das heißt, Aufgaben und selbst produzierte Lehrvideos auf seiner eigenen Webseite bereit, was er folgendermaßen begründete: „ich kann ja mit meiner *website* das gleiche machen, was die Cloud auch macht, eigentlich noch mehr" (OI_010420_S2/L1 Z. 234–235). Allerdings musste er auf die Rückmeldefunktion verzichten, die er nicht auf seiner Webseite implementieren konnte. So griff er als Lösung auf seine private E-Mail zurück und korrespondierte darüber mit den Schüler*innen. L2 derselben Schule organisierte die Verteilung ihrer Aufgaben zum einen über *WhatsApp*, indem sie diese an ein oder zwei Schüler*innen leitete, die dann wiederum die Aufgaben an die Klasse weiterzuleiten hatten, und zum anderen nutzte sie die Schulhomepage. Auf dieser wurde nach Aufforderung der Schulleitung eine spezielle Einzelseite eingerichtet, auf der die jeweiligen Aufgaben und Lösungen klassenspezifisch bereitgestellt werden konnten. Nachdem die *HPI Schul-Cloud* stabil lief, nutzte L2 diese und stellte dort alle Aufgaben sowie Lösungen bereit. Da S1 bereits seit langem *itslearning* implementiert hat, wurde es von L1 zur Bereitstellung von Dokumenten und Aufgaben genutzt, allerdings weniger in seiner Chat-Funktion, die nach L1 von nicht sehr vielen Schüler*innen genutzt wurde. Daher fehlte L1 der Überblick über das, was von den Schüler*innen tatsächlich bearbeitet wurde. Dies lag unter anderem daran, dass L1 häufig zu Aufgaben auf anderen Plattformen, wie *realmath* oder *Anton* verlinkte, deren Bearbeitung in einem geschlossenen System erfolgt – zum Beispiel in Anton – und keine individuelle Rückmeldung an L1 oder *itslearning* erforderte. Hierdurch entstand für L1 das Problem: „Aber ich hab jetzt {lauter} keinen Gesamtüberblick" (OI_270320_S1/L1, Z. 31–32). Nach seinem Verständnis von Unterricht braucht er diesen jedoch und das Fehlen des Gesamtüberblicks macht ihn regelrecht handlungsunfähig (OI_270320_S1/L1, Z. 2).

Es kann zusammenfassend festgehalten werden, dass selbst wenn an S1 und S2 Lernmanagementsysteme zum Einsatz kamen, die drei interviewten Lehrer*innen entweder auf andere Lösungen auswichen oder die LMS nur als Contentmanagementsysteme nutzten. Lernpfade mit einem strukturierten Aufgabenablauf, wie sie die Systeme ermöglichen, wurden nicht erstellt. Die individuellen Lösungen an S2 führten darüber hinaus bei den Lehrer*innen zu einer wahrgenommenen Mehrbelastung an Arbeit, da zum einen Material selbst erstellt wurde, wie zum Beispiel Lehrvideos – „Ähm ich muss aber sagen, der Aufwand ist gigantisch." OI_010420_S2/L1, Z. 90–91) – und zum anderen durch den Zerfall der Klasse in Individuen, sodass nun per Mail an jede*r Schüler*in eine individuelle Rückmeldung erteilt wurde. Wir hatten es in den Interviews so mit drei verschiedenen Typen von Lehrer*innen zu tun; während der Lehrer aus S1 darunter litt und selbst keine digitale Lösung hatte, wie er Rückmeldungen von den Schüler*innen zu seinen Aufgaben erhalten konnte, nahm L1 aus S2 es als eine Potenzierung von Arbeitsaufwand wahr, weil er nun jedem einzelnen Schüler und jeder einzelnen Schülerin eine individuelle Rückmeldung zu den Aufgaben zu geben versuchte. Diese Mehrbelastung versuchte L2 an S2 sofort zu umgehen, indem sie nur allgemeingehaltene Rückmeldungen im Sinne des Zur-Kenntnis-Nehmens an die Schüler*innen gab – zu dem Preis, dass sie dieses Handeln nicht mehr als Unterricht bezeichnen wollte (Jornitz und Mayer 2021).(2022/).

Anders stellte sich die Situation an der dritten Schule S3 dar, da die Schulleitung eine für alle gültige Handlungsanweisung gab. Diese Vorgabe kann als Entlastung der Lehrer*innen betrachtet werden, indem zum einen der Arbeitsaufwand durch individuelle Rückmeldungen per E-Mail reduziert (OI_010420_S3/L1, Z. 116–118) und zum anderen die Effizienz durch reine Funktionalität der digitalen Schullösung (OI_010420_S3/L3, Z. 62–63) gesteigert wurde. Ebenfalls wurde damit die Nutzung von bestimmter Software vorgegeben, sodass kein*e Lehrer*in eigenständig Lösungen finden musste. Es entfielen somit auch andere digitale Lösungen zur Kollaboration und Kommunikation, wie zum Beispiel *webconferencing*-Tools wie Jitsi, Zoom oder *MSTeams*. In S3 wurde zwar Letzteres genutzt, aber nur innerhalb des Kollegiums als eine Art „virtuelles Lehrerzimmer" (OI_010420_S3/L2, Z. 476), da die Software – sowie alle *Microsoft*-Produkte – in S3 wegen Datenschutzbedenken auf Schulträgerebene nicht für den Unterricht genutzt werden durfte, sodass ihnen nur die Möglichkeit blieb, das Unterrichten auf das Bereitstellen von Aufgaben und Dokumenten zu reduzieren. Dass hier auch die Korrektur oder individuelle Rückmeldung an die Schüler*innen, die ja über *WebUntis* möglich gewesen wäre, auch unterbleiben sollte, wird von den interviewten Lehrer*innen als Vermeidung von Belastungen auf ihrer Seiten gedeutet – und damit als ein klares Entgegenkommen der Schulleitung, die sich in dieser außergewöhnlichen Situation der Pandemie um die Lehrer*innen kümmert.

Aber auch an den Schulen S1 und S2, deren Schulleitungen kein Gesamtkonzept zum Unterricht für diese Phase der Schulschließungen vorgaben und somit auch den Einsatz von *webconferencing*-Software nicht verboten, berichtete keiner der interviewten Lehrer*innen davon, über solche Software versucht zu haben, digital zu unterrichten. An S1 und S2 wurde zwar von den Lehrer*innen *webconferencing*-Software für Treffen mit Schüler*innen im digitalen Raum verwendet, aber allein, um in einen sozialen Kontakt mit ihnen zu treten und Formalia der Bearbeitung zu klären. Diese Software wurde also ähnlich einer Klassenlehrer*innenstunde oder als Möglichkeit zum Austausch im Sinne eines Kommunikationstools mit Videofunktion genutzt (OI_010420_S2/L2,Z. 132–133). Gerade hier verwendete L2 von S2 eine Vielzahl von Software. Dies lag vor allem daran, dass sie schon vor den Schulschließungen mit diverser Lernsoftware wie zum Beispiel mit *Padlet* oder *Edmondo* oder im Falle von L1 aus S1 mit *realmath* und *Anton* gearbeitet hatten (Mayer und Jornitz 2022).

In allen drei Schulen wurde demzufolge versucht, die Distanz mit unterschiedlicher Software zu überwinden. Dabei stand stets im Vordergrund, wie ein bestimmter „*content*" im Sinne von Aufgaben zu den Schüler*innen kommt. Alle Lösungen wurden zur Übermittlung von Aufträgen, Aufgaben und Lösungen verwendet, auch wenn mit den LMS beispielsweise anderes möglich gewesen wäre. In dieser Phase bestimmte daher die (Re)Installation von Unterricht das Handeln der Lehrer*innen, allerdings in einer sehr reduzierten Form eben auf die Erteilung von Arbeitsaufträgen fokussiert und damit das Unterrichten als Lehren vermeidend. Das Erteilen von Arbeitsaufträgen wurde aber gegensätzlich zur technisch vorgesehen Funktion gerade nicht über die vorhandenen Contentmanagementsysteme wie *HPI-Schul-Cloud* oder *itslearning* vollzogen, sondern über Kommunikationssoftware, wie *WebUntis*, *WhatsApp* oder E-Mail. Bei allen interviewten Lehrer*innen spielte fachspezifische Lernsoftware nahezu keine Rolle. Nur ein Lehrer nutzte *Anton* für Mathematikaufgaben. Viele von ihnen gaben hierzu in den Interviews an, dass sie die jeweilige Situation der Schüler*innen zu Hause nicht kennen, sodass sie nicht davon ausgehen können, ob jedem*jeder Schüler*in tatsächlich ein Computer und ein ausreichender Internetzugang zur Verfügung stehe.

Wie aktiv sich jedoch auch die Schüler*innen in dieser ersten Phase der coronabedingten Schulschließungen in den Prozess einbrachten, davon berichtete L2 von S2 in ihrem Interview. An S2 haben sich Schüler*innen zusammengetan und via der Kommunikationsplattform *Discord* Aufgaben und Lösungen verteilt und kollaborierendes Arbeiten sowie gegenseitige Hilfestellungen ermöglicht. Dies geschah ohne Einflussnahme der Schulleitung oder der Lehrer*innen.

4.2 Zweite Phase: Stabilisierung der Praktiken des Unterrichts auf Distanz durch einheitliche Strukturen

Vor den Sommerferien – Ende Juni und Anfang Juli – 2020 konnten dann weitere drei Interviews mit Lehrer*innen aus zwei Projektschulen (S2 und S3) geführt werden. In einem Bundesland hatten die Sommerferien gerade begonnen, in dem anderen standen diese kurz bevor. Diese zweite Phase des Unterrichtens auf Distanz war von unterschiedlichen Lösungsansätzen geprägt. Auf der einen Seite fand Präsenzunterricht für jene Schüler*innen statt, die kurz vor einem Schulabschluss standen. Zum anderen wurden alle anderen Klassen weiterhin auf Distanz unterrichtet. Bei beiden Varianten wurde ein Fokus auf die Hauptfächer gelegt, das heißt, nur in diesen fand entweder eine Präsenzbeschulung statt oder für den Distanzunterricht wurde hauptsächlich auf Aufgaben aus den Hauptfächern zurückgegriffen. Zwar sollten alle Lehrkräfte Aufgaben und Lösungen bereitstellen, womit alle Fächer, inklusive der Nebenfächer, vertreten gewesen wären, faktisch wurde dies nicht umgesetzt. Damit setzte sich etwas fort, was schon bei den ersten Schulschließungen immer wieder in den Interviews angedeutet wurde: Es wurden nicht alle Fächer weiter unterrichtet. Nach den Osterferien 2020 wurde zunächst die Beschulung geteilter Klassen durchgeführt, doch positive Coronainfektionsbefunde führten zu Quarantänemaßnahmen ganzer Klassen und die steigenden Infektionszahlen schürten die Angst, dass der Präsenzunterricht so schnell nicht wieder eingerichtet werden könne. Zwar hielten die jeweiligen Bundesländer an der Vorstellung fest, dass spätestens nach den Sommerferien wieder in Präsenz unterrichtet werden sollte, die Lehrkräfte hingegen gingen davon aus, „dass [sie] parallel planen müssen" (OI_010420_S3/L3, Z. 45), das heißt, sowohl für einen Präsenzunterricht als auch für den Unterricht auf Distanz. Damit zeichnete sich diese Phase vor den Sommerferien durch eine große Unsicherheit aus, unter welchen Bedingungen Schule weitergehen würde.

Wie gingen nun die Lehrkräfte in den Projektschulen mit der unterrichtlichen Situation auf Distanz um? Konnten sie Erfahrungen der ersten Phase nutzen und mit Hilfe von digitalen Tools und neuen Unterrichtsideen und -konzepten zum Distanzunterricht Unterricht aufrechterhalten? Während in der ersten Phase Lehrkräfte in S1 und S2 eigenständig für die Einrichtung von Distanzunterricht verantwortlich waren, gab es in S3 ein klares Konzept, das von der Schulleitung vorgegeben wurde und verpflichtend für alle Lehrkräfte galt. Damit wurde in S3 eine Struktur geschaffen, die die Kommunikation mit den Schüler*innen sowie die Bereitstellung von Aufgaben und Lösungen schulintern vereinheitlichte. Um an S2 ebenfalls die Bereitstellung von Aufgaben und deren Lösungen zu vereinheitlichen, organisierte die Schulleitung den Zugang der Schule zur *HPI Schul-Cloud*. Damit stand S2 nun, ähnlich wie S1, ein LMS zur Verfügung, über das Content verwaltet, bereitgestellt und verteilt werden konnte. Dies war zwar schon in der ersten Phase der Fall, allerdings war der Einsatz der *Schul-Cloud* für die Lehrkräfte der Schule noch nicht verpflichtend und viele nutzten sie für ihren Unterricht nicht. Dies hatte unter anderem mit Stabilitätsproblemen der Cloud zu tun. Mit Behebung der Stabilitätsprobleme – „[...] ähm die Schulcloud *funktioniert* inzwischen. Auch zuverlässig" (OI_220620_S2/L1, Z. 54) – wurde die Nutzung der Cloud für alle Lehrkräfte an S2 verpflichtend. L2 schildert dies so: „Also das ähm *verpflichtend*, also flächendeckend hat es ähm *nach* den Osterferien stattgefunden. Ähm da war wirklich die Ansage, dass jeder Kollege jeglichen Unterricht durch die *Cloud* bitte machen

sollte" (OI_220620_S2/L2, Z. 43–45). Die „Ansage" erfolgte durch die Schulleitung, die damit die Struktur, d. h. die Plattformen für den Unterricht vereinheitlichen wollte. Durch eine weitere Formulierung von L2 wird allerdings deutlich,
dass nicht alle Lehrkräfte der Aufforderung Folge leisteten und auch die Cloud eine
gewisse Limitierung bei bestimmten Inhalten hatte. So zum Beispiel bei Lehrvideos, bei denen „dann […] plötzlich das Bild weg [war] und der Ton ging weiter"
(OI_220620_S2/L1, Z. 54, Z. 56–57) sowie wenn eine Lehrkraft bereits „mit ner
anderen Plattform […] gearbeitet hat, sprich, wenn man eine Padlet oder irgendwas
noch äh organisiert ist, da, da konnte man das ja trotzdem durch die Cloud immer
verlinken" (OI_220620_S2/L2, Z. 43–45, Z. 46–48).

Diese Form der Standardisierung von Software für den Unterricht musste in S3
nicht mehr erfolgen. Hier gab die Schulleitung bereits ein Konzept vor, das vor
allem auf den Einsatz des *WebUntis*-Messengers ausgerichtet war. Dies gab auch
Raum, andere Software für den Unterricht zu nutzen bzw. auszuprobieren, die noch
mehr Möglichkeiten für den Distanzunterricht boten, als das reine „asynchrone
Lernen" (OI_010720_S3/L3, Z. 68). So entschied sich die Schulkonferenz in S3
(OI_010720_S3/L3, Z. 131 ff.) beispielsweise für den Einsatz von *Microsoft 365*,
sodass das Programm *OneNote* als digitales Klassenbuch genutzt werden „und die
Videokonferenz über [Teams]" (OI_010720_S3/L2, Z. 704) erfolgen konnte.
Pläne, S3 ebenfalls mit der *HPI Schul-Cloud* zu versorgen, wurden damit vorerst
auf Eis gelegt, da dies zunächst nicht als nötig erachtet wurde. S3 führte in dieser
Phase ein, den Unterricht auf Distanz an die Präsenzzeiten des regulären Unterrichts zu koppeln. Das heißt, Unterricht erfolgte in S3 nun zum Teil als Videokonferenz (OI_010720_S3/L2, Z. 656 ff), während an S2 die Bearbeitungs- und
Bereitstellungszeiten von Aufgaben an den Stundenplan des jeweiligen Faches angepasst wurden (OI_220620_S2/L2, Z. 111 ff.).

Mit den durch die Schulleitung vorgegebenen Konzepten richtete sich die Aufmerksamkeit an allen drei Schulen mit der Zeit immer stärker auf die Überführung
bestehender didaktischer Konzepte auf das digitale Medium. Hierzu erfolgte sowohl in S2 als auch in S3 Unterricht via Videokonferenzsoftware. In S2 wurde
beispielsweise *BigBlueButton* genutzt, das in die *HPI Schul-Cloud* integriert
wurde. Ein Lehrer hob hervor, dass so nun Abstimmungen in der Klasse online
direkt durchgeführt werden könnten (OI_220620_S2/L1, Z. 81–101) und „noch
Potenzial" haben (OI_220620_S2/L2, Z. 512–513). Dennoch stellten die Lehrer*innen in den Interviews immer wieder fest, dass sich die pädagogische Praxis
nicht so einfach auf das Digitale übertragen lasse. Gerade dann, wenn eine Form
des eigenständigen Durchführens bestimmter Tätigkeiten, wie zum Beispiel das
Experimentieren im Physikunterricht, als didaktisches Konzept in der Klasse verankert ist und zum Lehrkonzept der Lehrkraft gehört, dann scheitere dies nach

Auskunft von L1 am Medium. Zwar könne man Videos und/oder Lehrfilme über die Cloud oder Youtube anbieten und damit einen zumindest theoretischen Zugang legen, aber mit nur der theoretischen Vermittlung sei es nicht getan. L1 formuliert dies in Form eines Vergleiches:

„Man [kann] Kraulschwimmen theoretisch auch v- vermitteln. [...] Welche Techniken notwendig sind, wie man die Hand hält, wann man zieht und wann man *schiebt*, ja? (.) So. Aber (.) davon können sie immer noch nicht schwimmen" (OI_220620_S2/L1, Z. 429–432). Die Aussage von L1 zeigt auf, dass bestimmte didaktische Vorstellungen und hier konkret das tatsächliche Ausführen von Experimenten nicht in das Digitale übertragen werden könne. Dies gilt in Konsequenz auch für die Rückmeldungen bezüglich abgegebener Aufgaben. Denn erst in der Rückmeldung und in der Auseinandersetzung mit der Lehrkraft wird den Schüler*innen deutlich, was sie bereits können und was noch nicht verstanden wurde (Jornitz 2019; Pollmanns et al. 2022/i. E.). Für die Lehrenden vergrößert die Distanz zu den Schüler*innen trotz oder gerade wegen des Einsatzes digitaler Software den Arbeitsaufwand, auch wenn es nun eine einheitliche Software für die Schule gibt. L1 moniert:

„Weil ich je- weil ich jedem, jedem Schüler ja immer ein Einzelfeedback geben muss. Das ist zwar in der Cloud ... geht das ganz gut. Aber trotzdem muss ich dann drauf, auf Feedback, auf den Schüler, dann muss ich das eingeben und dann muss ich das speichern. So, [und dann muss] ich auf den nächsten gehen" (OI_220620_S2/L1, Z. 112–116). L2 drückt dies folgendermaßen aus: „[Bloß] die Problematik, dass es manchmal mit dem Feedback Geben auch gar nicht richtig funktioniert, [...] {lacht} [irgend]wie man hat man das Gefühl, man schickt es so ins Leere weiter" (OI_220620_S2/L2, Z. 597–600).

Damit bezieht sich L2 auf die Distanz und das Medium – Laptop, Tablet etc. in Verbindung mit dem Videoconferencingtool – das sich zwischen die Kommunikation mit den Schüler*innen schiebt. Zusätzlich wird deutlich, dass nicht alle Schüler*innen die Kamera des jeweiligen Endgerätes nutzen und sie somit der Lehrkraft verborgen bleiben.

Es kann für diese zweite Phase für die Interviews festgehalten werden, dass es für die Lehrer*innen weniger um die Suche nach für den Fachunterricht passenden Softwareprodukten ging, die entweder einen didaktisierten Inhalt zur Verfügung stellen und/oder in denen ein didaktisches Konzept der jeweiligen Lehrkraft eingepflegt oder genutzt werden konnte, sondern vielmehr der Fokus auf einer Kopplung bestehender eigener Lehrformate an die in den Schulen nun vorhandene oder verpflichtend einzusetzende Software bedeutsam war. In den Interviews kennzeichneten alle Lehrer*innen vor allem die Differenz, die zwischen einem Unterrichten in

Präsenz und einem in Distanz liegt. Sie gingen alle pragmatisch mit den Anforderungen des Distanzunterrichts um und nutzten nun die vorhandenen Softwareprodukte. Aber alle betonten, dass es sich weiterhin um eine Schrumpfform handele, die den regulären Unterricht nicht ersetzen könne.

4.3   Dritte Phase: Routine zwischen Präsenz und Distanz

Die dritte und letzte Erhebungsphase fand im Frühjahr (März) 2021 statt. Ein Jahr nach den ersten Schulschließungen konnten wir vier Lehrer*innen aus den drei Projektschulen interviewen. Für Bremen, Hessen und Brandenburg bedeutete dieser Zeitpunkt, dass die Schüler*innen in der Regel seit drei Monaten erneut von zu Hause unterrichtet wurden. Ausgenommen waren davon meist die Abschlussklassen, die in der Schule in Präsenz beschult wurden. In einzelnen Fällen wurden Klassen geteilt und wochenweise im Wechsel in der Schule und von zu Hause unterrichtet. Für die Lehrer*innen bedeutete daher das Frühjahr 2021 nicht nur, dass sie seit einem Jahr Erfahrungen darin sammeln mussten, das Unterrichten auf Distanz zu bewerkstelligen, sie mussten auch mit den jeweils wechselnden Modellen und der Gleichzeitigkeit von Unterricht von zu Hause und in Präsenz umgehen. Eine Rückkehr zu einem Alltagsbetrieb in der Schule war im März 2021 nicht absehbar.

In den vier Interviews zeigte sich, dass jede Schule und auch jede*r Lehrer*in einen eigenen Weg gefunden hatte, mit digitalen Medien den Distanzunterricht fortzuführen. Allen gemeinsam war, dass sie alle bezüglich des Niveaus Abstriche machten.[3] Für die dritte Phase lassen sich drei Aspekte hervorheben: der Einsatz von Videokonferenzsystemen, die Mitarbeit der Schüler*innen sowie die Aufgabe der Bewertung von Schüler*innenleistungen unter den gegebenen Bedingungen eines zeitweisen Distanzunterrichts.

Der erste Aspekt betrifft die Verwendung von Videokonferenzsystemen. An allen drei Schulen wurden nun Videokonferenzsysteme genutzt. Dabei handelte es sich zum einen um die Software *Zoom* und zum anderen um *BigBlueButton*, das über die *HPI Schul-Cloud* verfügbar war. Die anfänglich an S3 eingesetzte Software von *Microsoft 365* musste aufgrund des Datenschutzes wieder abgeschafft werden und wurde durch die *HPI Schul-Cloud* ersetzt. Die Videokonferenzsysteme wurden jedoch nicht dazu genutzt, nun digital über die Video- und Audiofunktionen nach Stundenplan zu unterrichten. Stattdessen wurde die Software in Klein-

---

[3] Vgl. hierzu die inzwischen vorliegenden Befunde der quantitativen Bildungsforschung: exemplarisch: Helm et al. 2021.

gruppen und im Wechselunterricht in ausgewählten Stunden verwendet. Dabei hatte keine*r der Lehrer*innen die Möglichkeit, die Schüler*innen tatsächlich zu sehen. An der Schule in Brandenburg war es grundsätzlich für Schüler*innen verboten, die Computerkamera zu nutzen; in den anderen beiden Bundesländern konnten die Lehrer*innen die Schüler*innen hierzu nicht verpflichten. Das heißt, beim Einsatz von Videokonferenzsystemen unterrichten die Lehrer*innen weitestgehend allein über den Audiokanal. Einige von ihnen schalten ihre Kamera an, aber die Schüler*innen nehmen sie nur über deren Stimme oder über die angeschlossene Chatfunktion in ihren schriftlichen Äußerungen wahr.

Diese Rahmenbedingungen des Unterrichtens werden in ihrem Belastungsgrad verschieden artikuliert. Während L1 der Schule S2 diese Umstände im Interview als Problem ausführt und konstatiert: „ich unterrichte einen Monitor" (OI_080321_S2/L1, Z. 34 f.), führt L2 der Schule S3 in Brandenburg diesen Umstand erst auf Nachfrage aus. Er selbst kommt zu dem Schluss, dass es eben „noch nie anders erlebt" habe (OI_080321_S3/L1, Z. 626), „Aber man *hat* sich relativ schnell dran *gewöhnt*" (Z. 633). Für L1 ist dieser fehlende soziale Rahmen etwas, das er versucht, mittels Technik nachzubauen. So hebt er hervor, dass seine Sicht auf die Aufgaben und Dokumente ja nicht derjenigen der Schüler*innen entspricht. Deswegen hat er sich „einen Schüler angelegt, der heißt Sm1, das ist ein erfundener Schüler" (OI_080321_S2/L1, Z. 44 f.); denn erst durch diesen ist es ihm möglich, die Schülerperspektive einzunehmen, um so zu sehen, was diese sehen. Er muss demzufolge mit zwei Monitoren arbeiten. Er selbst versucht, seinen Unterricht weiter fortzuführen, indem er über die Freischaltung seines Bildschirms diesen wie eine Tafel verwendet, an der er die einzelnen Aufgaben und Erklärungen seines Physikunterrichts vorführt. Anders L2, der seine Klasse in der Doppelstunde Spanisch in drei Videokleingruppen unterteilt und zu ihnen für je eine halbe Stunde hinzutritt. In dieser halben Stunde ist es ihm wichtig, dass sie Spanisch hören und sprechen (OI_080321_S3/L1, Z. 142 ff.). Damit verweist er alle Unterrichtsanteile beispielsweise zur Erarbeitung von grammatikalischen Strukturen in die Selbstlernphasen, die er weiterhin über Aufgaben und das zeitlich spätere Bereitstellen von Lösungen organisiert.

L1 aus S1 wiederum lädt „einmal morgendlich" alle Schüler*innen „[...] zu einer kurzen Zoom-Konferenz [ein]", um mit ihnen abzusprechen, „was sie den Tag über [...]" machen sollen. Hier ist das Videokonferenztool zum einen Übermittlungsmedium für Arbeitsaufträge und zum anderen ein beziehungserhaltendes Element (OI_180321_S1/L1, Z. 24 ff.). Die „Arbeitsaufträge" wiederum stellt L1 auf der Lernplattform *itslearning* ein (ebd., Z. 27), wodurch die Übermittlung der Arbeitsaufträge via *Zoom* eher einen Verweischarakter auf die Lernplattform erhält. Nur bei ganz speziellen, der Lehrkraft wichtigen Stunden nutzt er *Zoom* in

Verbindung mit seinem Tablet als digitale Tafel für „Onlineunterricht" (ebd., Z. 55–57). Die Vermittlung von Inhalten wird aber größtenteils als aufgabenförmig verstanden, denn L1 sieht seine Rolle im Bereitstellen von Material (ebd., Z. 56–57; (Jornitz und Mayer 2021; Mayer und Jornitz 2022), welches er über die schon erwähnte Lernplattform *itslearning* organisiert. Damit wird das Erarbeiten von Inhalten zur alleinigen Aufgabe der Schüler*innen und außerhalb des sogenannten Onlineunterrichts verortet.

Auf Nachfrage erwähnen alle Lehrer*innen, dass nicht alle Schüler*innen im Unterricht auf Distanz „auftauchen"; manchen gelingt es nicht zur angegebenen Zeit, sich über den Chat zu „zeigen". Damit zeigt sich der zweite Aspekt, die Mitarbeit der Schüler*innen. Alle betonen, dass ein Gespräch im digitalen Format schwieriger ist als im Klassenraum. Sie prüfen zudem, ob die Schüler*innen tatsächlich anwesend sind und sich nicht nur eingeloggt haben und abgetaucht sind (vgl. OI_100321_S2/L2, Z. 86 ff.). Andererseits scheint einigen Schüler*innen per Chat eine Beteiligung leichter zu fallen als im Präsenzunterricht. So berichtet L1 von S2, dass es Schüler gibt, „die sich im Physikunterricht normalerweise überhaupt nicht beteiligen. Und jetzt schreiben die in den Chat rein" (OI_080321_S2/L1, Z. 91 f.).

Vor allem aber hat dieser Physiklehrer seinen Unterricht so umgestaltet, dass es ihm nun nach einem Jahr möglich ist, die für ihn wichtigen Experimente auch im digitalen Format weiterzuführen (ebd., Z. 347 ff. und 379 ff.). Hierzu nutzt er nicht nur vorhandene Filme, die solche Experimente zeigen, sondern er führt diese über das Videokonferenzsystem mit Hilfe der im jeweiligen Haushalt verfügbaren Materialen durch. So faltet er mit ihnen Papier, um eine spezifische Falttechnik für Solarpanele zu erarbeiten oder bastelt Türme aus Zahnstochern und Rosinen, um die Instabilität von Parallelogrammen und die stabilisierende Wirkung von Querstreben zu erarbeiten. Anders als im Unterricht müssen nun die Schüler*innen dafür sorgen, dass sie Material zur Verfügung haben – was wiederum auch zum Erstaunen des Lehrers Kreativität bei den Schüler*innen freisetzt, wenn das Material, das der Lehrer vorgesehen hat, durch andere Materialien im Haushalt ersetzt wird. In diesem Setting machen nun auch einige der Fünftklässler ihre Kamera an und zeigen ihre gebastelten Exemplare; der Physiklehrer kennzeichnet dies als „Mitzugseffekt" (ebd., Z. 476).

Der Spanischlehrer der Schule S3 berichtet davon, dass er per Video das Sprechen und Einüben des Spanischen übt, während er in seinem Geschichtsunterricht nur „[a]lle fünf Wochen mehr oder weniger eine Videokonferenz mit der Klasse, bei der es um inhaltlich keine neuen Aspekte geht, sondern es geht ähm um Wiederholung beziehungsweise zu erfragen, was verstanden wurde, wa- wo es noch Fragen gibt" (OI_080321_S3/L1, Z. 382 ff.). Das heißt, dieser Lehrer setzt schwerpunktmäßig auf die schriftliche Bearbeitung von Aufgaben und textliche Erarbeitung von Unterrichtsthemen. Dabei erreichen ihn die Schüler*innenfragen über die Chatfunktion; sodass er „[o]hne Ende Anfragen" (ebd., Z. 426) bekommt, die er „meistens dann im Klassenchat [beantwortet], damit die ganze Klasse es mitlesen kann. Also [eine] individuelle Anfrage im Klassenchat" (ebd., Z. 427 ff.). Das heißt, die gestellte, individuelle Schüler*innenfragen wird zu einer, die die gesamte Klasse betrifft; so löst es dieser Lehrer, weiterhin die gesamte Klasse „unterrichten" zu können. Dabei kommt es nicht nur zu einer Reduzierung der Form des Unterrichtens, sondern auch des Stoffes. Denn der Lehrer stellt für den Geschichtsunterricht fest: „Also ehrlich gesagt, äh lernen die derzeit Fakten, haken Sachen ab" (ebd., Z. 460).

Während der Physiklehrer an S2 im Experimentieren eine Form der Schüler*innenbeteiligung gefunden hat, kann der Spanischlehrer dies allein für seine Videoanteile in Anspruch nehmen, während alle anderen Stundenanteile und der Geschichtsunterricht weiterhin durch die Erledigung von Arbeitsaufträgen charakterisiert werden können.

An der S1 hingegen werden die Schüler*innen in Halbgruppen unterrichtet, wodurch sich das Onlineunterrichtskonzept von L1 änderte (vgl. OI_180321_S1/L1, Z. 59 ff.). So setzt die Lehrkraft nun verstärkt auf die Möglichkeit, Inhalte in Form von Methoden über die Verfügbarmachung von eigens aufgenommenen Lehrvideos zugänglich zu machen. (ebd., Z. 203 ff.). Dies hat zwei Gründe. Zum einen wird damit der Unterricht aus Sicht von L1 für die Schüler*innen „lebendig" (ebd., Z. 226–227) und zum anderen vermeidet er so zu viele Onlinekonferenzen für die Schüler*innen, denn „[…] es geht unheimlich an die Substanz […]" (ebd., Z. 74–75). Neben den Videos stellt L1 weiterhin Wochenpläne sowie Material zur Verfügung, dass Schüler*innen bearbeiten können (ebd., Z. 131 ff.) und nutzt weitere Lernplattformen wie zum Beispiel *Anton* (ebd., Z. 335–336). Die Mitarbeit der Schüler*innen reduziert sich somit auf die Abgabe der bearbeiteten Aufgaben (ebd., Z. 28–29 und 370) und auf Anfragen an die Lehrkraft bei Unklarheiten, die L1 aber aufgrund des Digitalen als Belastung empfindet (ebd., Z. 249–254). Die Englischlehrerin der S2 wiederum versucht, über das Videokonferenzsystem und über den Einsatz weiterer Software wie *ZUMPad*, Folien, *Padlet* oder *Quizlet* immer wieder verschiedene Aktivitäten einzubauen (OI_100321_S2/L2, Z. 208 ff.), aber auch darauf zu achten, dass die Schüler*innen Aufgaben ohne Bildschirm erhalten.

Der dritte Aspekt betrifft die Bewertung von Schüler*innenleistungen, denn im Laufe des Frühjahrs 2021 stellte sich die Frage, wie Unterrichtsleistungen, die im Distanzunterricht erbracht wurden, bewertet und benotet werden sollen. Dies wurde notwendig, da angesichts der Pandemielage nicht von einer dauerhaften Rückkehr in den Präsenzunterricht auszugehen war. Damit wurden Lehrer*innen vor die Aufgabe gestellt, Schüler*innenleistungen zu bewerten, auch wenn dies allen interviewten Lehrer*innen schwer zu fallen schien. Sie mussten hierfür eine Lösung finden. L1 von S2 nutzte für die Bewertung der mündlichen Mitarbeit auch die Chatverläufe. Diese speicherte er nach jeder Stunde und überführte sie in eine Exceldatei. Es war ihm nun möglich, nach Schüler*in getrennt, einzelne Beiträge zu filtern, und auszuwerten . Damit stand ihm nun – anders als im regulären Präsenzunterricht – ein Datenblatt zur Verfügung, anhand dessen er eine Bewertung durchführen konnte (OI_080321_S2/L1, Z. 177 ff.). Doch grundsätzlich hält er fest, dass ihm „das Visuelle [fehlt], um einschätzen zu können, wo die sind" (ebd., Z. 597 f.), das heißt, ob die Schüler*innen verstanden haben, was er erklärte. Daher sind die Chatverläufe etwas, an dem er sich einigermaßen orientieren kann.

Anders gestaltet es die Englischlehrerin an der S2. Sie sammelt nach den Stunden immer wieder Schüler*innenarbeiten ein, um so auch sicher zu stellen, dass die Schüler*innen tatsächlich hinter ihren verborgenen Bildschirmen sitzen und mitarbeiten (OI_100321_S2/L2, Z. 180 ff.). An der S3 wiederum ist es für die ganze Schule so geregelt, dass jede*r Schüler*in sich morgens im Klassenchat melden muss. So wird überprüft, dass er oder sie auch tatsächlich anwesend ist; erscheint der Schüler oder die Schülerin nicht, so wird dies als Fehlen notiert. Diese Anwesenheit „geht auch gleichzeitig in die Mitarbeit ein, also auch in die Mitarbeitsbewertung" (OI_080321_S3/L1, Z. 199 f.). Denn aufgrund der Dauer des Distanzunterrichts trägt das Konzept der Schulleitung für die S3 nicht mehr. Dies setzte darauf, zunächst alle Schüler*innenarbeiten nicht durch die Lehrkräfte zu kontrollieren, sondern sie nach der Rückkehr in den Präsenzunterricht zu gewährleisten. Da der reguläre Präsenzunterricht aber nicht eintrat und weiterhin immer wieder in Distanz unterrichtet werden musste, müssen nun die Lehrer*innen Wege finden, wie sie Schülerleistungen benoten können. Der Spanischlehrer lässt sich daher nach jeder Stunde, sei sie über das Videokonferenzsystem oder in Selbstlernphasen durch das Erteilen von Arbeitsaufträgen durchgeführt worden, unangekündigt von je zwei Schüler*innen die Arbeiten zumailen. L1 von S1 hat zur Bewertung von Schüler*innenleistungen Tests über die Lernplattform *itslearning* verwendet, betrachtet dies aber kritisch. Er folgt seiner Leitidee, dass nichts Negatives bewertet werden darf, „weil das Onlinelernen nicht überprüft werden kann " (OI_180321_S1/L1, Z. 400–401). Für den Lehrer gilt somit als bewertbare Leistung, „was haben die Schüler gemacht, wie engagiert sind sie? Äh ich habe Schüler, wenn ich montags meinen Wochenplan einstelle, sind die Dienstag, Mittwoch mit dem ganzen Spuk fertig. Das benote ich natürlich oder bewerte ich natürlich extrem positiv" (ebd., Z. 431–435). Zusätzlich sind bestimmte Noten ausgesetzt, das heißt, „auch nicht mit Vieren, Fünfen und Sechsen. Das gibt es derzeit quasi kaum" (ebd., Z. 437–438).

Für diese dritte Phase lässt sich feststellen, dass alle Lehrer*innen einen Weg gefunden haben, mit den über die Schulen bereit gestellten Softwareangeboten ihren Unterricht zu gestalten. Allerdings ist dieser nahezu allein auf den Audiokanal begrenzt und nur in Ausnahmefällen sehen sie die Schüler*innen. Daher erklärt es sich auch, dass viele der Lehrenden nicht vollumfänglich unterrichten, sondern nur eingeschränkt. Dies führt im Falle der Benotung zu größeren Problemen. Ihnen fällt es schwer, eine Grundlage zu erstellen, auf der benotet werden kann. Auch in dieser Phase zeigt sich erneut, dass die Lehrer*innen letztendlich hoffen, wieder zu einem regulären Präsenzunterricht zurückkehren zu können. Inwieweit sie dann Elemente des Unterrichtens mit digitalen Medien beinhalten werden, bleibt offen.

5   Was die Community-Ebene von der individuellen trennt und umgekehrt

Formal sind die beiden Datenkorpora sowohl über ihre Thematik als auch über die Parallelisierung der zeitlichen Abfolge der drei Erhebungszeitpunkte miteinander verbunden. Die getrennten Analysen zeigen die jeweiligen verdichteten Thematiken, die die Lehrkräfte zu den drei Zeitpunkten beschäftigen und für die sie eine digitale Lösung suchen. Diese Thematiken laufen einerseits parallel zueinander. Für beide Analysen kann festgehalten werden, dass die erste Erhebungsphase vor allem durch das Suchen nach technischen Lösungen geprägt war, um überhaupt in Kontakt mit den Schüler*innen treten zu können. Hier mussten Plattformen teilweise reaktiviert und etabliert werden, über die Lehrer*innen und Schüler*innen miteinander interagieren konnten. In den *Twitter*-Analysen zeigte sich mehr als in den Interviews das Interesse an Tools zum kollaborativen Arbeiten. Dieses spielte bei den interviewten Lehrer*innen an den Projektschulen nahezu keine Rolle. Hier war vielmehr davon die Rede, wie Schüler*innen vor zu vielen Aufgaben der Schule geschützt werden sollten, weil unklar war, welche technische Infrastruktur in den Elternhäusern anzutreffen war. Die positive Stimmung und die kreative Suche nach digitalen Möglichkeiten und die Freude am Ausprobieren, die sich aus der *Twitter*-Kommunikation mitteilt, entsprach weniger der Darstellung der interviewten Lehrkräfte. Die Interviews der ersten Phase zeigen vielmehr, wie wenig letztendlich auch unterrichtet wurde und wie vereinzelt die Lehrer*innen innerhalb der Kollegien agierten. Diese Unterschiede können allerdings auch durch das Sampling für die *Twitter*-Analyse hervorgerufen worden sein, zum Beispiel durch die Eingrenzung der zu analysierenden *Tweets* auf solche mit Hashtags rund um das Thema digitale Bildung, die im „Affinitätenraum" *#twitterlehrerzimmer* bereits vor der Pandemie eine hohe Relevanz hatte.

In der *zweiten Erhebungsphase* hatten sich nun weitgehend digitale Plattformen und Softwarelösungen an den Schulen etabliert, was sich sowohl im *Twitter*-Datenkorpus als auch im Interviewkorpus zeigt. Beide Datenkorpora verweisen darauf, dass von Schulen und Lehrkräften ein Umgang mit den nun (neuen) gegebenen Strukturen gefunden wurde und weitere Lösungen für Materialien und Aufgaben gesucht wurden. In den Interviews zeigte sich, wie bedeutsam die Vorgaben der Schulleitungen waren. Diese legten den Rahmen fest, innerhalb dessen die Lehrkräfte agieren konnten. Während aus den *Twitter*-Daten der Eindruck entsteht, dass nun viele neue Instrumente Verwendung fanden, waren die interviewten Lehrenden allesamt sehr eingegrenzt auf die von ihnen genutzte Software. Sie nutzten das, was die Schule zur Verfügung stellte und probierten weniger aus, als es die *Twitter*-Beiträge vermuten lassen.

In der *dritten Erhebungsphase* zeigte sich allein in den Interviews, dass eines der Probleme die vorzunehmenden Benotungen waren. Sie mussten auf der Grundlage eines nicht vollumfänglich stattgefundenen Unterrichts getroffen werden. Dagegen zeigte sich in den *Twitter*-Daten, dass tatsächlich die digitalen Medien und ihr Einsatz zur Routine geworden waren. Hier traten nur noch einzelne Protagonisten in Erscheinung, während sich viele andere *Twitter*-Nutzer*innen eher passiv und damit rezeptiv verhielten.

Zusammenfassend kann festgehalten werden, dass sich die beiden Datenkorpora in eine Spannung und in ein sich wechselseitig korrigierendes Verhältnis setzen lassen. Entstünde allein aus der Analyse der *Twitter*-Daten der Eindruck einer kreativen Lehrenden-Community, die exzessiv und neugierig neue digitale Medien für die Schule ausprobiert und ihre Erfahrungen miteinander teilt, so entstünde allein aus der Analyse der Interview-Daten der Eindruck einer Lehrerschaft, die nur rudimentär versuchte, Unterricht aufrecht zu erhalten und sich nicht weiter engagierte, überhaupt in Kontakt mit den Schüler*innen zu treten, sondern sich mit dem Gegebenen arrangierte.

Erst die Bezugnahme aufeinander macht sichtbar, dass es einen Diskursraum bei *Twitter* gibt, der die Möglichkeiten der digitalen Medien für das Unterrichten über das Bestehende hinaus versuchte auszuloten, während die Lehrkräfte eingebunden sind in die pädagogisch, technisch und rechtlich regulierenden Bedingungen der jeweiligen Schule selbst. In diesem Spagat zwischen maximaler Freisetzung des Möglichen und restriktiver Umsetzung im Pragmatischen agieren Schulen und ihre Lehrkräfte zu Zeiten der wiederkehrenden Schulschließungen aufgrund der Pandemie in Deutschland – bis heute.

Literatur

Blume, C. (2020). German Teachers' Digital Habitus and Their Pandemic Pedagogy. *Postdigital Science and Education*, *2*(3), 879–905. https://doi.org/10.1007/s42438-020-00174-9

Breiter, A., & Lange, A. (2019). Die digitale Schulverwaltung. In H. H. Lühr, R. Jabkowski, & S. Smentek (Hrsg.), *Handbuch Digitale Verwaltung* (S. 330–342). Kommunal- und Schulverlag.

Britt, V. G., & Paulus, T. (2016). "Beyond the Four Walls of My Building": A Case Study of #Edchat as a Community of Practice. *American Journal of Distance Education*, *30*(1), 48–59. https://doi.org/10.1080/08923647.2016.1119609

Carpenter, J. P., & Krutka, D. G. (2014). How and Why Educators Use Twitter: A Survey of the Field. *Journal of Research on Technology in Education*, *46*(4), 414–434. https://doi.org/10.1080/15391523.2014.925701

Carpenter, J., Tani, T., Morrison, S., & Keane, J. (2020). Exploring the landscape of educator professional activity on Twitter: An analysis of 16 education-related Twitter hashtags. *Professional Development in Education*, Advance online publication. https://doi.org/10.1080/19415257.2020.1752287

Fickermann, D., & Edelstein, B. (Hrsg.). (2020). *„Langsam vermisse ich die Schule …".*
Schule während und nach der Corona-Pandemie. Waxmann. https://www.pedocs.de/frontdoor.php?source_opus=20226

Fütterer, T., Hoch, E., Stürmer, K., Lachner, A., Fischer, C., & Scheiter, K. (2021). Was bewegt Lehrpersonen während der Schulschließungen? – Eine Analyse der Kommunikation im Twitter-Lehrerzimmer über Chancen und Herausforderungen digitalen Unterrichts. *Zeitschrift für Erziehungswissenschaft*, *24*(2), 443–477. https://doi.org/10.1007/s11618-021-01013-8

Gruschka, A. (2009). *Erkenntnis in und durch Unterricht: Empirische Studien zur Bedeutung der Erkenntnis- und Wissenschaftstheorie für die Didaktik.* Büchse der Pandora.

Gruschka, A. (2013). *Unterrichten—Eine pädagogische Theorie auf empirischer Basis.* Verlag Barbara Budrich.

Helm, C., Huber, S. G., & Postlbauer, A. (2021). Lerneinbußen und Bildungsbenachteiligung durch Schulschließungen während der Covid-19-Pandemie im Frühjahr 2020. Eine Übersicht zur aktuellen Befundlage. *Die Deutsche Schule, Beiheft*, *16*, 59–81. https://doi.org/10.31244/9783830994589.03

Hepp, A. (2016). Pioneer communities: Collective actors in deep mediatisation. *Media, Culture & Society*, *38*(6), 918–933. https://doi.org/10.1177/0163443716664484

Hoffmann, I. (2020). Die Corona-Pandemie als Katalysator für Schulreformen? Ein persönlicher Blick auf die pädagogische Corona-Praxis. *Die Deutsche Schule, Beiheft*, *16*, 95–101. https://doi.org/10.25656/01:20231

Jornitz, S. (2019). Das Zeugnis als Form des pädagogischen Abschließens. Vom Ziffern- zum Rasterzeugnis. In S. Jornitz & M. Pollmanns (Hrsg.), *Wie mit Pädagogik enden? Über Notwendigkeit und Formen des Beendens* (S. 39–64). Verlag Barbara Budrich.

Jornitz, S., & Engel, L. C. (2021). The Management and Use of Data in Education and Education Policy: Introductory Remarks. In A. Wilmers & S. Jornitz (Hrsg.), *International Perspectives on School Settings, Education Policy and Digital Strategies: A Transatlantic Discourse in Education Research* (1. Aufl., S. 223–241). Verlag Barbara Budrich. https://www.jstor.org/stable/pdf/j.ctv1gbrzf4.3.pdf?refreqid=excelsior%3A402a8e80a4258e87d51f-c6d2b33051c0

Jornitz, S. & Mayer, B. (2021). "Das ist ja jammerschade". Vom Unterricht in Abwesenheit wegen pandemiebedingter Schulschließungen. Pädagogische Korrespondenz, 63, 66-84.

Klieme, E. (2020). Guter Unterricht – auch und besonders unter Einschränkungen der Pandemie? *Die Deutsche Schule, Beiheft, 16*, 117–135. https://doi.org/10.25656/01:20233

Larsen, J., & Parrish, C. W. (2019). Community building in the MTBoS: Mathematics educators establishing value in resources exchanged in an online practitioner community. *Educational Media International, 56*(4), 313–327. https://doi.org/10.1080/0952398 7.2019.1681105

Mayer, B., & Jornitz, S. (2022). Das Schulische Üben mit digitalen Medien – und was das für den Unterricht bedeutet. *Zeitschrift für interpretative Schul- und Unterrichtsforschung. 11*. 49–65. https://doi.org/10.3224/zisu.v11i1.04

Pieper, I., Frei, P., Hauenschild, K., & Schmidt-Thieme, B. (Hrsg.). (2014). *Was der Fall ist. Beiträge zur Fallarbeit in Bildungsforschung, Lehramtsstudium, Beruf und Ausbildung.* Springer Fachmedien. https://doi.org/10.1007/978-3-531-19761-6

Pollmanns, M. (2019). *Unterrichten und Aneignen: Eine pädagogische Rekonstruktion von Unterricht.* Verlag Barbara Budrich.

Pollmanns, M., Kabel, S., Jornitz, S., Mayer, B., Griewatz, H.-P., Leser, C., & Hünig, R. (2022). Wie (angehende) Lehrpersonen über Unterricht nachdenken bzw. Nachdenken sollen. Professionalisierungstheoretische Analysen. In I. Kunze & C. Reintjes (Hrsg.), *Reflexion und Reflexivität in Unterricht, Schule und Lehrer:innenbildung.* Klinkhardt Verlag.

Redaktion Digitale Schule. (2020, Mai 7). #twitterlehrerzimmer—Warum sollte ICH dabei sein? *Digitale Schule | Kompakt.* https://digitale-schule.blog/beispiele-aus-der-praxis/twitterlehrerzimmer-warum-sollte-ich-dabei-sein/

Schmidt, U. (2020, Januar 8). Heterogen, vielfältig, dezentral: Die Landschaft der Schullösungen in Deutschland. [Blog]. *dBildungscloud.* https://blog.hpi-schul-cloud.de/heterogen-vielfaltig-dezentral-die-landschaft-der-schullosungen-in-deutschland/

Schulmeister, R. (2005). *Lernplattformen für das virtuelle Lernen: Evaluation und Didaktik.* Oldenbourg Verlag.

Tang, Y., & Hew, K. F. (2017). Using Twitter for education: Beneficial or simply a waste of time? *Computers & Education, 106*, 97–118. https://doi.org/10.1016/j.compedu.2016.12.004

Visser, R. D., Evering, L. C., & Barrett, D. E. (2014). #TwitterforTeachers: The Implications of Twitter as a Self-Directed Professional Development Tool for K–12 Teachers. *Journal of Research on Technology in Education, 46*(4), 396–413. https://doi.org/10.108 0/15391523.2014.925694

Williamson, B., Eynon, R., & Potter, J. (2020). Pandemic politics, pedagogies and practices: Digital technologies and distance education during the coronavirus emergency. *Learning, Media and Technology, 45*(2), 107–114. https://doi.org/10.1080/17439884.2020.1761641

Zakharova, I., Jarke, J., & Breiter, A. (2022). Affinity spaces as an analytical lens for attending to temporality in critical data studies: The case of Covid-19-related, educational Twitter communication. In A. Hepp, J. Jarke, & L. Kramp (Hrsg.), *New perspectives in critical data studies. The Ambivalences of Data Power.* (S. 345–369). Palgrave.

Werkstattbericht – Ein Blick auf die Hinterbühne der DATAFIED Forschung

Felicitas Macgilchrist, Annekatrin Bock, Andreas Breiter,
Vito Dabisch, Sigrid Hartong, Juliane Jarke,
Sieglinde Jornitz, Ben Mayer, Angelina Lange,
Tjark Raabe, Irina Zakharova und Jasmin Troeger

Zusammenfassung

Inspiriert von methodologischen Diskussionen zu den „Hinterbühnen" von Forschungsprojekten, zielt dieser kurze finale Beitrag im Buch darauf, einen Einblick in einige soziale, materielle, kontextspezifische und rekursive Forschungspraktiken während des DATAFIED Verbundvorhabens zu geben. Der Beitrag reiht sich somit in die Tradition derjenigen Publikationen ein, welche die praktischen und sozialen Aspekte des „doing research" eruieren, mit dem Ziel, Lesenden ein besseres Verständnis unserer Erforschung von Datafizierung an Schulen zu geben.

F. Macgilchrist (✉)
Leitung der Abteilung Mediale Transformationen am Leibniz-Institut für Bildungsmedien | Georg-Eckert-Institut, Braunschweig, Deutschland;
Professorin an der Georg-August-Universität, Göttingen, Deutschland
E-Mail: macgilchrist@gei.de

A. Bock
Professorin für Medienforschung mit dem Schwerpunkt Digitalisierung der Bildung, Universität Vechta; ehemalige wissenschaftliche Mitarbeiterin am Leibniz-Institut für Bildungsmedien | Georg-Eckert-Institut, Braunschweig, Deutschland
E-Mail: annekatrin.bock@uni-vechta.de

195

Schlüsselwörter

Verbundforschung · Methodenreflexion · *critical data studies* · Datafizierung ·
Digitalisierung

1   Einleitung

Präsentiert ein Buch wie dieses Ergebnisse eines größeren Verbundprojekts, fokussieren die einzelnen Kapitel auf die Erkenntnisse, auf die – so die Hoffnung der
Autor*innen – spannenden Ergebnissen und einleuchtenden Einsichten. Die Methoden werden skizziert und die Forschungsprozesse kurz beschrieben, aber der

A. Breiter
Professor für Angewandte Informatik, Universität Bremen, Wissenschaftlicher Direktor
des ifib – Institut für Informationsmanagement Bremen GmbH, Bremen, Deutschland
E-Mail: abreiter@ifib.de

V. Dabisch
Wissenschaftlicher Mitarbeiter, Helmut-Schmidt-Universität Hamburg,
Hamburg, Deutschland
E-Mail: vito.dabisch@hsu-hh.de

S. Hartong
Heisenberg-Professorin für Soziologie (Transformation von Governance in Bildung und
Gesellschaft), Helmut-Schmidt-Universität Hamburg, Hamburg, Deutschland
E-Mail: hartongs@hsu-hh.de

J. Jarke
Professorin für Digitale Gesellschaft, Karl-Franzens-Universität Graz, Graz, Österreich;
ehemalige wissenschaftliche Mitarbeiterin am ifib – Institut für Informationsmanagement Bremen GmbH, Graz, Österreich
E-Mail: juliane.jarke@uni-graz.at

S. Jornitz · B. Mayer
Wissenschaftliche*r Mitarbeiter*in, DIPF | Leibniz-Institut für Bildungsforschung und
Bildungsinformation, Frankfurt am Main, Deutschland
E-Mail: s.jornitz@dipf.de; mayer@dipf.de

A. Lange · T. Raabe · I. Zakharova
Wissenschaftliche*r Mitarbeiter*in, ifib – Institut für Informationsmanagement Bremen
GmbH, Bremen, Deutschland
E-Mail: alange@ifib.de; traabe@ifib.de; izakharova@ifib.de

J. Troeger
Wissenschaftliche Mitarbeiterin, Universität Paderborn, Paderborn, Deutschland;
ehemalige wissenschaftliche Mitarbeiterin am Leibniz-Institut für Bildungsmedien |
Georg-Eckert-Institut, Braunschweig, Deutschland
E-Mail: jasmin.troeger@uni-paderborn.de

Fokus liegt auf den Erkenntnissen und den Implikationen für zukünftige Forschung und Praxis. Um die Ergebnisdarstellung einordnen zu können, sollen Lesende einen Einblick in die Datengenerierung und Datenauswertung erhalten. Aber solche Bücher präsentieren meistens – so sieht es der wissenschaftliche Kontext vor – das Forschungsdesign als relativ gut geplanten, schlichten, reibungslosen, übersichtlichen, analytischen Prozess: Das Forschungsteam hat Methoden ausgewählt, Dokumentenkorpora zusammengestellt, Leitfäden geschrieben, Interviews durchgeführt. Die Interviews wurden transkribiert, Transkripte und weitere Dokumente wurden gelesen, kodiert und ausgewertet. Das Team hat zentrale Thesen identifiziert, Ergebnisse diskutiert, Publikationen geschrieben und Praxiswerkstätten mit den Projektpartner*innen gehalten, um die Ergebnisse zu diskutieren.

Dass der Forschungsprozess nicht so „glatt", standardisiert und idealtypisch verläuft, ist mittlerweile in vielen Publikationen beschrieben, unter anderem in den *science and technology studies* (STS), eine Forschungsrichtung, die wir immer wieder in diesem Band aufgreifen (Latour und Woolgar 1979; Knorr Cetina 1981; Law 2004). Inspiriert von solchen, den Forschungsprozess reflexiv betrachtenden Publikationen, zielt dieser kurze finale Beitrag im Buch darauf, einen Einblick in einige der mitunter sozialen, materiellen, kontextspezifischen und rekursiven Forschungspraktiken während des Projekts, die immer auch unordentlich oder stockend sein können, zu geben. So wie Daten nie neutral sind (siehe Einleitung, Breiter und Bock (2023) in diesem Band, Kap. „Datafizierte Gesellschaft | Bildung | Schule"), so sind auch Forschungsweisen nie neutral, sondern performativ. Auf dem Weg zu den Ergebniskapiteln ko-konstituieren diese Praktiken ihren Gegenstand, z. B. Datafizierung, Datenpraktiken, Schule, Schulaufsicht, Lernsoftware, Unterricht, Schulverwaltungssoftware und die Schnittstellen zwischen Entitäten. Wir gehen davon aus, dass die praktische Seite des Forschens soziale, materielle und politische Realitäten mitgestaltet und ordnet; manchmal geschieht dies implizit, manchmal wird es explizit reflektiert (Haraway 1988; Wedl und Wrana 2014). Der Beitrag reiht sich somit in die Tradition von Publikationen ein, die die praktischen und sozialen Aspekte des „doing research" reflektieren, mit dem Ziel, wenngleich nur ausschnitthaft und partiell, Lesenden ein besseres Verständnis des spezifischen Forschungsprozesses zu geben (vgl. Hofhues und Schütze 2022). Lesende sollen Einblicke erhalten in einige der „challenges and embarrassments, the pains and triumphs, the ambiguities and satisfactions of trying to discover what is unknown" (Walford 1991, S. 5). Wir beleuchten einige der „messy hinterlands" der Datafizierungsforschung, die reguläre Forschungspublikationen in diesem Feld selten zeigen (können) (Addey und Piattoeva 2022, S. 2).

Im Folgenden reflektieren wir an ausgewählten Szenen,[1] wie wir praktisch vorgegangen sind. Der Beitrag richtet die Bühnenbeleuchtung auf die „Hinterbühne", in

---

[1] Die Szenen werden entfremdet, damit die Anonymität der Interviewpartner gewahrt wird.

Bereiche, die für Zuschauende nicht immer zugänglich sind. Ziel ist es, spezifische Prozesse zu zeigen und zu reflektieren, zum Beispiel, wie ungewöhnlich manche Situationen sind, die dann doch zu Erkenntnissen führen; wie Entscheidungen auf dieser Hinterbühne getroffen worden sind, die eine Planänderung gegenüber dem ursprünglich vorgesehenen Forschungsablauf hervorriefen; oder wie Frustrationen und Blockierungen zu einer spezifischen Zeit neue Schritte im Forschungsprozess notwendig – aber auch möglich – machten. Insgesamt haben wir sechs Aspekte ausgewählt: (1) die Soziomaterialität von Forschungsprozessen und wie die Raumgestaltung der Interviewpartner*innen erkenntnisgenerierend sein kann; (2) das Verständnis von Interviews zu Datenpraktiken als nicht vorhersehbares „Gespräch" und was dies für die Dauer und Rekursivität des Interviewprozesses bedeutet; (3) das Changieren zwischen kontextübergreifenden und kontextspezifischen Aussagen über Datenpraktiken; (4) die Herausforderungen, wenn Beobachtungen von Datenpraktiken im Unterricht pandemiebedingt nicht durchgeführt werden können; (5) praktische und ethische Überlegungen bei der Erforschung von Kommunikation über Twitter, und (6) neue Forschungsfragen zu Datafizierung, die aus den Absagen potentieller Projektschulen, das heißt Schulen, mit denen das DATAFIED Team hätte forschen können, entstehen. Einige der Szenen und Reflexionen beziehen sich allgemein auf qualitative oder *mixed methods* Forschung, andere speziell auf Datafizierungsforschung zu Schulen. Die Sondersituation von Forschung während der COVID-19 Pandemie, die sich während der Laufzeit des DATAFIED-Verbundprojekts verbreitete, begleitete und rahmte unseren Forschungsprozess und spielt daher innerhalb dieses Reflexionskapitels immer wieder eine (Neben)Rolle.

2   Interviews als soziomateriell situierte Gespräche

In Interviews haben wir leiblich erfahren, wie die Soziomaterialität eines Interviews, d. h. die Umgebung, die Räumlichkeiten, die Atmosphäre, der Geruch, die Musik usw. das analytische Verständnis prägt. Bei den Interviews mit den Softwaregestaltungsteams, das heißt mit Geschäftsführer*innen, Entwickler*innen, Designer*innen, Projektmanager*innen, Vertriebler*innen und weiteren an der Entwicklung und Distribution von Schulverwaltungssoftware und Lernsoftware beteiligten Personen, waren wir vor der COVID-19 Pandemie an unterschiedlichen Orten in Deutschland (siehe Beiträge Macgilchrist et al. (2023), Kap. „Adaptive Lernsoftware oder adaptierende Lehrkräfte? Das Ringen um Handlungsspielräume"; Troeger et al. (2023), Kap. „Digital ist besser!? – Wie Software das Verständnis von guter Schule neu definiert" und Jarke et al. (2023) in diesem Buch Kap. „Zur Erfassung und Modellierung der „Hinterbühne" von Datenflüssen: Das

Beispiel Unterrichtsausfall"). Einmal führten wir das Interview beispielsweise in einem sehr professionellen, aber relativ kühlen, aufgeräumten und leeren Besucherraum eines größeren Bildungsmedienunternehmens. Die blaue Wandfarbe, das schlichte Raumdesign, die Anzüge der Interviewpartner*innen verstärkten die professionellen Antworten, die uns ein bedeutender Akteur in der Bildungsmedienindustrie gab. Die Interviewpartner*innen erwähnten nicht viele Herausforderungen, gingen nicht sehr tief auf Komplexitäten oder Fehler ein. Ein weiteres Interview fand dagegen im geräumigen Wohnzimmer eines kleinen Vereins statt. Als das DATAFIED Team bei der Geschäftsführung ankam, wirkte der Gastgeber, unser Interviewpartner, hektisch und zerstreut. Das Wohnzimmer der Privatwohnung war mit einem riesigen Bild über dem Sofa ausgestattet, es lief relativ laute Jazzmusik, in einer Ecke rankten große Zimmerpflanzen. Er erzählte, dass er erstmal einen Kaffee bräuchte und kochte gleich eine Tasse für uns mit. Während er in der gegenüberliegenden Küche Kaffee kochte, erzählte er bereits (sehr laut und sehr schnell) über seine negativen Erfahrungen während der Entwicklung der Lernsoftware. Hier lief das Aufnahmegerät noch nicht, und wir versuchten stattdessen wichtige Informationen mitzuschreiben. Es klingelte und der zweite Interviewpartner, ein Mitentwickler, kam ins Wohnzimmer, begleitet vom ersten Interviewpartner, der zwei Tassen Kaffee in der Hand hielt. Während des Interviews sprang der Gastgeber immer wieder auf und verließ das Zimmer, um etwas anderes zu tun (nach etwas zu suchen, erneut Kaffee zu kochen, andere Musik aufzulegen). Insgesamt waren wir von dieser Situation überrascht und fühlten uns am Anfang unsicher. Das Interview war aber sehr informativ und auch diese Räumlichkeiten und die unerwartete Gesprächssituation lieferten wichtige Informationen zu den informellen und kollektiven Entscheidungsprozessen bei der Entwicklung dieses Produkts. Der Vergleich zu anderen, professionelleren bildungsmedialen Kontexten, die formaleren Produktionsprozesse einschließlich hierarchischeren Entscheidungswegen, wurden im Interviewkontext erfahrbar gemacht.

Das Setting – Wohnzimmer statt Büro – vermittelt also einiges über potenzielle Unterschiede zwischen den Produkten, die wir im Projekt analysieren. Nur hier, bei Produzierenden von Open Educational Resources, sind wir in der Wohnung der Geschäftsführung des kleinen Vereins eingeladen worden, nur hier lief Musik. Bei allen anderen vor Ort Interviews – hier sowie in früheren Projekten zur Entwicklung von Bildungsmedien – haben wir die Büros gesehen. Die Start-Ups begegneten uns meist mit Sitzsäcken und Kicker oder Tischtennis in der Ecke eines Open Space Büros; die größeren Bildungsmedienunternehmen mit einem gesonderten Raum im eigenen Büroblock für Besucher*innen oder für Presse- und Öffentlichkeitstreffen. Diese Arbeitskulturen sind für die Aussagen der Interviewpartner*innen zu ihren Datenpraktiken sowie zu ihrer ethischen Haltung gegenüber der Arbeit mit digitalen

Daten wichtig. Es sind essentielle, soziomaterielle Aspekte des Interviewens, die neue Aufmerksamkeiten im Forschungsprozess schulen. Wir können sie in diesem Kapitel nur andeuten und planen, in weiteren Publikationen näher darauf einzugehen.

3   Interviews als zyklische Kommunikationsprozesse

Wir haben Gespräche nicht nur, wie gerade beschrieben, als soziomateriell situiert erfahren, sondern sie auch *zyklisch durchgeführt*. Am Anfang des Projekts – im Jahr 2019, vor der COVID-19 Pandemie – konnten wir Interviews in Präsenz durchführen und besuchten neben dem Wohnzimmer Klassenräume, Lehrkräftezimmer, Büros und Studios. Grundsätzlich verstehen wir im Projektverbund Interviews immer als sich entwickelnde *Gespräche*, wobei vorab entwickelte Leitfäden die von uns in gemeinsamen Verbundsitzungen identifizierten zentralen Themen abdeckten, die wir erfragen wollten. Wir gingen allerdings davon aus, wie es oft in Methodenhandbüchern und -webseiten beschrieben wird, dass sich die Gesprächsentwicklung situativ und inhaltlich offen entwickeln würde. Obwohl wir in unterschiedlichen Disziplinen sozialisiert sind, teilen wir gemeinsame theoretische Horizonte und konnten undogmatische Verbindungslinien zwischen STS, *critical data studies* und Diskurstheorie ziehen. Die Antworten, die ein*e Interviewpartner*in *dieser*m Interviewer*in an *diesem* Tag in *diesem* Raum geben wird, sind so – wenn auch nur ein wenig – anders als sie einer*m anderen Interviewer*in an einem anderen Tag in einem anderen Raum geben würde. Das Interview verstehen wir also in der Tradition vieler qualitativer Forschungsrichtungen als ein Hin und Her an sinnstiftendem Austausch, der je neue Erkenntnisse zu Datenpraktiken aus dem Narrations- und Erfahrungsschatz der Interviewpartner*innen zutage bringt.

Im Verlaufe des Projekts wurde allerdings immer deutlicher, dass ein weiterer Aspekt zunehmend wichtig wurde, nämlich die dialogische Suche nach Antworten über mehrere Sitzungen hinweg. Ein „Gespräch" ist nach einer Sitzung selten abgeschlossen. Zum einen beobachteten wir die Unmöglichkeit, immer solch klare Fragen zu stellen und solch klare Antworten zu erhalten, wie man sie sich bei aller Reflexivität dennoch erhofft. Zum anderen dachten wir nach den Interviews – im Zug auf dem Weg nach Hause oder zu Fuß vom Home Office in die Küche – weiter über das Gespräch nach. Vor allem beim Lesen des transkribierten Interviews wurde einigen im Forschungsteam erst im Nachgang klar, dass eine Nachfrage zu einem besonders spannenden Punkt gut gewesen wäre, dass wir aber in der Situation den Moment verpasst hatten. Schließlich blieben im Rahmen vieler Analysen auch Lücken bzgl. der Spezifika von z. B. Datenflüssen (siehe Beitrag von Jarke et al. (2023) in diesem Buch, Kap. „Zur Erfassung und Modellierung der „Hinterbühne" von Datenflüssen: Das Beispiel Unterrichtsausfall"), sodass hier Bedarf entstand, nochmal „nachzuhaken".

So haben wir die Datenerhebung in DATAFIED nachjustiert: Geplant hatten wir, nur einmal mit jeder*m Interviewpartner*in zu sprechen. Auch im Wissen der hohen Arbeitsbelastung unserer Partner*innen wollten wir nicht immer wieder auf sie zugehen. Wir waren erleichtert, dass viele Interviewpartner*innen sich für Nachfragen bereit erklärt haben und auch Dateninstrumente, die sie für ihre Arbeit nutzen, nachliefern konnten. Gerade das Nachfragen im Nachgang war an vielen Stellen sehr hilfreich. Einige Gespräche konnten wieder aufgegriffen werden und entwickelten sich über eine längere Zeit, was sich als essentiell für unsere Ergebnisse herausstellte. Für zukünftige Forschungsdesigns nehmen wir uns vor, von vorne herein, mit einigen Personen mehrere Schleifen einzuplanen und die Interviews auch so anzukündigen.

4   Kontextübergreifende vs. kontextspezifische Aussagen über Datenpraktiken

Zyklisch und rekursiv verliefen auch die Auswertungsschritte im Projekt. Speziell in den Interviews mit der Schulaufsicht war beispielsweise eine zentrale Herausforderung, dass die Konstellationen der Akteur*innen und Dateninfrastrukturen sich so stark zwischen den Bundesländern unterschieden, dass gemeinsame Vergleichskategorien zunächst schwierig zu finden waren. In der Folge schwankten wir zwischen einerseits sehr allgemeinen Darstellungen der Steuerungsstruktur, um kontextübergreifende Aussagen machen zu können, und andererseits sehr spezifischen Aussagen über konkrete Praktiken und Logiken der interviewten Schulaufsichtspersonen. Dazu kam in diesem Fall, dass wir unseren Gesprächspartner*innen Anonymität zugesichert hatten, gleichzeitig jedoch einige der beschriebenen Praktiken sehr bundeslandspezifisch sind.

Die Analyse von Schulaufsichtspraktiken zeigt einen Versuch, dieses Dilemma zu bearbeiten (siehe Beitrag Hartong und Dabisch (2023) in diesem Buch, Kap. „Datafizierte Schulaufsicht?! Zur Erfassung des komplexen Zusammenspiels von wirkmächtigen Dateninfrastrukturen und vielfältigen Datenpraktiken"). Ziel war, interessante Gemeinsamkeiten herauszuarbeiten, aber doch die empirische Basis nicht zu verlassen. Dabei ist klar, dass solche Versuche immer nur einen kleinen Teil von Datenpraktiken in den Blick nehmen. Der Beitrag zeigt, dass gerade für die Schulaufsicht Datenpraktiken nicht nur in formalisierten Abläufen relevant werden, sondern es auch und an vielen Stellen um spontane Praktiken geht, etwa Reaktionen auf Anrufe oder E-Mails von Schulleitungen, die von den meisten Schulaufsichtspersonen als sehr wichtig beschrieben wurden, analytisch aber schwer(er) aufzuarbeiten sind. Dies gilt in besonderem Maße für Studien, die nur

auf einzelne Instrumente der Schulsteuerung fokussieren, wie beispielsweise Vergleichsarbeiten oder Schulinspektionen.

Entsprechend mussten wir uns in unserem Analyseprozess immer wieder ver-
gegenwärtigen, dass die Praktiken der Schulaufsicht nicht allein aus angewandten
Dateninstrumenten bestehen, sondern eben aus der viel reichhaltigeren, aber oftmals informellen Interaktionen zwischen Schulaufsicht und Schulleitungen – wie
eine Schulaufsichtsperson, die mit ihren Schulen auch mal einen Wein trinken
geht. So zeichnete sich der Forschungsprozess durch einen dialektischen Prozess
aus, der immer wieder zwischen individuell-kontextspezifisch-vertieften und wieder vergleichend-abstrahierenden Perspektiven wechselte.

5   Datengetriebene pädagogische Praxis (in der Pandemie)

Den Umgang mit Software und durch sie initiierte Praktiken beobachten zu können,
stellt die Methoden der Datengenerierung vor (neue) Herausforderungen. So plante,
beispielsweise, ein Teilprojekt des DATAFIED-Verbunds Videografie einzusetzen,
um Interaktionen zwischen Schüler*Innen, Lehrer*innen und Endgeräten im Unterricht für Analysen festzuhalten. Die Videoaufzeichnung von Unterrichtsstunden, in
denen digitale Medien wie Laptops oder Smartphones eingesetzt werden, macht
Standstills möglich, die uns den Blick auf die Bildschirme diverser Endgeräte von
Schüler*innen ermöglichen. Solche Zugänge entzögen sich einer rein audio-
graphischen Aufzeichnung von Unterrichtsstunden. Was mit den am Bildschirm
eingegebenen Werten passiert, ist allerdings nicht beobachtbar. Diese Daten werden
technisch verarbeitet; die technische Verarbeitung ist aber nicht zusammen mit den
auf Daten basierenden Unterrichtspraktiken zugänglich. Kommen zusätzlich noch
pandemiebedingte Schulschließungen hinzu, so konnte die Praxis selbst auch nicht
mehr beobachtet werden. Grundsätzlich gilt auch, dass das Ziel, datengetriebene
pädagogische Praxis zu beobachten erst nach der Beobachtung als Ergebnis stehen
und nicht als Auswahlkriterium für die Beobachtung gelten kann: Erst durch die
Analyse können die Forschenden herausarbeiten, ob die jeweilig beobachtete Praxis
datengetrieben ist oder nicht. Wie soll auf den Gegenstand des Forschungsinteresses
zugegriffen werden, wenn der Gegenstand selbst nicht beobachtbar ist und die
Unterrichtspraxis pandemiebedingt nicht beobachtet werden kann?

Diese Problematik stellte sich uns durch die COVID-19 pandemiebedingten
Schulschließungen ab 2020 und die damit einhergehenden verunmöglichten Unterrichtsbesuche. Es wurde notwendig darüber nachzudenken, wie man*frau in der
gegebenen Situation eine Verbindung zwischen den Handlungen in einer unterrichtlichen Praxis und dem Softwareeinsatz im Unterricht herstellen kann. Das, was

während der Schulschließungen den Unterricht ersetzte, war digital organisiert, aber nicht mehr an einen Ort und einen Zeitraum gebunden – infolgedessen wären Aufzeichnungen der „Unterrichtspraxis" in den häuslichen Bereich eingedrungen, für die keine Genehmigungen vorlagen. Da keine Unterrichtsbesuche und damit einhergehende Aufzeichnungen mehr durchgeführt werden konnten, wichen wir auf das Format des Interviews aus (vgl. Mayer et al. (2023) in diesem Buch, Kap. „Pandemiebedingte Schulschließungen und die Nutzung digitaler Technologien. Welchen Einblick Twitter- und Interviewanalysen geben können"). Doch reicht ein „nur über den Gegenstand sprechen" für die Frage der pädagogischen Praxis aus?

Uns interessierten vornehmlich die pädagogischen Handlungen der Lehrer*innen im Umgang mit Softwareprodukten im Unterricht. Einige Softwareprodukte erheben Daten von Schüler*innen, die den Lehrer*innen visuell aufbereitet und in sogenannten Dashboards zur Verfügung gestellt werden. Diese Daten zeigen Schüler*innenleistung in vielfältiger Weise. Sie beinhalten laut Entwickler*innen- und Vertriebsteam Effizienzversprechen (siehe Beitrag Troeger et al. (2023) in diesem Buch, Kap. „Digital ist besser!? – Wie Software das Verständnis von guter Schule neu definiert"). Das heißt, sie sollen einen schnellen Überblick und Zugriff auf fachspezifisch relevante Informationen zu den jeweiligen Schüler*innen bieten und so eine bessere Individualisierung und Förderung des Lernprozesses ermöglichen. Um nun das Unterrichten bzw. die jeweiligen Handlungen von Lehrer*innen, die auf den Einsatz von Software zurückzuführen sind, verstehen zu können, konzentrierten wir uns zuerst auf die Analyse einer elaborierten Software für Mathematik. Hieraus wurden Fragen generiert, die wiederum in das Format des Interviews eingebettet wurden. Um nachvollziehen zu können, welche Informationen Lehrer*innen aus dem Dashboard für ihre Handlungen heranziehen, sollten die Interviewten uns dies an der Software selbst zeigen. Mit Hilfe eines Videokonferenztools wurden die Interviews aufgezeichnet und dienten hinsichtlich der Sprechakte sowie auch der Standstills als Analysegrundlage. Die Form des Interviews nannten wir „Softwaregeleitetes Lehrer*innen Interview" und wir interviewten so zwei Lehrer*innen einer Schule, die die Mathematik-Software in den 5. Klassen einsetzen (siehe Beitrag Macgilchrist et al. (2023) in diesem Buch, Kap. „Adaptive Lernsoftware oder adaptierende Lehrkräfte? Das Ringen um Handlungsspielräume").

Dadurch konnte immer noch nicht die Praxis selbst aufgezeichnet werden. Datenflüsse sind nur in der Erhebung und Generierung von Daten durch die Software bzw. der ihr vorgegebenen Prozesslogik selbst zu finden. Es handelt sich weiterhin um ein Reden „über" die Praxis, doch da diese Interviews stark an der Software ausgerichtet waren, wurden in den Interviews die Sprechakte über pädagogische Praxis an die Software selbst gebunden. Es zeigte sich zwar nicht, wie die Interviewpartner*innen die Software im Unterricht einsetzen, aber sie konnten zeigen, wie sie die dargebotenen Daten *in actu* interpretieren und reflektieren. Das Vorgehen bot uns eine Alternative für praktisch Unbeobachtbares sowie für Zeiten, in denen Unterrichtsaufzeichnungen unmöglich waren.

6   Pandemische Methoden

Anfang der COVID-19 Pandemie sah es so aus, das zeigte der vorige Abschnitt, als wären einige unserer geplanten Methoden unmöglich umsetzbar. Die Schulschließungen und die hohe Arbeitsbelastung unserer vorgesehenen Gesprächspartner*innen im Bildungssektor waren hierbei nur zwei relevante Aspekte. Um unsere Forschung dennoch fortzusetzen und die Situation in den Schulen während der Pandemie auch ohne zusätzliche Arbeitsbelastung für die Lehrenden besser zu verstehen, griffen wir auf die Kommunikation der Lehrkräfte auf dem sozialen Netzwerk Twitter als Analysegegenstand zurück. Dafür haben wir die Verwendung eines Twitter-Hashtags untersucht, in dem sich Lehrende aus Deutschland und z. T. anderen deutschsprachigen Regionen Europas ähnlich wie in einem echten Lehrkräftezimmer miteinander schul-, aber auch regionalübergreifend austauschen: #twitterlehrerzimmer (vgl. Beitrag Mayer et al. (2023) in diesem Buch, Kap. „Pandemiebedingte Schulschließungen und die Nutzung digitaler Technologien. Welchen Einblick Twitter- und Interviewanalysen geben können"). Auch wenn die Kommunikation auf Twitter normalerweise für alle sichtbar und damit „öffentlich" ist, stellte uns die Erhebung eines Twitter-Datensatzes vor andere forschungspraktische und ethische Herausforderungen als beispielsweise die geplanten Interviews, Unterrichtsbeobachtungen oder Dokumentenanalyse.

Mit der Erhebung wurden rund 157.000 Tweets und Re-Tweets als Daten gesammelt, die von uns erstmal sortiert und gegliedert werden musste. So wurden zunächst die Tweets aussortiert, die beispielsweise explizite Produktwerbung oder auch irrelevante Inhalte (z. B. Spam) beinhalteten. Unser Ziel war es, zu verstehen, worüber Lehrende im #twitterlehrerzummer während der Pandemie kommunizierten und welche Rolle sie unterschiedlicher Bildungssoftware und Informationssystemen dabei zuschreiben. Außerdem konnten wir schnell feststellen, dass für unsere Analyse nicht alle Accounts relevant waren, die im #twitterlehrerzimmer aktiv waren. Um festzustellen, welche Tweets von welchen Accounts näher analysiert werden sollten, wurden diese zunächst genauer untersucht und (aus-)sortiert. Erstaunlich und forschungsethisch relevant für uns war, wie viel aus den selbsterstellten Kurzbeschreibungen der Accounts auf das Leben der Accountbesitzer*innen geschlossen werden konnte. Viele der Accounts wurden mit einer genauen Beschreibung ihrer Besitzer*innen versehen: ihre Aufgaben und Tätigkeiten in ihrem Berufsumfeld und manchmal auch Angaben über Familienstand und Wohnort, Verknüpfungen zu anderen sozialen Netzwerken wie z. B. *LinkedIn*-Profile oder zu eigenen Blogs und Webseiten. Gleichzeitig wurden einige Accounts mit einer Angabe versehen, ihre Besitzer*innen würden auf Twitter „privat" kommunizieren. Wie in der Forschung zu sozialen Medien üblich, und gerahmt von Gesetzen, Verordnungen oder Richtlinien, wie der Datenschutz-Grundverordnung (DSGVO), stellte uns diese Art der Angabe vor eine Herausforderung in Bezug auf den Umgang mit den Daten solcher Accounts für unsere Forschung (e.g. Tufekci 2014). Um diese Accounts trotzdem in den Datensatz als Lehrpersonen aufzunehmen, entschieden wir uns, auf direkte Zitate oder Nennung von Accountnamen zu verzichten und damit die Anonymität der Verfasser*innen der Tweets zu wahren.

Einige besondere Herausforderungen entstanden bei dieser Twitter-Analyse. So stellt sich beispielsweise neben einer inhaltlichen Auswahl relevanter, zu analysierender Accounts die Fragen der „Reinigung" der Datensätze. Wir mussten entscheiden, ob wir die „Bots" – Accounts, die automatisch einen Tweet mit einem vorgegebenen Hashtag retweeten – als Bestandteil des Datensatzes betrachten oder nicht. Eine andere Frage, die ebenfalls für die Analyse sozialer Netzwerke und insbesondere Twitter relevant ist, bezieht sich darauf, welche Accounts überhaupt als teilnehmend an der Kommunikation im #twitterlehrerzimmer betrachtet werden sollen. Wie oft sollen beispielwese diese Accounts selbst etwas mit dem Hashtag #twitterlehrerzimmer schreiben; was, wenn sie nicht selbst Tweets verfassen, sondern nur auf Tweets anderer reagieren; wie können auch diejenigen berücksichtigt werden, die an der Kommunikation in Form von Tweets nicht teilnehmen? Letztendlich bleibt eine Frage immer präsent: Welche Erfahrungen und Praktiken welcher Akteur*innen spiegelt ein Twitter-Datensatz wider? Damit wir diese Frage in den Kontext der Schul(daten)praktiken der im DATAFIED-Projekt erforschten Schulen setzen konnten, haben wir den quantitativen methodischen Ansatz der Twitter Analyse mit den weiteren grundsätzlich qualitativen Methoden des Verbunds ins Verhältnis zueinander gesetzt (vgl. Mayer et al. (2023) in diesem Buch, Kap. „Pandemiebedingte Schulschließungen und die Nutzung digitaler Technologien. Welchen Einblick Twitter- und Interviewanalysen geben können"). Auf dieser Basis wird durch die inhaltliche Auseinandersetzung mit den Erfahrungen der Lehrpersonen in unterschiedlichen Pandemiephasen unter anderem verhandelt, in welchem Verhältnis die im #twitterlehrerzimmer aktiven Lehrpersonen zu anderen Lehrenden der DATAFIED-Projektschulen stehen und welche Rückschlüsse aus unseren jeweiligen Analysen gezogen werden können.

7 Projektschule werden

Die Beantwortung vieler Forschungsfragen, mit denen Wissenschaftler*innen wie Bildungspolitik und -praxis das Schulische besser verstehen möchten, ist nur mit der Beteiligung von Partner*innen in Schulen möglich. Jedoch stehen Lehrkräfte, Schulleitungen, Sekretariate, technische Assistent*innen und weitere schulische Partner*innen bereits unter viel Zeitdruck, die eigene Arbeit durchzuführen, auch ohne dass sie aktiv in Forschungsprojekte involviert sind. Dazu kommt die tendenzielle „Überforschung" der Schulen, die ein Dilemma darstellt, weil es auf der einen Seite wichtig ist, Bedingungen für gute Schule zu erforschen, aber Forschung auf der anderen Seite keine Überbelastung der teilnehmenden Personen sein sollte. Das DATA-FIED-Forschungsvorhaben wäre ohne die Personen, die uns unterstützt haben und denen wir nicht genug danken können, nicht umsetzbar gewesen. Wir empfanden es als äußerst bereichernd und erhellend, dass Schulpraktiker*innen Zeit dafür einrichteten, mit uns zu sprechen und Lehrende uns zudem ermöglichten, ihren Unterricht zu begleiten. Vor allem, weil die Beteiligung dieser Schulen an dem Vorhaben alles andere als selbstverständlich war. Einige Forschungsprojekte haben *direkte* Implikationen für Bildungspolitik und -praxis oder arbeiten mit einem gestaltungsorientierten Ansatz, bei dem die schulischen Partner*innen direkt mitgestalten. Nicht so bei DATAFIED. Dieses Verbundprojekt hat eine eher *indirekte* Wirkkraft. Das Forschungsteam ist überzeugt, dass ein besseres Verständnis von den in diesem Band analysierten Prozessen eine Reflexionsebene ermöglicht, die essentielle Fragen des Bildungssystems betrifft, wie etwa die gegenwärtigen Vorstellungen von „guter Schule" die unter den Akteur*innen zirkulieren, die die datafizierte schulische Praxis maßgeblich prägen; oder wie sich Bildungssteuerung, -planung, -organisation und -praxis unter den Bedingungen der Datafizierung entfalten (siehe Einleitung, Breiter und Bock (2023) in diesem Buch, Kap. „Datafizierte Gesellschaft I Bildung I Schule"). Es ist aber verständlich, wenn diese Fragen nicht von allen Schulpartner*innen als unmittelbar prioritär für die Schulpraxis betrachtet werden, selbst wenn Forschungsteams den beteiligten Schulen Rückmeldungen geben.

Wir möchten am Ende dieses Kapitels einen Aspekt thematisieren, der mit Beginn des Projektes 2019 und damit vor der COVID-19 Pandemie virulent wurde. Es geht um die Gewinnung von Schulen in Bundesländern und Stadtstaaten, mit denen das Forschungsteam noch nicht zusammengearbeitet hatte. Es ging uns vor allem um die Gewinnung von Schulen, die keine Gymnasien sind. Bisherige Forschung im Bereich der Digitalität fokussierte – als das DATAFIED-Projekt angefangen hatte – in Deutschland verstärkt Gymnasien und berufsbildende Schulen, weil diese tendenziell besser technisch ausgestattet waren als andere Schulformen. Daher hatten wir das Ziel, eher mit weiterführenden Schulen zu arbeiten, die keine

Gymnasien waren, um zu verstehen, wie Datenpraktiken an verschiedenen Schulformen vollzogen werden, mit Blick nicht nur auf digitalen Daten, sondern auch um die Arbeit mit Daten jeglicher Art, die auch mit einem einzigen schulischen Rechner bearbeitet werden und weiterfließen können (vgl. den Beitrag von Jarke et al. (2023) in diesem Buch, Kap. „Zur Erfassung und Modellierung der „Hinterbühne" von Datenflüssen: Das Beispiel Unterrichtsausfall").

Wir haben Schulen E-Mails geschrieben, angerufen, Termine für Telefonate oder informelle Informationsgespräche ausgemacht, Kontakte aufgenommen, die wiederum ihre Kontakte vermittelt haben, Schulen besucht. Die reguläre Arbeit der Schulakquise, die vielen Forschungsprojekten bekannt vorkommen wird. Reflexionswürdig scheinen uns insbesondere die Gespräche mit Schulleitungen, die ein grundsätzliches Interesse an der Studie und an den Fragen des Verbunds äußerten, aber nach längerem Überlegen, in einigen Fällen unter Einbezug des Kollegiums, sich gegen eine Mitwirkung am Projekt entschieden haben. Wo angefragte Gymnasien meist wegen schon bestehender Beteiligung an anderen Forschungsprojekten oder wegen Überbelastung der Lehrkräfte ablehnten, war bezeichnend, dass vor allem die Oberschulen, Sekundarschulen und Gesamtschulen abgelehnt haben, weil sie, wie ein Schulleiter in einem Telefongespräch sagte, leider zuerst „echte Probleme" zu bearbeiten hätten.

Dies stimmte das DATAFIED Team nachdenklich. Zum einen: Wenn Disziplinfragen, demotivierte Lehrkräfte oder Ähnliches als „echte" Probleme beschrieben werden, impliziert die Formulierung, dass Datafizierung (oder Digitalisierung; wir hatten beides gemeinsam besprochen), auch ein „Problem" darstellt, aber kein „echtes". Es sich also vielleicht eher um ein von der Gesellschaft oder vom Bildungssystem selbst erschaffenes Problem handelt; vielleicht aber auch eine Herausforderung für die Schule, die eigentlich nicht hätte sein müssen. Zum anderen: In dieser Formulierung wird Datafizierung oder Digitalisierung grundsätzlich nicht als Unterstützung, mit Freude, als Chance oder als erwartbare, reguläre schulische Arbeit erfahren, sondern als „Problem", als – in den Formulierungen weiterer Schulleitungen – „Herausforderung", die es zu meistern oder managen gilt.

Wir verstehen die Entscheidung der Schulleitung in diesen Fällen gut. Probleme gilt es zu bearbeiten und praxisnahe Probleme zu allererst. Dass Datafizierung oder Digitalisierung als Herausforderung statt als Unterstützung betrachtet wurden, vor allem in unseren Gesprächen Anfang des DATAFIED-Vorhabens mit Personen an nicht-gymnasialen Schulformen, deutet allerdings auf wichtige Aspekte des deutschen Schulsystems hin, die es in weiterer Forschung näher zu beleuchten gilt. Welche Ressourcen fehlen an welchen Schulen, um Datenpraktiken (weiter) zu entwickeln? Werden gesellschaftliche Ungerechtigkeiten dadurch (eventuell unbeabsichtigterweise) reproduziert oder verstärkt? Wie müssten sich die gesellschaftlichen und bildungspolitischen Diskurse über Datafizierung und Digitalisierung in der Schule ändern, damit Datenpraktiken und/oder digitale Praktiken als reguläre Aspekte der Arbeit in einer sich wandelnden Gesellschaft erfahren (und finanzielle, personelle, technische Unterstützung erhalten) werden, statt als eine weitere Belastung? Und – bei aller Kritik am „technischen Lösungsoptimismus" (*technical solutionism*) – wenn schulische Software von ihren Hersteller*innen vor allem als Lösung betrachtet wird, wer (unter diesen Softwarehersteller*innen) versucht aktuell die Probleme zu identifizieren, die in diesen Schulen Priorität haben, um Softwarelösungen *dafür* zu entwickeln und anzubieten?

8 Fazit

Forschen beinhaltet stets Abwägungen und Entscheidungen. Es entfaltet sich als soziomaterieller, rekursiver, unordentlicher, manchmal irritierender Prozess, der in unterschiedlichen Forschungsfeldern und -disziplinen mehr oder weniger explizit offengelegt und reflektiert wird. Mit diesem Kapitel zielten wir darauf ab, einige Lichtstrahlen auf das Agieren auf der Hinterbühne des DATAFIED-Forschungsverbundes zu werfen. Entscheidungen im Forschungsprozess sind, wie die *science and technology studies*, Diskursforschung und weitere Forschungsfelder gezeigt haben, immer auch epistemische und politische Entscheidungen. Wir hoffen an diesen sechs ausgewählten Aspekten einen Einblick gegeben zu haben, wie wir als Wissenschaftler*innen Erkenntnisse generiert haben: Mit unseren „embodied skills, educated forms of perception, instruments for sensing, techniques for turning observations into numbers, protocols for coding up, combining and moving findings from one location to others" (Law 2022, S. xvi) bearbeitete das DATAFIED-Forschungsteam die Interviews, Beobachtungen, Twitter-Daten sowie das weitere empirische Material – wie beispielsweise *walkthroughs*, Prozessmodellierung, Dokumentenanalyse – und schrieb die Publikationen, die zentrale Ergebnisse herausstellen. Mit diesem Kapitel tragen wir zu den reflexiven Projekten bei – auch in der Bildungsforschung; auch in den *critical data studies* – die eine Offenheit über die provisorischen und komplexen methodischen und methodologischen Praktiken des Forschens begrüßen, im Versuch, die Forschungsarbeit erkenntnisreicher, aber auch gleichzeitig bescheidener zu machen (Addey und Piattoeva 2022, S. 13; Law 2022, S. xix).

Literatur

Addey, C., & Piattoeva, N. (Hrsg.). (2022). *Intimate Accounts of Education Policy Research: The Practice of Methods.* Routledge.

Haraway, D. (1988). Situated knowledges: the science question in feminism and the privilege of partial perspective. *Feminist Studies,* 14(3), 575-599.

Hofhues, S., & Schütze, K. (Hrsg.). (2022). *Doing Research – Wissenschaftspraktiken zwischen Positionierung und Suchanfrage.* transcript.

Knorr Cetina, K. D. (1981). *The Manufacture of Knowledge.* Pergamon Press.

Latour, B., & Woolgar, S. (1979). *Laboratory Life: The construction of scientific facts.* Princeton University Press.

Law, J. (2004). *After Method: Mess in Social Science Research.* London: Routledge.

Law, J. (2022). From After Method to care-ful research (a foreward). In Addey, C., & Piattoeva, N. (Hrsg.). (2022). *Intimate Accounts of Education Policy Research: The Practice of Methods.* Routledge, S. xvi–xx.

Tufekci, Z. (2014). Big questions for social media big data: Representativeness, validity and other methodological pitfalls. *Eighth International AAAI Conference on Weblogs and Social Media.*

Walford, G. (Ed.) (1991). *Doing Educational Research.* Routledge.

Wedl, J., & Wrana, D. (2014). Grundfragen der Forschungspraxis. In J. Angermuller, E. Herschinger, F. Macgilchrist, M. Nonhoff, M. Reisigl, J. Wedl, D. Wrana, & A. Ziem (Hrsg.), *Diskursforschung: Ein interdisziplinäres Handbuch, Band 1: Theorien, Methodologien und Kontroversen* (S. 479–481). Bielefeld: transcript.

The manufacturer's authorised representative in the EU is Springer
Nature Customer Service Centre GmbH, Europaplatz 3, 69115 Heidelberg,
Germany. If you have any concerns regarding our products, please
contact ProductSafety@springernature.com

Printed and bound by CPI Group (UK) Ltd, Croydon, CR0 4YY

28/04/2026

02098501-0002